A NEW RESEARCH ON INDUSTRIAL PARKS IN CHINA

中国产业园区研究新论 2022

礼森（中国）产业园区智库◎编著

首都师范大学出版社
CAPITAL NORMAL UNIVERSITY PRESS

图书在版编目(CIP)数据

中国产业园区新论. 2022 / 礼森(中国)产业园区智库编著. —北京：首都师范大学出版社，2023.4

ISBN 978-7-5656-7475-4

Ⅰ. ①中… Ⅱ. ①礼… Ⅲ. ①工业园区—经济发展—研究—中国—2022 Ⅳ. ①F424

中国国家版本馆 CIP 数据核字(2023)第 050395 号

ZHONGGUO CHANYE YUANQU XINLUN 2022

中国产业园区新论 2022

礼森(中国)产业园区智库 编著

责任编辑 李军政

首都师范大学出版社出版发行

地 址 北京市西三环北路 105 号

邮 编 100048

电 话 68418523(总编室) 68982468(发行部)

网 址 http://cnupn.cnu.edu.cn

印 刷 北京印刷集团有限责任公司

经 销 全国新华书店

版 次 2023 年 4 月第 1 版

印 次 2023 年 4 月第 1 次印刷

开 本 787mm×1092mm 1/16

印 张 17.5

字 数 310 千

定 价 58.00 元

编 委 会

打造专业服务赋能体系，
建设知名特色园区品牌

2021年4月，上海市开发区协会会员大会通过了《上海市开发区构建专业服务赋能体系，推动园区高质量绿色发展倡议》。这一倡议将服务作为上海市开发区协会下一步发展的核心工作和内容，指出了服务在上海市开发区发展中的重要引领作用。

上海市开发区进一步更高质量的发展需要牢牢依托服务这一主轴。上海市开发区已经走过了以基础设施建设为主的阶段，转向了聚焦园区软件建设，园区招商引资也已从政策招引走向了服务招引。服务是上海市开发区的“护城河”，上海市开发区未来在与长三角乃至全球优秀园区的竞争中，最重要的竞争力就是服务。服务是上海市开发区的“生产力”，做强园区服务不仅仅促成了开发主体的多元化经营，更提升了园区企业生产力，促进了产业的发展。服务是上海市开发区的“最优项”，上海市开发区未来在对外合作中，服务和品牌输出将是我们的重要工具，也是我们更好地将服务产业链跨区域布局，推进长三角产业科创一体化发展的重要工具。

我们将通过打造“1＋3”专业服务赋能体系，来实现以服务提升上海园区发展总体质量的战略。“1＋3”专业服务赋能体系，即园区综合运营服务这一“1”体系与园区专业服务这一“3”体系紧密结合，健全覆盖园区运营管理主体、入园企业、产业和入园人才的全方位园区服务体系。其中“1”体系，指的是园区综合运营服务，作为整个园区服务体系的枢纽，其将主要由园区集成服务商提供。上海市优秀园区开发公司和园区运营主体构成的集成服务商群体积累了大量的园区综合运营服务经验。通过提炼出各个园区运营主体的服务特色和品牌特征，促进园区从特色化运营经验出发，为产业、企业和人才提供差异化服务，形成自身的比较优势。“3”体系指的是园区专业服务，主要由园区管理赋能服务、园区产业科创服务和园区生活配套服务这三大类专业服务构成，重点聚焦为园区开发管理主体、入园企业和入园人才解决在发展过程中遇到的各类问题，并提供成熟的、专业化的解决方案，最终促成园区优质的产业生态建设。

在“1”体系的打造上，我们鼓励各个开发区和开发公司从小切口入手，聚焦具有鲜明特色的开发区品牌。在上海开发区近40年的发展历程中，各大开发公司都根据相关的定位形成了具有鲜明服务特色的园区运营品牌。通过聚焦打造特色化园区运营品牌，我们将能在不同产业领域、不同形态特征、不同运营条件下形成各个细分领域园区综合运营服务的单项冠军，最终将能够推动形成上海市开发区多样化综合运营服务生态体系。

在“3”体系的打造上，我们广泛动员了开发公司专业二级子公司和社会第三方主体参与。通过发掘长期以来在园区内进行服务的优秀服务主体，我们将用好市场化资源，进而形成合力，为入园企业和人才提供更高品质的服务。

在上海市开发区协会各会员单位和广大第三方专业服务商的大力支持下，“1＋3”专业服务赋能体系的建设工作已经取得了重要的进展。一是完成了“1＋3”专业服务赋能体系的理论建设工作，形成了具有鲜明上海特色的高水平体系框架，为下一步引领上海、长三角乃至全国其他地区园区服务升级和高质量发展指明了方向。二是总结整理了一批长期以来在上海进行综合运营服务的园区集成服务商，发掘了它们多年的园区建设和服务经验，促进了园区集成服务领域“上海品牌”的打造。三是走访征集了一大批为园区运营主体、入园企业和入园人才提供优质服务的专业服务商，团结动员了广大服务商，鼓励它们不断提升专业服务水平和能力，共同为上海市产业园区的发展添砖加瓦。四是投资建设了上海产业园区服务中心(同时也是长三角开发区协同发展服务中心)和线上展示平台，为专业服务的开展提供了重要的展示载体。

在完成“1＋3”专业服务赋能体系的理论打造后，体系的完善和落地工作将成为未来的重点内容。其一，持之以恒地推动上海市各开发区做好服务工作，不断打造服务品牌，完善自身对园区的全方位服务体系。每个园区的产业定位不同、发展模式不同，在长期的发展过程中形成了具有自身特色的服务体系。园区通过与“1＋3”专业服务赋能体系的互动，将更能了解自身的服务特色，更便于总结自身的服务体系，也将能更顺利地将自身的服务更新迭代，促进自身服务能力的成长。其二，推动“1＋3”专业服务赋能体系在有需要的园区落地，将能提升上海产业园区总体发展水平。园区发展归根结底在于服务，通过引入优质的服务商，发展较为薄弱的园区内企业将能享受更为领先的服务品质。依托于服务商的专业服务，企业和园区都将获得更大的发展助力，进而提升自身发展能级。其三，推动服务商不断更新迭代优质园区特色专业服务产品，推出更满足园区发展需要、更具引领性的专业服务产品在上海产业园区内落地。园区内的企业运营和发展有着不同于其他市场内企业发展的逻辑，园区可以为企业提供更为充足的公共产品，更为良好的营商环境。故此，服务商需要根据园区这一行业的特色打磨产品、更新模式，将自身面向所有客户和市场的服务产品再深入研究，形成精准聚焦园区客户需求，切实满足园区发展特色的“园区特供”产品。

在长三角一体化发展战略的引领下，以上海成功案例为模板，“1＋3”专业服务赋能体系也将向全长三角开发区推广。通过建立以服务为纽带的长三角园区合作新模式，进一步提升园区服务，将能更深入践行国家战略。

其一，长三角各个园区都具有自身特色的“1”。不同园区的产业特色、业态特色通过自身集成服务商的打造都可以成为在某个园区发展细分领域中的“单项冠军”。鼓励各个园区建立自身的“1”体系，就是鼓励各个园区总结整理自身园区开发的特色，进而形成自身的品牌，最终推进长三角园区的多样化发展，避免同质化竞争。

其二，通过不同园区之间“1”的合作，可以充分交流双方的服务优势，做到服务的双向赋能。正因为不同的“1”体系有不同的特色，园区合作双方都可以取长补短，交流经验。尤其是在当前知名国有园区运营企业主导的园区合作中，往往面临着合作对象是政府的局面，通过与当地的园区集成服务商而非政府的合作，更能从园区专业化运营角度找到合作的落地路径，促进园区合作成效落地。

其三，“3”体系中第三方服务商的交流与扩张能同时促进多个园区的服务提升。“3”体系由大量的第三方专业服务商支撑。通过专业第三方的服务，在将园区合作中的各类专项任务落地的同时，也将优质的第三方服务商推广到各地。服务商可以通过多点布局，完成重点单项服务标准化，进而促成长三角园区服务的标准化。而服务商通过在长三角各地的服务，拥有了更多的服务场景，可以实现产品的快速迭代升级，从而不断提升自身业务水平，提高其为各个园区提供的服务质量。

其四，长三角“1＋3”服务赋能体系的总集成将能够提供遍及长三角的服务赋能网络。这一服务赋能网络的搭建，将能为各个园区提供一站式的服务解决方案，变点对点的园区合作为网络化、平台化的园区合作。博采众家之所长，提升服务能级。

“1＋3”专业服务赋能体系的建设刚刚起步，未来我们将进一步传播上海开发区服务经验，进而促进长三角一体化发展的国家战略，最终形成具有上海特色、大国气派、全球意义的园区专业服务赋能体系。

《产业园区研究》编委会

目　　录

服务赋能促产业

产业引领创未来

解码园区新发展

园区更新再提速

园区巡礼习经验

沪上名园风采现

服务赋能促产业

园区服务理论的构建

——"1+3"专业服务赋能体系

周思勰

一、园区的未来与专业服务

经过了近40年的开发，中国的产业园区大多已经经历过了多轮开发，在基础设施、整体形象、硬件配套上已经具备了全球领先的水平。而随着我国发展进入新历史阶段，园区的发展面临着内外部环境的急剧变化，只有专业服务的打造园区，才能巩固当前园区的发展成果，开辟未来的发展道路。

当前，园区在外部监管和宏观环境上面临着整体收紧的趋势。随着我国改革开放成果日益凸显，城乡面貌焕然一新，土地资源的稀缺问题日渐突出，这成为了园区进一步做大的刚性约束。伴随着我国发展阶段的转变，依托高负债、高流转的地产型园区运营模式也不合时宜。另外，随着我国产业升级脚步的加快，入园企业和人才对园区的服务要求逐渐升高，单纯的成本优势将无法有力吸引优质企业和人才。

故此，园区未来只有在专业服务上下功夫，通过完善专业服务体系增强自身核心竞争力。做强服务一是帮助入园企业和人才成长，通过优质的服务为企业提供更大的发展空间，为人才提供更为优质的生活环境；二是推动园区多元化经营，通过不断做大服务板块，强化园区运营主体的增值业务，丰富园区业务内容，提升园区运营主体发展能级；三是促进园区形成品牌，结合园区不同的产业生态建设各具特色的服务体系，有效推动园区特色品牌的创建，助力产业要素在不同地域统一品牌体系下各园区之间的流动。

二、"1+3"专业服务赋能体系

"1+3"专业服务赋能体系是从上海产业园区发展的基础出发，通过整理上海全市最优质的园区服务的特色和特点，为长三角乃至全国园区专业服务的发展提供可靠的模板、可用的资源和可行的路径。

(一)园区综合运营服务

园区综合运营服务(即"1+3"中的"1"体系)是园区服务的中枢，由园区集成服务商(即园区开发公司或运营主体)提供。综合运营服务是指园区在开发、建设、招商、管理、运作等方面提供的整套解决方案。对上级政府而言，园区集成服务商提供园区开发及服务的全套方案，保障产业持久发展的基础。对入园企业和人才而言，园区集成服务商提供各类优质服务的菜单式选项，解决他们的后顾之忧。对产业而言，园区集成服务商聚集产业生态发展中所需的各类要素，为"雨林式"产业生态的构建提供基础保障。在上海的长期实践中，已经形成了诸如上海临港、外高桥集团、张江集团、金桥股份、市北高新等一系列知名的园区集成服务商。它们提供的优质综合运营服务，为上海五个中心建设打下了扎实的基础，同时也成为"上海服务"这一知名品牌的重要组成部分。

各具特色的园区集成服务商通过不断总结自身服务经验，结合所服务的主要产业，能够进一步形成自身特有的服务赋能体系。如外高桥集团专注打造物流贸易和保税功能，在自设一系列特色专业公司的同时，凝聚了一批在物流和保税方面具有极强专业服务能力的第三方，形成了全国知名的物流、保税、贸易园区品牌。此外，其也积极向外拓展服务能力，跳出外高桥保税区服务更广大的贸易类客户。园区集成服务商通过在园区主要功能及产业特色子领域的发展，集中投入精力，更能促进自身特色化园区综合运营服务品牌的形成。

(二)园区专业服务

园区专业服务(即"1＋3"中的"3"体系)是最为重要的落地服务，是直面园区管理主体、入园企业和人才的服务，直接关系到园区整体服务的质量和客户满意度。这些服务一般由园区集成服务商的专门化业务子公司、其他市场化的第三方公司等园区专业服务商提供。

园区管理赋能服务是为园区运营管理主体提供的促进园区管理和运营效率提升的相关服务。通过专业第三方的服务，园区管理和运营主体一是能聚焦精力，将有限精力投入到最为重要的工作中去，将自身从一些庞杂事务中抽身；二是能利用专业服务商的特殊技能，更高效地解决相关问题；三是专业的第三方服务商拥有市场上最为领先的服务理念和经验，园区管理主体可以依托它们享受与中国乃至全球一线园区同等的服务质量。

园区产业科创服务是为入园企业提供的促进企业发展的相关服务。产业的集聚和发展重点在企业的成长，园区服务的第一目标就是企业，优质的园区并不是高楼大厦和优惠政策，而是让企业获得更高的成功可能性。优质的产业科创服务将为企业提供注册、开门、营业、成长、发展的全生命周期的专业服务。尤其是专业领域的服务商，能够为特定产业的发展提供更为定制化的行业服务。同时在金融方面，基于上海在全国领先的成熟金融体系，在专业服务赋能体系的基础上，将在未来推动“金融合作伙伴”计划，更加聚焦园区金融服务，推动“产融结合”，加强金融服务赋能园区产业发展。

园区生活配套服务是为入园人才提供的生活便利性服务。在产城融合的大背景下，园区和城市的界限越来越模糊，在产业升级的大环境下，人才的重要性也越来越高。通过专业化的生活配套服务，将为入园人才提供更为贴心的服务，解决人才在园区工作的后顾之忧。

三、构建园区专业服务的升级版

“1＋3”专业服务赋能体系中所列出的各类服务商是以上海的实践经验为依据的，集中展现了园区领域内“上海服务”的金字招牌，也将引领长三角乃至全国园区构建自身专业服务体系的升级版。各个园区可以通过如下几个方式构建具有自身特色的园区专业服务体系。

第一，建立完整的园区专业服务体系。园区行业是地地道道的服务行业而非单纯的房地产行业，每个园区都需要建立自身的专业服务体系。在园区运营中要变管理为服务，建立自身可以提供的各类服务清单，做到“有距离的服务”，即无事不打扰，有求则必应。不断总结自身经验，形成制度化和标准化的服务内容。

第二，构建园区第三方服务合作机制。整理总结长期合作的各类服务商名单，为入园企业和人才提供专业服务的备选供应商名单。对第三方服务商建立服务满意度动态监测机制，对服务质量进行综合考评，完善对第三方服务商的管理机制。

第三，提供具有产业特色的专业服务内容。产业是园区发展的生命线，“链长制”和“特色园区”在全国的落地开花，意味着园区产业布局从大而全的全光谱产业结构回归到了专而精的产业定位上。只有同园区特色产业紧密结合，园区服务和产业发展才能形成相互促进的正向循环。园区可以根据自身产业定位，在园区共性服务外专门推动产业个性化和专业化服务，为园区产业生态服务。

第四，紧密结合园区数字化转型进程，推动园区服务落地铺开。随着园区数字化的加快转型，园区服务的触角将能更快地接触到入园企业和人才。园区可以将数字化转型和园区服务工作紧密结合起来，建设用户友好型、成本节约型、成效可测型的园区线上线下服务平台。

第五，适时设立业务板块子公司，提升自身专业化服务能力。在园区服务逐渐深入，园区企业黏性逐渐增强的条件下，园区可以适时设立提供专门服务的子公司，稳定服务质量的同时推动园区运营主体自身业务多元化。

服务是园区发展中永恒的主题，也是园区品牌化建设中必须完成的任务。通过园区专业服务体系的打造，将为园区永续发展、产业转型升级、人才幸福生活提供源源不断的动力。

“亲商服务”如何助力苏州工业园区转型升级
——以园区企业发展服务中心为例

康　宁

2021年初，在商务部公布的国家级经开区年度考核成绩榜单中，苏州工业园区第五次荣登榜首。随后不久，它再次出现在科技部公布的国家级高新区年度排行榜前列，位居第四。经历了27年的探索实践，这片278平方公里的热土无疑已成为中国经济建设大潮中成绩斐然的增长极和全球科技创新版图中令人瞩目的新地标。作为中国改革开放前沿阵地中一处收获颇丰的试验场，苏州工业园区为中国如何建设面向世界的现代化产业园区积攒了宝贵的“园区经验”。

摊开园区的发展史，除去区位优势和资源禀赋，“亲商服务”是助推其高速发展的要素之一。1994年，时任新加坡总理的李光耀选定在苏州与中国政府合作建一处工业园区。经国务院批准，作为中新两国政府间重要合作项目的苏州工业园区应运而生，新加坡模式就此引入。新加坡是全球的创新中心，通过实施亲商政策打造的优越营商环境吸引了全世界大批顶尖人才和跨国企业。“亲商”便是苏州工业园区借鉴新加坡“软件”的核心，结合具体国情和时代特征延展而来的。“亲商服务”成为了苏州工业园区营商环境的一张名片。那么，何为“亲商服务”？苏州工业园区又是如何借由其实现了高质量跨越式的发展呢？园区企业发展服务中心或许是一个可供观察的窗口。

一、苏州工业园区“亲商服务”起源

2009年，苏州工业园区在开发建设的第15个年头，交上了一份“四个超千亿”的成绩单——地区生产总值突破千亿元，累计上交各种税收超千亿元，实际利用外资折合人民币超千亿元，注册内资超千亿元。成绩虽然亮眼，但当时刚经历过2008年国际金融危机的严峻挑战，高度依赖外向型经济的苏州工业园区意识到了危机，决心求变寻找一条面向未来多元的发展之路，自主创新于是成为了决策层应对危机的战略选择。

正是在这样的背景之下，园区管委会决定增设一家直属事业单位，通过整合政府及社会化服务资源，重点服务帮助园区转型升级实现跨越式发展的科技型中小企业，机构定名为“苏州工业园区中小企业服务中心”。起步之初，

中心最主要的工作之一就是以授权的形式承接园区组织部、科技局、财政局惠企政策的宣贯和兑现工作，为企业解读政策文件，辅导经办人员正确填写申报材料，落实奖励资金的兑现，帮助企业“用足用好政府提供的政策”。

随后的几年间，苏州工业园区冲刺进入高质量发展的轨道，逐步形成了转型升级的完整体系。在构建园区创新创业生态的过程中，企业服务中心显示出了重要的助推作用。2017 年，园区管委会决定在原有基础上升级打造一个独具苏州工业园区特色“全覆盖、全过程、全功能、平台化、网络化、个性化”的企业综合服务平台，将其更名为“苏州工业园区企业发展服务中心”，服务对象从起初的约 1 万家科技型中小企业扩充至园区的全量企业，正式成为一个园区政府为企业提供“亲商服务”的落脚点。经过了十余年的发展，如今一个围绕企业发展服务中心生长而来的企业服务体系正在支持着苏州工业园区近 10 万家企业高速运转。

二、苏州工业园区特色化服务

相比于近年来多地兴起的一站式企业服务，园区企业发展服务中心因增添了“发展”二字，外延变得更为模糊。除了内设的 7 个职能处室，中心还下设了 3 家国资公司，在园区搭建起了一个汇集“政策服务、融资对接、资源赋能、诉求流转”的服务总入口。

（一）“政策服务”总入口

自 2009 年起，通过部委办局委托服务的方式，企业发展服务中心陆续承接了苏州工业园区 12 个部门的近 300 项惠及企业、人才的政策业务，其中包括各级人才项目、高新技术企业认定、总部企业申报等，几乎覆盖了园区相关职能部门所有的涉企政策。得益于创立之初掌舵人对信息化建设的重视，企业在办理各项申报的留档数据为后来的业务创新提供了必要条件。

为做实做细政策服务工作，企业发展服务中心开设了一个线上“政策超市”，将国家、省、市、区各级政策按产业类型、科技创新、人才服务、知识产权等不同标签进行分类，梳理各项政策细则，制作了涉及 12 个领域、近百款标准化的“政策产品”。经过拆解，企业在这个虚拟的超市中使用关键词搜索，便可以快捷精准地找到适配的政策。同时，依托中心积累的企业留档数据和园区其他部门的数据资源生成较为精确“一企一档”的企业画像，系统通过“政策产品”的自动匹配便可为企业出具一份个性化的“政策定制报告”。

这份电子报告详细展示了企业家根据当下企业运行的实际情况，未来可以在园区申报哪些政策、如何申报以及何时申报。信息化系统的有效运转极大程度提高了园区面向企业开展政策服务的效率，园区本级业务从申报到兑现实现 100％的线上闭环更是确保了政策、资金以最快的速度直接惠及企业。

图一　苏州工业园区企业发展服务中心官网

在苏州工业园区，符合政策申报条件的企业几乎很难错过申报的时机，因为下沉式服务企业的方式弥补了线上作业的不足。针对科技攻坚、人才服务、产业转型等重点工作，企业发展服务中心首先通过大数据筛查出目标企业，同时建立了专家顾问专题培训、业务骨干"一对一"辅导、服务团队"多对一"咨询的服务联动机制，这种"主动、靠前"的服务方式不仅让园区企业充分享受了国家各级政策红利，也精准释放了政策的引导作用。

(二)"融资对接"总入口

是否可以精准地解决制约中小企业发展的融资难题，决定了产业园区是否能够保持高速发展的动力。从深耕"科技金融"起步，逐渐拓展到"普惠金融"的服务模式，苏州工业园区通过设立风险补偿资金池，建立了以"债权＋股权"融资为特色、覆盖企业发展全生命周期的政策性科技金融服务体系。不同侧重的金融产品既满足了处于不同阶段的园区企业的融资需求，也成为了引导园区发展"生物医药、人工智能、纳米技术"三大重点特色产业集群的隐形指挥棒。

"园易融"是企业服务中心创建的一站式综合金融服务平台。在这个线上平台，企业可以查询到包含银行、股权投资、保险、担保、金融租赁等九大领域的金融服务。这个面向全球开放的服务平台聚集了 237 家金融机构，入驻了共计 588 位金融顾问，目前提供的 135 款金融产品已累计为近 1600 家企业解决融资约 350 亿元。

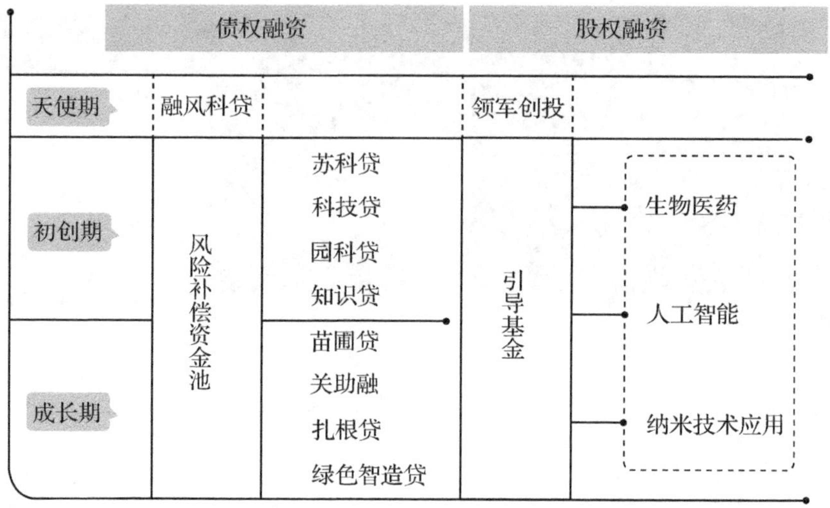

图二　苏州工业园区企业发展服务中心的金融服务体系

(三)"资源赋能"总入口

在企业发展的过程中，除了资金，还需要大量市场化的专业服务，例如财税、法律、人力资源、知识产权。帮助企业快速便捷地找到与之匹配的优质专业机构是企业服务发展中心搭建"资源赋能"总入口的初衷。如今，在中心官网创建的"服务超市"模块已聚集了1323家服务机构、519名行业专家顾问，涵盖十大类市场化的专业服务资源。

为企业打通获取资源的通道，帮企业创建园区"朋友圈"，在园区创业的企业家也因此显现出了强烈的获得感。除此以外，企业发展服务中心为满足不同侧重面，创立了不同主题的服务品牌，例如为领军人才设计的"金鸡湖合伙人计划"，为有潜力上市的园区企业量身定制的"上市苗圃工程"。为了不断推陈出新，企业发展服务中心紧扣企业需求陆续创立了十余个这样的资源赋能服务品牌。

相较于北上广或是南京、武汉这类省会城市，苏州的高校资源显然无法支撑这座城市高新技术产业的发展，但问题导向和实用导向的产学研联动从一定程度上弥补了这种劣势。近年来，企业发展服务中心整合龙头企业、大院大所、公共服务平台等资源搭建了"园易联""载体资源平台""金鸡湖路演中心"等产学研服务平台，每年举办系列活动，帮助企业对接技术资源，突破发展瓶颈，为企业打通发展过程中产业链、创新链的关键堵点。这些产学研的交流活动有效地促成了多项产业、研发、临床等方面的合作及合作意向。同时，在"沪苏同城"的热潮之下，企业发展服务中心主动对接上海各大科研院所的优质平台资源，让园区享受到了上海的溢出红利。

(四)“诉求流转”总入口

多年来，锦上添花、细致周到的企业服务天然提升了企业发展服务中心与园区企业间的黏性。不同于政府部委办局行使管理职能，在宣贯兑现政策的落实过程中，中心更多地扮演着服务员和伙伴的角色。这种精细化服务的过程中积累的企业运行的鲜活数据和获得的企业反馈能为政府相关部门制定政策提供可靠的决策依据。

创立之初，企业发展服务中心设立了一通咨询热线为企业解答政策。2021年，苏州工业园区出台了“线上线下一体化企业诉求闭环解决”的工作方案，随后上线了企业诉求流转解决的信息化平台——“诉求快递”。“诉求快递”由中心负责运营，通过这个平台将中心的各类服务和数据资源互联互通、全面共享，帮助不同职能部门的工作人员及时了解企业的实际情况，有效地匹配相应的资源解决企业问题，同时定期对企业提交的诉求进行分析，提炼共性问题，为园区政府优化现有政策、制定新的政策提供参考，也为进一步创新企业服务提供思路。

三、总结与思考

“精准对接企业需求，提升服务效率，解决实际难题。”苏州工业园区企业发展服务中心主任杜丰曾在接受媒体采访时这样阐述自己对“亲商服务”的理解。梳理企业发展服务中心为园区企业提供的各项服务，不难看出苏州工业园区落实“亲商服务”的举措细致入微，不断创新的服务模式正是为了满足不同阶段园区转型升级的需要。

当前，中国诸多的产业园区亟待转型升级，苏州工业园区“亲商服务”的企业服务模式或许可供借鉴。

建立专业服务体系，打造优质营商环境

——以外高桥保税区专业化服务为例

范媛媛

优化营商环境是激发市场主体活力和社会创造力的重要抓手，是实现高质量发展的重要条件。开发区作为我国社会经济发展的主战场，更需要打造优质营商环境，以释放企业更大的活力，推动经济进一步发展。在大部分开发区发展较为成熟的时期，打造良好的“软环境”成为开发区全面提升综合竞争力的重要措施。本文以上海外高桥集团股份有限公司为例，介绍其优势产业——贸易物流设立的专业服务公司的专业服务，并对我国开发区专业服务体系建立进行了几点思考。

一、外高桥保税区专业化服务由来

外高桥保税区是我国第一个保税区，于 1990 年 6 月经国务院批准设立。经过 30 多年的发展，外高桥保税区已成为国内经济规模最大，业务功能最丰富的海关特殊监管区域。由于海关特殊监管区域所享受的特殊政策，外高桥保税区内企业贸易物流业务众多，相较于企业开发区形成了较为特色的业务板块。上海外高桥集团股份有限公司(以下简称“外高桥集团股份”)作为外高桥保税区的开发主体，为顺应区内企业发展趋势，锻造外向型经济发展增长点，帮助区内企业解决贸易物流相关问题，特单独设立贸易物流服务相关业务板块。

二、外高桥集团贸易物流专业服务

针对贸易物流业务板块，外高桥集团成立全资子公司——上海市外高桥国际贸易营运中心有限公司(以下简称“营运中心公司”)和上海外高桥企业发展促进中心有限公司(以下简称“企业中心公司”)。其中，营运中心公司打造以贸易商务咨询、进出口代理服务、商品展示、专业市场平台、物流、信息和贸易金融为一体的“一站式贸易物流服务”经营模式，为客户提供全流程的综合贸易物流解决方案；企业中心公司主要为保税交易市场会员客户提供市场咨询等配套业务。

(一)营运中心公司主要业务与特色服务

营运中心公司作为外高桥集团股份的全资子公司，主要提供进出口代理、报关报检、专业仓储、货代及运输、投资商务咨询、跨境电商等全流程的物流服务。同时，营运中心公司下设上海外高桥国际酒类展示贸易中心有限公司、上海外高桥保税物流园区服务贸易有限公司、上海外高桥汽车交易市场有限公司等针对区内优势产业——酒类、汽车等提供专业化服务。

图一　营运中心公司主要业务

营运中心公司旗下设有消费品专业服务平台、工业品专业服务平台、国别(地区)中心三大类专业贸易服务平台，为特定产业提供贸易物流服务。以其特色平台——上海外高桥国际酒类展示交易中心(wine-center)公共贸易服务平台(以下简称“酒中心”)为例，酒中心配有超过2.3万平方米的展厅和3万平方米的专业配套保税仓库，主要为酒类企业提供长期展示、产品推广、专业培训、产品发布、贸易洽谈、进口代理、物流配送、商务咨询等一条龙的专业化服务。酒中心着重致力于与“一带一路”沿线的产区和酒庄对接，将国外酒商规模化引进外高桥保税区。

2017年，阿塞拜疆出口投资促进会携手酒中心首次在上海自贸试验区举办阿塞拜疆酒类推广品鉴会；2018年，“阿塞拜疆葡萄酒中心”在酒中心展厅内揭幕。同时，酒中心作为对接进博会“6＋365”常年展示平台之一，协助阿塞拜疆代表团在首届中国国际进口博览会引入展厅进行365天常年展示，为其打通国内渠道，积极承接进博会溢出效益，使得“展品”成功变“商品”、“展商”成功变“贸易商”。及至第三届进博会，因疫情影响，境外参展商无法到现场，酒中心派出专业团队，为阿塞拜疆提供展品介绍、展商对接、现场协调等展会保障服务。

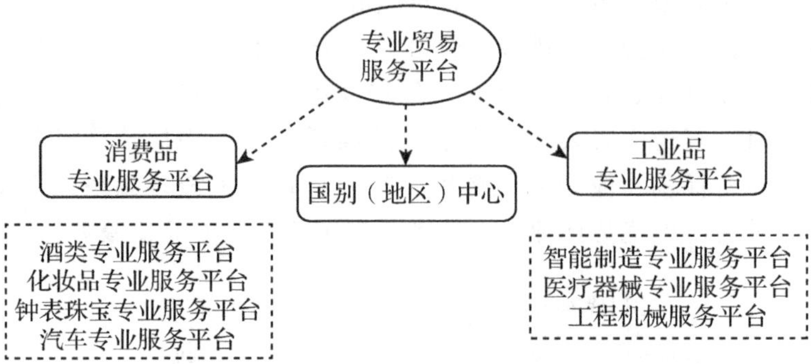

图二 营运中心公司特色专业贸易物流服务

(二)企业中心公司主要业务与特色服务

企业中心公司主要提供企业综合运营咨询、匠岭票税解决方案、融资租赁咨询、自贸区战略咨询等四项服务。其中，最具特色的为匠岭票税解决方案。企业中心公司设有单独的网站，将线上平台与线下服务相结合，标准方案与定制方案相兼顾，一站式实现票税业务的进、销、递、存全生命周期管理。同时企业中心公司提供客户进项、销项、邮寄等单独定制的特色方案。目前，每 10 家外高桥企业就有一家正在使用匠岭，外高桥税收百强企业中更有 70 家已成为匠岭的用户。

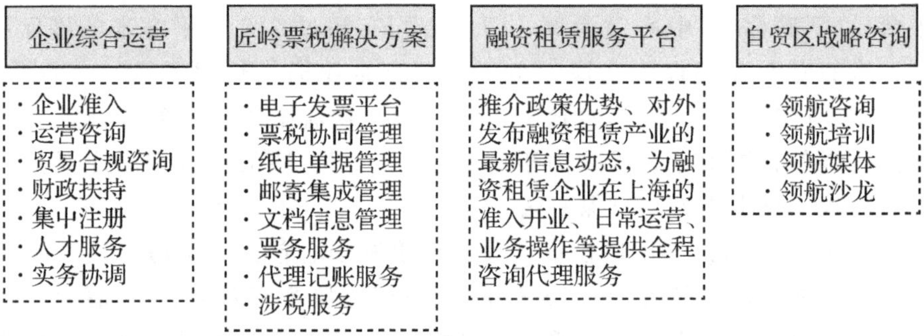

图三 企业中心公司主要业务

三、关于开发区专业服务体系建立的几点思考

(一)服务是提升综合竞争力的重要抓手

我国开发区发展已经走过 37 个年头，大部分开发区发展较为成熟，基础建设、交通区位、土地资源、政策优惠等资源条件差距逐渐缩小。开发区进入“二次开发”阶段，招商引资所比拼的就是营商环境和园区服务。服务成为

新时期开发区的核心竞争力与第一生产力，开发区最为核心的资产是区内的企业与产业，因而对企业和产业的服务将是未来开发区经营和竞争成败的关键。如今，入园企业、人才对服务质量要求越来越高，开发区也需要与时俱进，有自己长期合作的第三方服务供应商，能提供全面的、针对入园企业和人才的相关服务，做到企业满意、人才满意，才能吸引并留住企业。

(二)公共服务与特色服务“双线并举”

针对入区企业，开发区首先是要提供如工商注册、年审、报税、法律、审计、税务、会计、公共关系、政策扶持申请等基础性咨询服务，这是每个开发区都应该有的公共性服务。除此以外，开发区应该找准自己的主导特色产业，有相应的特色化服务，可以自己设立专业服务公司或者交由专业的第三方服务商。比如外高桥就专门设立营运中心公司和企业中心公司，开展进出口代理服务、开拓进口商品销售渠道、做强物流货运、发展与物流保税息息相关的服务业，外高桥贸易物流板块也因此成为全国先进典型。这些特色化的全流程服务将大大提高外高桥企业效率，企业省心省力，自然会入驻园区。

(三)发挥“整合资源＋动态监管”优势

开发区可以依托行业协会等平台整合一套涉及产业、企业、人才等各方面的、符合自身产业发展的完整第三方专业服务商资源，建立相应的数据库，对第三方专业服务商及其所提供的服务建立完善的事后动态监管机制，从企业、人才的满意度出发，聘请另外的第三方机构以年度为单位进行调查和评价。同时，开发区需要成立专门的工作小组，一是对第三方专业服务商进行有效的背景调查和合理筛选，与第三方服务商建立长期的合作关系；二是做好后续的监督管理工作，建立第三方服务商“有进有出”的管理机制，从而为区内企业和人才提供更为优质的服务。

开发区运营法宝之公共服务平台
——运行模式及案例借鉴

卢瑞轩

作为一个开放、共享的多学科、多用户、多功能的支持和服务系统，公共服务平台可推动园区管理服务模式的升级，具备公益性、专业性和综合性三大特点。平台整合集成了跨行业、跨专业、跨部门的各类资源，通过这个平台，可以为开发区管理主体、在园企业以及在职员工提供系统、全面、方便、高效的公共服务，从而促进公共资源再分配，加强信息共享、推动经济发展。

进入新时期，公共服务平台已成为优化园区营商环境的重要“法宝”，是园区开发主体借助服务赢得回报乃至实现互利共赢的重要载体和实现途径。构建功能多元、服务齐全的园区公共服务平台是建设服务型园区的重要支撑，但是不少园区的公共服务仍层次较低，一定程度上遏制了园区发展的后劲。在公共服务平台的建设上，不同的建设主体、功能定位及实际需求是影响平台运行模式的重要因素。

一、开发区公共服务平台运行模式

(一)政府支撑模式

“政企合一”管理下的开发区公共服务平台通常为政府支撑模式，区别在于开发区的级别不同导致公共服务平台在规模大小、服务范围等方面存在差异。对于将社会事务剥离出去的园区，这种情况下建设的公共服务平台作用进一步显现。一般而言，由政府支撑模式建设的平台能够更好地保障平台的公益性，政府出资使投入水平有所保证而且其主导力量较强，在改善园区公共服务供给的同时也强调区域分布均衡和供给水平提升，更加突出基础型服务，发挥兜底作用，通过强大的数据资源，线上协作，提高办事效率。这类服务包括个人及企事业单位日常事务办理，经营管理服务中的一般性事务协调，如工商注册、法律咨询等。在这一模式下，平台在建设初期具有显著优势，也相对容易重供给、重建设投入，是维持园区基本运营的重要保障。

(二)产业园模式

这种模式下，园区需承担建立起符合园区产业发展需求的科技创新公共服务平台、产业链资源整合公共服务平台、产业升级转型公共服务平台、投融资公共服务平台等，以提供引导型、发展型服务，减轻企业获取相关公共服务的成本，满足在园企业对于公共服务的需求，这对于园区开发主体的运营能力和服务经验要求很高。在产业扶持政策和资金补贴项目上，园区有必要为进驻企业提供行业信息交流的机会，进行政策引导服务、项目申报服务等。此外，营商环境出色的园区还会通过平台提供融资担保、营销策划和渠道搭接、技术转移服务和专业技术支持，以及产业链招商与对接等深层次服务。对于专业化园区、特色园区来说，开发主体需要了解产业链和产业集群，懂得搭建公共服务平台把产业资源聚集整合，推动产业链上的企业形成合理的分工协作，帮助企业对接产业资源，针对产业特性提供系统化的平台服务，实现产业间的对接交流和产业互助，从而促进产业“双效”(效率和效益)提升。

(三)共建共享模式

这是新时期公共服务发展的一种趋势。在市场的参与下，第三方如专业机构、行业协会的介入，往往使公共服务形式多样化、专业化，使政府部门和园区开发主体在建设公共服务平台中得到技术支持从而加速形成服务能力。在行业资源能够实现共享的产业，更要充分整合社会资源，鼓励社会力量积极参与。共建条件下容易通过免费和收费相结合的服务模式，既有利于发挥公益性基础作用，又有利于平台持续发展；共享还减少了重复建设，节约了有限的公共服务资源。

通过合作搭建公共服务平台，吸引多元化投资主体和运营主体，促进更细致的分工设置，园区开发主体和第三方之间实现互利共赢。在园区优化营商环境的同时，第三方也获得市场机会和经济利益，在一定程度上降低平台投资方对于市场风险、资金风险、运营风险及资源效率的风险预期，能够使公共服务平台建设综合政府部门和市场主体的优点。对于一些园中园或者小园区而言，在能够享受到公共服务的情况下，与大园区联建公共服务平台也是一种很好的选择。这种园区与市场共建模式的弱点在于权责界限模糊以及在园区主导时不利于市场主体作用的发挥，可以通过合同契约进行界定。

(四)企业自建模式

一般而言，这种通过在园企业自筹或联合发起的模式建立公共服务平台对于企业规模和资金的要求较高，运营风险较大，在自主经营、有偿服务情况下更加贴近市场，与市场需求的结合度较好，灵活且高效。这类公共服务平台在运营中具备市场的敏锐性，通过平台自身丰富的内容，提高用户体验度，增加用户量和服务对象。在实际中，部分行业的知识壁垒通常需要以企业自建进而主导才能实现这类公共服务平台的持续运营和创新，但其功能、服务及规划等具有短期和功利倾向，规模或许较小但也是提升园区公共服务水平的一种重要方式，应予积极鼓励和加以引导并强化监管，使得该种模式在园区运营中发挥重要作用。

二、园区典型案例借鉴

(一)张江药谷——搭建“共享·互利”模式下的园区链接式公共服务平台

张江药谷公共服务平台是由政府依托产业园而建立起来的，基于园区内企业的共性需求，通过政府出资购置大型生物医药实验和检测设备，服务创业阶段的生物医药企业，并解决企业在研发过程中遇到的硬件设施、技术、人员和研发资金等方面的困难。平台以中小企业自主创新为己任，为企业申请政府各类资助资金提供咨询和指导。其可共享创新资源多，有丰富的投融资渠道，是一家综合性公共服务平台，能增强园区科技资源整合力度，降低企业研发成本。平台内拥有众多共享实验室、生物医药孵化单元，并配备齐全、专业的实验和办公设施，在国内具有领先水平。

经验借鉴：作为高新技术产业发展中的重要载体，张江药谷公共服务平台以生物医药产业集群为目标，建立产业链接式公共服务配套体系，从共性技术服务—检测分析服务—集成软件服务—专业信心服务—运营保障服务—产业化服务，到创业苗圃—孵化器—加速器—产业集群的全产业链孵化服务，能够在有限的物理空间中拓展衍生服务能力，拓宽孵化企业金融服务渠道，构建起符合生物医药创新创业企业成长的生态环境，其优越的营商环境同时也能吸引更多优质项目落地，能让更多投资者发现机会，能让更多技术服务商在“十四五”时期继续为张江药谷打造医学医药医械医疗“四医联动”的世界级生命健康产业集群提供服务，从而实现互利共赢。

(二)临港新片区——创建“政府主导＋专业机构”的融合型人才公共服务综合体

临港新片区国际人才服务港成立于 2020 年 8 月，以“智慧型管理、一门式受理、一站式服务”为建设目标，整合了政府部门各级公共服务资源，鼓励各类人力资源服务机构和社会组织入驻发展，为人才的选拔培养、评价使用、配置流动提供专业化服务，为新片区企业和人才提供政府和市场全方位的综合服务，其建筑面积达 7000 平方米。其中，一至三层提供各类出入境证照办理、海外人才移民融人、人才政策咨询、居住证积分核定、留学回国人员落户、引进人才直接落户服务等，通过无声叫号系统等智慧创新，为办事人员提供个性化人才服务。四至五层为人才服务智赋空间，集聚国内知名人力资源服务机构，有临港外服、临港中智、智联招聘、易盟、远茂、卓丰、万亚等企业入驻。六层为海内外人才日常集聚区，配置多功能室与 VIP 室，可以面向海内外人才开展人才政策培训、组织人力资源管理沙龙、举办人才管理专业论坛等，是海内外人才学习交流之家。

经验借鉴：临港新片区国际人才服务港的优势在于“政企”融合，政府市场并举，国际国内连通，实现了公共服务体验佳、市场服务功能全、智慧服务能级高三大目标，是国际氛围浓厚、人才活力迸发、综合环境优越的国际人才综合服务基地。其中，在智慧服务方面，通过“互联网＋”模式下的人才服务，实现了减成本、增效率，提升了服务对象的体验感和满意度；通过人才大数据，能跟踪人才流动、业务办理情况，为产业政策和人才政策深度融合以及提升人才公共服务水平提供了精准数据支撑。在政府主导和市场机构结合的混合模式下，能提供人才猎聘、人才管理、人才测评和人才培育全方位服务，优化产业人才结构。最重要的是构建起人力资源机构集聚的“生态枢纽”，使人力资源产业形成集群效应，提升了全球人才资源的配置能力。

产业引领创未来

全球及我国现代医药产业发展概况分析

张腾飞

一、全球现代医药产业概况

现代医药产业是将现代技术与新药研发、生产以及诊断治疗等相结合形成的产业，包括化学原料药、化学制剂、中药(饮片、中成药)、生物制药、医疗器械等细分领域。现代医药产业链从广义的组织结构分工角度看，可划

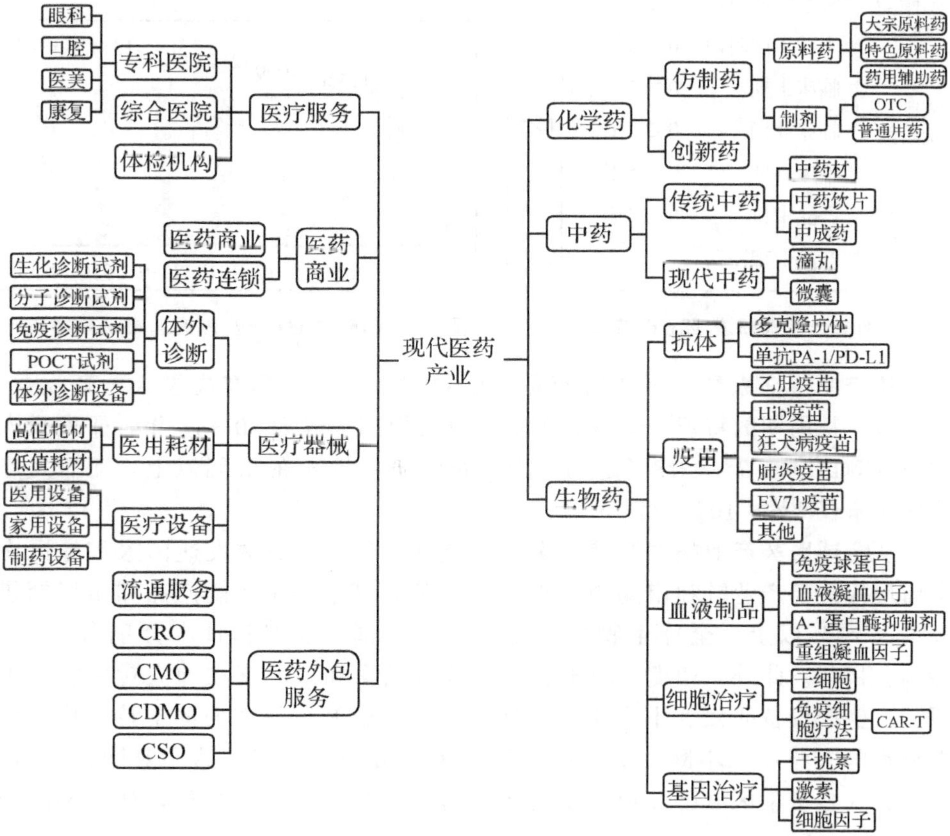

图一　现代医药产业全景图

分为基础理论、技术研究、医药原料与设备制造、医药产品研发、中试放大、生产制造、医疗检测及医药流通等几个环节。特殊的是，医药产业由于牵涉到生命安全和疾病治疗效果，又有临床试验、上市前审批与上市后监管三个重要环节。

从发展阶段来看， 现代医药产业是典型的“朝阳产业”，基于技术进步与需求增长的背景，已经成为新一轮科技革命与产业变革中创新最为活跃、发展最为迅猛的新兴产业领域之一。技术方面，干细胞、基因编辑等新兴生物技术不断涌现并快速实现临床转化应用，推动现代医药市场持续性高速增长；需求方面，全球人口老龄化、癌症病患率上升等因素促进疾病治疗需求不断增长。数据显示，2015—2019 年医药行业年均复合增长率约为 4.6%，2019 年全球医药市场规模达到 1.32 万亿美元[①]，预计 2021 年将达到 1.45 万亿美元左右。

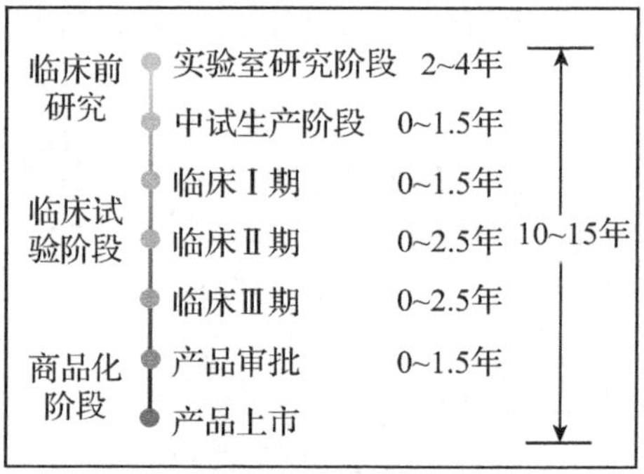

图二　医药研发及上市流程

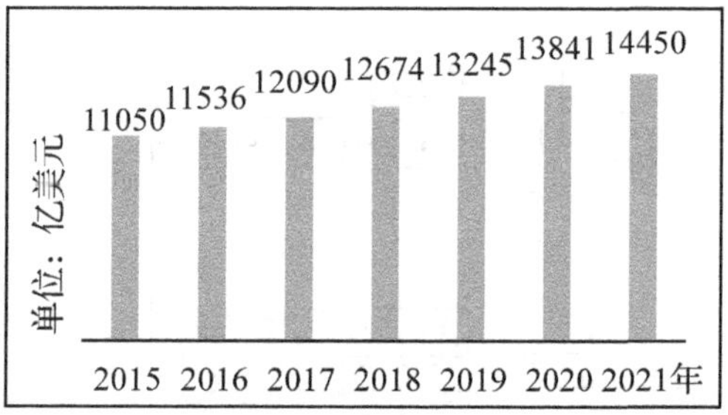

图三　2015—2021 年全球医药市场规模统计

从产业特征来看， 现代医药是科研导向型产业，具有高投入、高收益、高风险、长周期的特征。全球药企整体研发周期一般为 10—15 年，研发投入占销售额比重在 9%—18%之间，大型企业研发投入在 20%以上，而研发产品成功率仅 5%—10%。

从全球医药产业格局来看， 美国、欧洲、日本等少数发达国家和地区在全球现代医药产业链和市场中占据主导地位，其中美国医药产品和市场销售额均占 70%以上。全球生物技术专利中，美国、欧洲和日本分别占 59%、19%、17%。此外，印度、中国和新加坡等国家和地区正在加大对生物技术研究、生产设备研发、生产制造、高端医疗设备制造等方面的支持力度，以推动本国医药技术不断突破。产业集聚形态方面，诸多发达国家围绕技术、人才、资金密集区域已经形成了比较完善的现代医药产业集群，如美国的旧

① 数据来源：弗若斯特沙利文、礼森智库整理。

金山、波士顿、华盛顿、北卡、圣迭戈五大生物技术产业区，德国的生物技术示范区、英国的剑桥基因组园、法国巴黎南郊的基因谷、印度班加罗尔生物园等。

表 1　2020 年全球药企 TOP10①　　单位：亿美元

排名	企业名称	总部	2019 年总收入
1	强生	美国新泽西州	825.84
2	罗氏	瑞士巴塞尔	713.32
3	诺华	瑞士巴塞尔	486.59
4	默沙东	美国新泽西州	479.94
5	艾伯维	美国伊利诺伊州	458.04
6	葛兰史素克	英国布伦特福德	440.59
7	赛诺菲	法国巴黎	437.07
8	百时美施贵宝	美国纽约	425.18
9	辉瑞	美国纽约	419.08
10	拜耳	德国勒沃库森	414.00

二、我国现代医药产业发展情况

医药产业是我国战略性新兴产业之一。从产业规模来看，自 1978 年以来进入高速发展期，2019 年医药产值约为 32905 亿元，2020 年达到 38700 亿元左右。40 年总产值增长近 410 倍，已经成为全球第二大医药市场。根据统计快报，2020 年医药制造业规模以上工业增加值同比增长 5.9%，实现投资同比增加 28.4%，2019 年医药制造业规模以上工业企业实现营业收入 23908.6 亿元，同比增长 7.4%②。企业数量方面，截至 2020 年 4 月底，我国医药制造行业规模以上企业数量达到 7342 家，医疗机构数量近百万家。

从细分领域来看，在细胞治疗如 PD-1、CAR-T 等高精尖领域，我国已实现与全球领先地区同步发展；而在基因治疗、多肽类激素等领域，我国产业化进程相对缓慢，与领先地区差距较大。

---

① 数据来源：医药魔方、礼森智库整理。

② 数据来源：国家统计局、礼森智库整理。

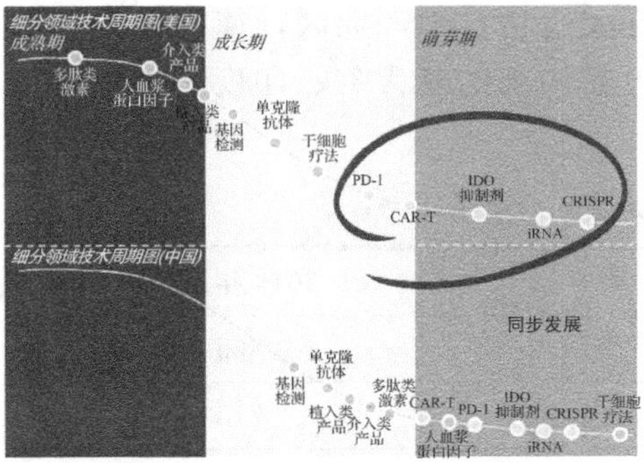

图四　中美医药细分领域技术周期对比

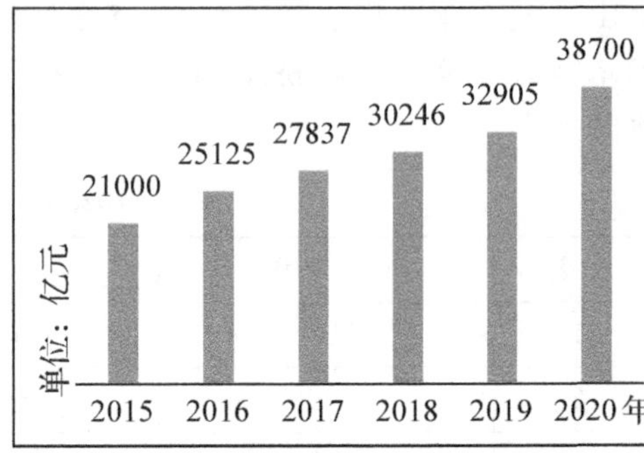

图五　2015—2020 年我国医药市场规模统计

从研发创新来看，近年来我国医药创新环境不断改善，一系列鼓励药品创新的监管政策实施，创新药纳入医保目录的路径拓宽，各类政府资金、大量社会资本投入到医药创新领域，在此背景下企业创新动力增强，研发投入不断加大。2019 年医药制造业规模以上企业研发投入为 609.56 亿元，研发强度为 2.55%，如加上大量未纳入统计的小型生物技术公司，医药制造业研发投入总额和研发强度还会大幅提高。2020 年共 140 个新药申报上市，23 个新药获批上市(注：为化药和生物制品的品种数)，其中国产化药数量(19 个)首次反超进口化药获批上市数量。同时，随着创新药产业崛起，国产新药临床申请数量从 2013 年开始逐年攀升，截至 2020 年 12 月，首次注册申报的 IND 国产 1 类新药数量共 164 个，数量明显高于过去 3 年的同期水平。

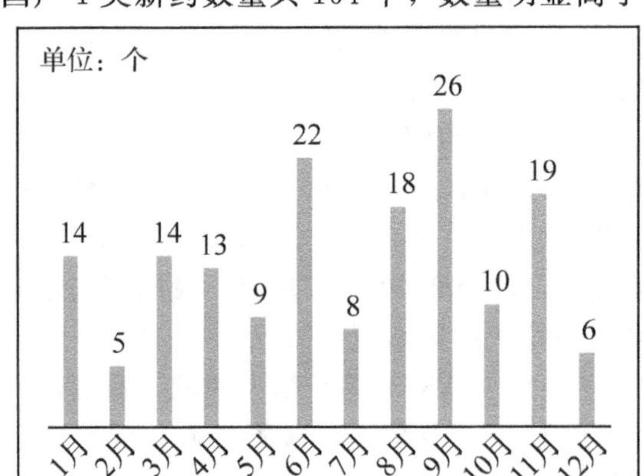

图六　2020 年国产 1 类新药 IND 首次申报统计

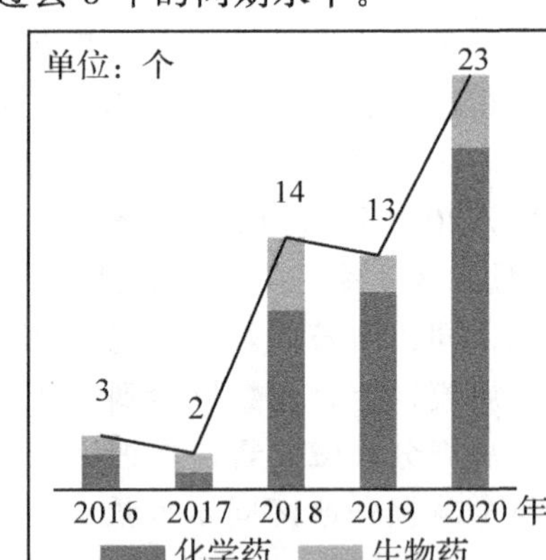

图七　2016—2020 年国产新药获批上市数量

从企业综合实力和医药产品质量来看，一是行业龙头企业规模进一步扩大。2020 年上市医药企业排名前 100 中，共 45 家企业营业收入突破百亿元，与 2019 年相比增加 5 家，其中上海医药、国药控股、华润医药、九州通 4 家药企突破千亿元，且主营为医药流通业务。在剔除 2019 年提取巨额商誉减值损失的企业后，2020 年医药上市企业(不包含科创板)收入增速为 10.5%。优势企业研发强度不断提高，从整体来看，医药上市企业 2020 年研发投入金额共计 288.65 亿元[①]，较 2019 年的 241.04 亿元增长近 20%。从研发投入占比看，创新药企尤其是生物制药企业普遍较高，其中，百奥泰、前沿生物和君实生物等三家未盈利公司研发投入占比暂居前三位，分别为 304.15%、297.05%和 112.72%。此外，医药上市企业数量增多，2020 全年国内医药 IPO 事件达到 63 起，创历史新高，同比增长超过 65%。二是药品质量持续提升，仿制药质量水平系统提升。截至 2020 年 8 月，全国已有 600 家企业积极参与仿制药一致性评价，共 533 个品种、2319 个药品获得受理。此外，药品质量标准逐步与国际接轨。2018 年国家药品监督管理局成为国际人用药品注册技术协调会(ICH)的管理委员会成员，并积极推进 ICH 指导原则在中国的转化实施，对国内企业提升药品质量体系具有重要意义。

但也应该看到，我国现代医药产业在高速增长的同时也面临诸多问题与挑战。一是创新驱动不足，生物药研发技术薄弱。二是医药企业尚未实现良好的集聚效应，整体呈现“多而不精，大而不强”的局面，中小企业不具备生物医药发展实力，而大企业产销规模往往又不够“强”，制约企业在生物制药方面的投入。三是在基础研究、人才培养、产学研合作、新药利润及专利保护等方面还缺乏实际有力的支持等。

① 按已发布年报企业数据核算。

现代医药产业技术风口及融资热点研判

张腾飞

一、现代医药产业技术风口及热点领域趋势

结合产业结构及全球整体技术趋势我们会发现，现代医药产业链以三大领域为“风口”，即基因诊疗、肿瘤免疫治疗及植入介入医疗。具体来看，iRNA、CRISPR 等基因诊疗领域尚无产品上市，全球各研发机构均处于研发初期，资本市场关注度高，未来产业化潜力大；肿瘤免疫治疗领域，目前仅个别企业实现产品上市销售，大多数企业仍处于研发与审批阶段，未来产品化潜力巨大；植介入医疗领域，全球领先龙头如强生、美敦力、波士顿科学等已实现产品上市销售，乐普等企业加紧产品研发，实现技术突破，细分市场目前仍是蓝海。

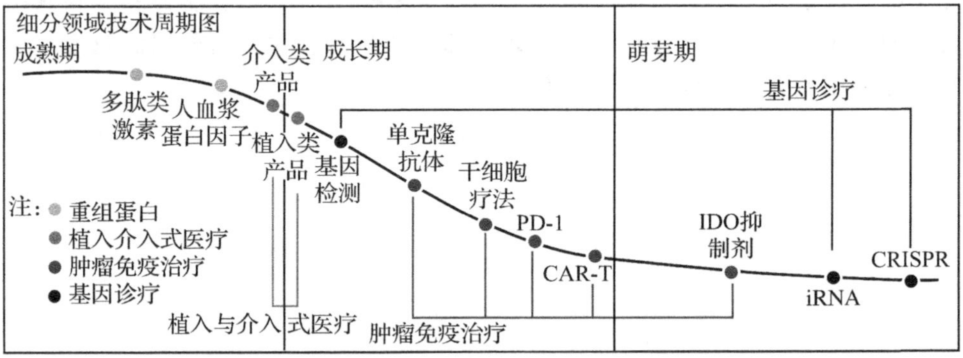

图一　现代医药细分领域周期图

同时，随着 *Science*、*Nature* 等权威杂志和媒体对 2020 年全球重大科学发现、突破性成果等评选的发布，综合对社会的影响力度，行业的关注热点，以及产业的长远发展，我们对 2020 年十大热门医药技术进行梳理，详见表 1。

表 1　2020 年十大热门医药技术

序号	技术名称	序号	技术名称
1	新型疫苗：mRNA 疫苗、腺病毒疫苗、重组蛋白疫苗	6	合成生物学
2	中和抗体	7	类器官
3	基因编辑技术	8	DNA 计算机
4	AI 精准预测蛋白质三维结构	9	新型细胞疗法"CAR-M"
5	KRAS 抑制剂 sotorasib	10	限制性蛋白水解一质谱技术(Lip-MS)

(一)化学药领域发展趋势

从细分领域产业规模来看，2015—2019 年化学原料药与化学制剂企业营收持续增长，但 2020 年受新冠疫情影响，企业生产萎缩，整体规模基本与 2019 年持平，保持在 12000 亿元左右①。带量采购、鼓励创新等政策对化学药制药企业发展战略产生较大影响。一部分制药企业研发投入不断增加，创新成果不断涌现，走向研发创新驱动发展的道路。2020 年共 12 个国产 1 类化学药获批上市，再次创下药品注册分类新标准实施后的历史新高。此外，一部分制药企业注重上下游一体化，通过规模优势和成本优势提高企业竞争力。

从资本市场来看，新冠疫情刺激了市场对于医药行业的关注度，新药研发在资本领域尤为活跃。首先是医药龙头企业受到追捧。2020 年 12 月，A 股上市企业恒瑞医药市值突破 6000 亿元，成为第一家市值突破 6000 亿元的上市医药企业。其次是医药 IPO 迎来热潮。自 2019 年科创板开板后热度持续升温，港股上市热度不减。2020 年有 24 家化学药相关企业上市，其中在香港和创业板上市企业分别有 10 家。另外，新药研发仍然是一级市场上的活跃领域。2020 年披露的涉及化学药相关企业的融资事件超过 100 起，信诺维、华昊中天、盟科医药等企业融资金额均超过 5 亿元。

从技术趋势来看，今年来多款重磅化学制剂新药获批上市，化学新药药品治疗领域集中在抗肿瘤、HIV、丙肝、Ⅱ型糖尿病以及罕见性疾病等领域，心脑血管、肿瘤、呼吸、糖尿病等慢性疾病将继续成为化学药重点研发适应证方向。

① 数据来源：国家统计局规上工业企业主营业务收入。

表 2　2020 年化学药领域 IPO 情况

上市板块	企业
主板	东亚药业、奥瑞特
中小板	立方药业
科创板	悦康药业、艾力斯、前沿生物、苑东生物、键凯科技、复旦张江、吉贝尔、成都先导、泽璟制药、南新制药
创业板	维康药业
港交所	加科思、德琪医药、先声药业、云鼎新药、泰格医药、亚盛医药、海普瑞、欧康维视、开拓药业、诺诚健华

(二)医疗器械领域发展趋势

从政策端来看，国产设备“进口替代”、医疗器械全链条监管、医疗器械注册人制度试点推进、耗材带量采购等倒逼生产企业加大研发投入，提升自主创新能力，同时加速行业流通市场变革，供应链环节不断压缩，龙头企业通过收购兼并重组等方式不断优化、重构，市场集中度将逐步提高。

而新冠肺炎疫情背景下，医药器械优先审批上市产品品种迎来爆发式增长，防护用品等的应急审批使得口罩、防护服等相对低值的耗材大量上市。同时，截至 2020 年 12 月 31 日，全国共有 51 个新型冠状病毒(2019-nCoV)检测试剂盒和 1 个新冠病毒核酸分析软件获批上市，体外诊断与高值耗材国产化进程不断加快。疫情之下防疫必需品将加强长期战略储备，而关键原材料和核心部件(如新冠检测试剂盒核心原材料 NC 膜)国产化、智能化、高端化方向并无变化，继续推动实现良好的内循环。

(三)CXO 医药外包服务领域发展趋势

医药外包服务(CXO)按产业链环节分为 CRO、CMO/CDMO 和 CSO，覆盖从前期研究到销售流通的医药全生命周期。我国目前 CXO 市场规模整体仍相对较小，但增速高。2019 年我国 CRO 规模仅 68 亿美元，在全球占比约 11%，2020 年全球排名最靠前的两家 CRO 企业营收均超过 100 亿美元，药明系(药明康德和药明生物)合并收入约 32.6 亿美元，增速超过 30%。

从发展趋势来看，头部企业构建跨越整个医药价值链，提供“CRO＋CMO”一体化服务是发展主流。一是从前端向后端延伸，CRO 企业后移产业链向下游 CMO 延伸，如康龙化成从临床前研发服务延伸到 CMC 以及原料药和制剂工艺开发及其生产服务；二是从后端向前端扩张，CMO 企业向上游 CRO 和 CDMO 领域扩张，在临床研究、临床前研究早期介入，增强客户黏性，如凯莱英布局临床研究服务；三是形成 CRO＋CDMO 的一体化服务平台，如药明康德建立覆盖小分子药物发现、新药研发申请一体化服务、小分子药 CDMO 服务等全方位、一体化新药研发和生产服务技术平台。

（四）创新药领域发展趋势

相比欧美日发达国家，我国的创新药市场规模占医药总体规模的比例严重偏低。近年来在两票制、药品集采、新药审批提速等一系列政策利好以及市场需求、高端人才红利等多因素推动下，创新药进入快速成长期，品种逐步兑现。

从产业模式来看，首创新药模式（First-in-class）会成为新药研发的重要途径。目前国内首创新药模式研发方向为抗体免疫平台，主要包括单抗和双抗。除此，干细胞、再生医学、细胞治疗等前沿方向也将逐渐被越来越多本土创新药企所选择。创新药研发靶点扎堆弊端终将会由市场来自发调节，选择首创模式是摆脱未来竞争红海的明智选择，也是国内创新药企走向世界的重要基础。

从细分领域来看，抗体、细胞治疗和基因治疗、重组蛋白等是未来主流。单抗将迎来产业化爆发阶段，人源化抗体、纳米抗体、抗体偶联药物（ADC）、双特异性抗体等成为抗体重要的技术方向；细胞治疗领域，TAC-T 和 TCR2 等新型 CAR-T 技术、CAR-NK 等新型细胞治疗方法不断出现，并和抗体、基因治疗等治疗方法进行联合治疗；重组蛋白药物在国内发展较好，长效蛋白质生物制剂技术的研究是大分子蛋白质药物的研究热点。

从适应证来看，创新药治疗领域聚焦在肿瘤和感染性疾病。生物治疗是继手术、放疗和化疗之后的第四代肿瘤治疗方法，抗体、重组蛋白、肿瘤疫苗、细胞治疗和基因治疗等方式为肿瘤治疗提供了新的治疗思路，肿瘤治疗药物或成未来生物创新药的最大应用领域。

二、现代医药产业融资热点及企业选址动向

（一）现代医药产业融资热点

在创新和需求升级带动产业稳定发展的背景下，医药细分领域迎来大批资本。从数量和规模上来看，2020 年医药领域有 947 起融资案例，披露金额约 2087.04 亿元，融资金额超过亿元人民币的案例 395 起，合计融资金额约 1088.14 亿元，过亿元融资总额占年度融资规模总量的 52.14%。

表 3　2020 年现代医药产业融资规模 TOP10 项目

序号	公司简称	业务	轮次	金额	投资方
1	百济神州	抗肿瘤创新药	战略融资	20.8 亿美元	高瓴资本、Baker Brothers Advisors LLCAMGN
2	京东健康	互联网＋医疗	战略融资	13.6 亿美元	GIC 新加坡政府投资公司、高瓴资本、Black Rock Tiger Global Management、清池资本、中国国有企业结构调整基金
3	华大智选	生命数字化设备和系统解决方案	B 轮	10 亿美元＋	IDG 资本、中信产业基金、华兴新经济基金、国方资本、华泰紫金、钛信资本、赛领资本、基石资本、鼎峰资产、国泰君安、中信证券投资、金石投资、松禾资本、华兴资本、湖北科投集团
4	科兴中维	药品生产	战略融资	5.15 亿美元	中国生物制药
5	丁香园	疫苗研发	战略融资	5 亿美元	挚信资本、腾讯投资、高瓴创投
6	微创医疗	精准医疗	战略融资	30 亿人民币	高瓴资本、中信产业基金、易方达资产管理、致凯资产、国方资本
7	天境生物	高端医疗器械	股权融资	4.18 亿美元	高瓴资本
8	凯莱英	医药研发生产服务外包服务	战略融资	23 亿人民币	高瓴资本、中国国有企业结构调整基金、高盛中国、瑞丰基金、南方基金、招商基金、大成基金、九泰基金
9	微医集团	互联网＋医疗服务	战略融资	3.5 亿美元	未披露
10	晶泰科技	创新药和药物临床前研究服务	C 轮	3.188 亿美元	五源资本、软银愿景基金、人保资本、中金资本、招银国际资本、Mirae Asset Global Investments、中信证券投资、海松资本、红杉资本中国、SIG 海纳亚洲创投基金

从细分领域分布来看，药品领域的融资项目数量为 307 起，占融资项目总数的 31.52%；医疗器械领域融资项目数量为 259 起，占融资项目总数的

26.59%；产业服务领域融资项目数量为125起，占融资项目总数的12.83%；医疗服务领域融资项目数量为80起，占融资项目总数的8.21%。药品领域融资金额为1086.07亿元，占总融资金额的52.04%。

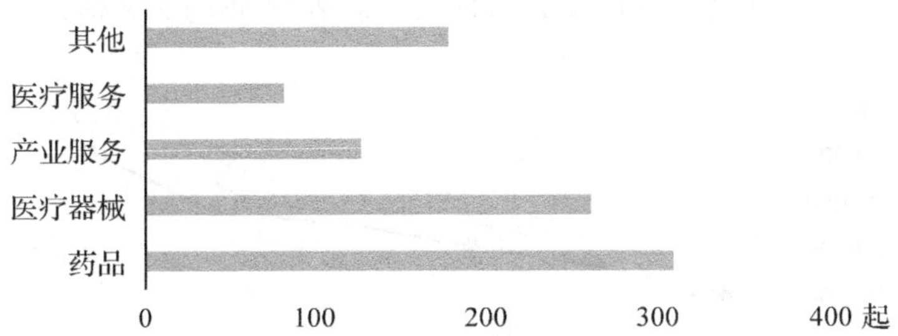

图二　细分领域融资事件数量

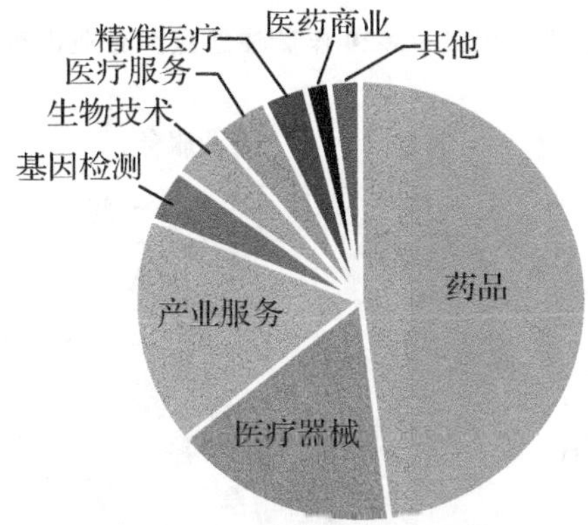

图三　细分领域融资金额占比

从融资阶段来看，2020年医药领域主要以A轮融资为主，共有258起，融资金额195.02亿元；其次是B轮融资，共有164起，融资金额400.45亿元，超过65%的企业获得融资额度范围在500万—3000万元。

从地域分布来看，2020年融资事件主要集中在上海、北京和江苏，分别为202、199和159起。融资金额方面，北京和上海依然遥遥领先，融资总额分别高达465.87亿元和444.37亿元。浙江融资数量为101起，融资金额达263.59亿元。

(二)现代医药企业选址关键因素及动向分析

从新注册企业数量来看，近年来国内医药企业新增注册数量逐年升高，2020年全年新注册的生物医药企业51万余家，同比增长约34.4%。其中新注册企业中老企业再设子公司约为2.7万家。从细分领域来看，2020年新注册医药企业主要分布在医药商业、医疗服务、产业服务、医疗器械、药品等领域，其中医药商业和医疗器械领域新增企业数量有较大的增长。医药商业及医疗服务占全部企业的 70.8%。值得一提的是，正向增长的领域中医疗器械企业增速显著，对比 2019 年国内新增的医疗器械企业 3665 家，2020 年医疗器械新增企业总量为 21295 家，增量总数是 2019 年的 5.8 倍。

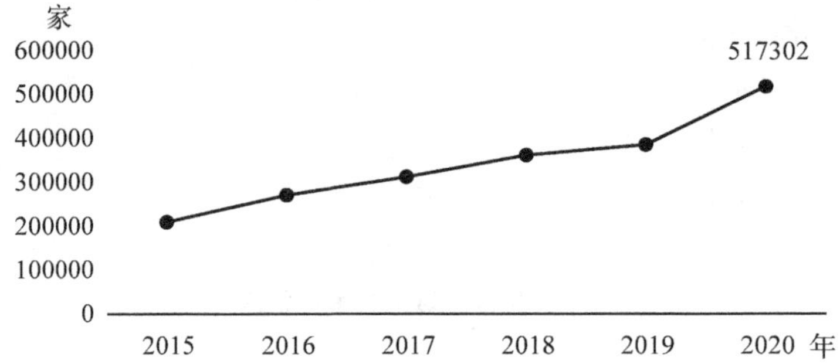

图四　2015—2020 年新注册医药企业数量

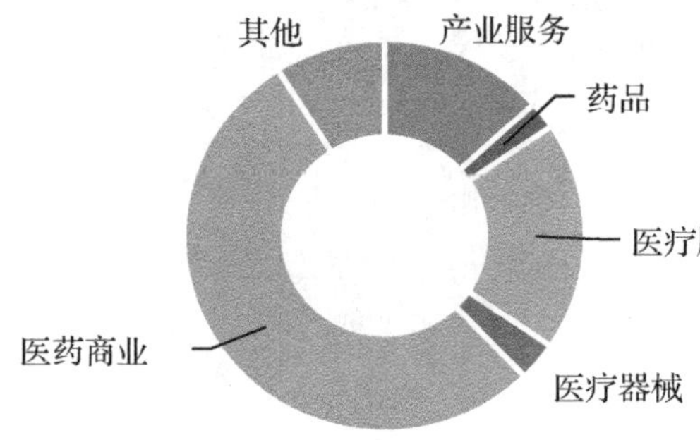

图五　2020 年新注册医药企业细分领域占比

从新增企业落地区域来看，排名前五分别是广东省(16%)、山东省(9.2%)、江苏省(6.3%)、河南省(6.1%)及四川省(5.7%)。其中，医疗器械企业更关注江苏省、广东省、浙江省及山东省；医药商业企业更青睐广东省、山东省、河南省、四川省和江苏省。根据对已完成融资并且有选址意向的医药企业的调研，发现企业意向区域与市场融资流入区域吻合度较高，融资事件丰富的区域更能吸引企业选址关注度。此外，44%的企业计划投资额度为 1000 万－3000 万元，37%的企业投资额度为 3000 万－5000 万。其中大部分有选址意向的企业处于快速扩张阶段，医疗器械企业表现尤为明显[①]。

① 数据来源：药选址数据、礼森智库整理。

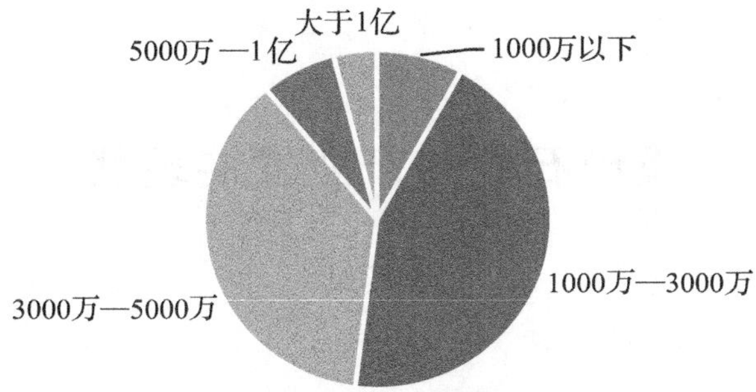

图六　医药企业选址投资额度(单位：元)

企业选址因素方面，结合我们对医药企业调研分析，处在不同生命周期的企业在投资选址过程中所考虑的因素不同，主要表现在：

(1)**初创型企业项目更加注重创业便利性**，其选址的关键要素包括：资本的易得性(靠近资本市场或区域内市场化资本体系相对健全)、研发活动集群化(与外部环境信息的互动与协调)、营商环境专业化。

(2)**大型生产性企业对政策敏感性较高**，其选址的关键要素包括：产业政策的完善性(财政补贴、税收补偿、采购支持等方面产业政策)、基础设施的专业化(环保、交通物流、冷链存储及产业信息化等基础配套)、要素成本比较优势(人工成本、融资成本、水电气能源成本)。

(3)**一体化生物医药项目侧重地方产业链配套情况**，其选址的关键要素包括：地方供应链完整性、上游原料药配套情况、产业技术人才供给水平。

浅谈石墨烯产业发展现状

范媛媛

一、石墨烯简介

(一)定义与分类

石墨烯是一种以 sp^2 杂化连接的碳原子紧密堆积成单层二维蜂窝状晶格结构的新材料，是目前自然界最薄、最强韧的材料之一，具有超轻薄、载流子迁移率高、电流密度大、强度高、导热率高、透光性好、结构稳定等优异性能，在传感器、柔性显示屏、新能源电池、航空航天等领域有着良好的应用场景。石墨烯被称为“黑金”，是“新材料之王”，《中国制造 2025》中指出，我国要超前布局石墨烯等前沿新材料。

(二)石墨烯产业链

梳理石墨烯产业链，上游是制备石墨烯的原料，主要包括石墨和甲烷等烃类物质；中游是各类石墨烯产品，主要包括石墨烯粉体和石墨烯薄膜；下游则是石墨烯的应用领域，例如能量储存、传感器、生物医药、柔性显示等领域。

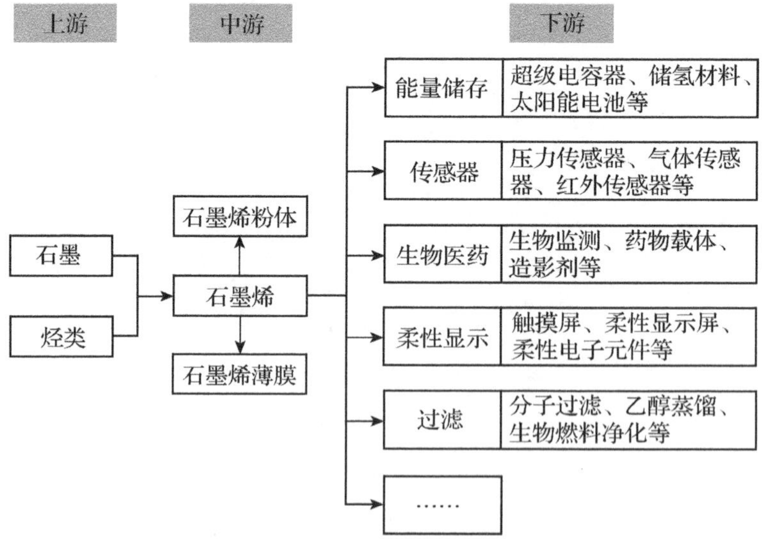

图一　石墨烯产业链

二、石墨烯行业发展现状

(一)全球石墨烯行业发展现状

石墨烯产业在2015—2020年期间发展迅速，2015年全球石墨烯市场规模仅为约453万美元①，2020年，全球石墨烯市场规模达到6.2亿美元②，年均复合增长率为167.46％。根据国际市场调研机构Markets and Markets发布的研究报告，预计到2025年，全球石墨烯市场规模将增至14.79亿美元，期间年均复合增长率达19.0％。

石墨烯材料具有优异的性能，在能源、航空航天等高端领域都具有巨大的应用价值，世界各国都高度关注石墨烯的研究与应用，石墨烯担负着重要的战略使命。目前，全球已有80多个国家开启了对石墨烯材料的研究，其中，美国、欧盟、韩国、日本等均是从国家战略层面早早地对石墨烯产业进行政策、资金等方面的扶持。

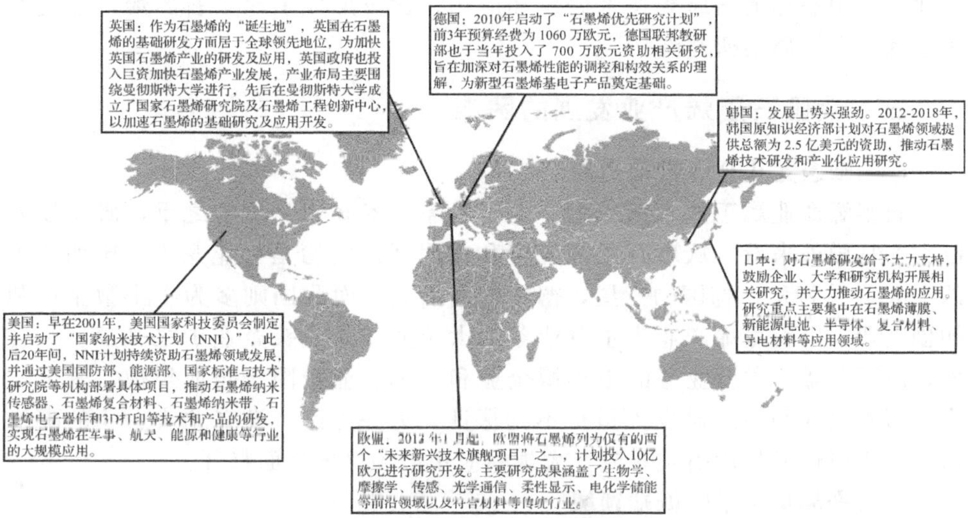

图二　各国石墨烯产业发展情况

(二)我国石墨烯行业发展现状

我国石墨烯发展起步略晚，但发展快速，势头强劲。2012年，我国发布了《新材料产业“十二五”发展规划》，最早提出支持石墨烯新材料的发展。之后《关于加快石墨烯产业创新发展的若干意见》《国家创新驱动发展战略纲要》

---

① 数据来源：锂电大数据。

② 数据来源：国际市场调研机构Markets and Markets。

《新材料产业发展指南》等文件从大政方针上为我国石墨烯行业指明了发展方向。及至《中国制造 2025》，提出了要加快石墨烯在电化学储能、航空航天、海洋工程、半导体、柔性电子等领域的发展。根据《新华(常州)全球石墨烯指数报告(2020)》，我国石墨烯综合发展实力连续五年稳居榜首，创新实践与产业布局均走在世界前列。2021 年，我国石墨烯市场规模预计保持 60%以上的增长速度，达到 11 亿元。[①]

我国石墨烯产业初步形成了三大核心聚集区——长三角、珠三角和京津冀，同时石墨烯在四川、重庆、陕西等地形成新的增长极。长三角地区石墨烯产业最为发达，江苏常州被誉为“东方碳谷”，石墨烯产业领跑全国，占据全国半壁江山；上海依托强大的科研实力打造石墨烯产业技术功能平台，加速石墨烯科技成果转化；浙江宁波设立浙江省石墨烯制造业创新中心，引领石墨烯技术创新和产业发展。珠三角地区以深圳为核心侧重石墨烯的应用开发，建有深圳石墨烯应用技术研究院和厦门石墨烯工业化量产基地；京津冀以北京为中心加大石墨烯技术研发和应用，建设形成了北京石墨烯产业创新中心和北京石墨烯研究院。

三、我国石墨烯产业发展的困难

(一)缺乏龙头企业带动引领

石墨烯产业属于技术密集型产业，所需技术知识是重中之重，研发投入巨大，从国外来看，从事石墨烯生产和应用开发的均是行业龙头，比如美国的 IBM、英特尔，韩国的三星，德国的巴斯夫。而我国则多为中小微企业和初创企业，以石墨烯产业为主营业务的大企业或是龙头企业少之又少。一方面，以石墨烯为主营业务的中小微企业和初创企业受限于企业规模、资金实力，研发投入和高级研发人员得不到保证；另一方面，没有龙头企业的深度参与，难以形成带动引领效应，大规模应用市场仍未全面打开。

(二)产品集中于中低端领域

目前我国石墨烯企业的主要产品大多集中在石墨烯的中低端应用领域，比如石墨烯涂料、石墨烯电极材料、石墨烯加热器等，石墨烯作为添加剂提升产品性能，尽管这类中低端产品初步实现产业化，但是技术含量较低、产品附加值不高，并且产品规模仍然较小。同时，这类中低端产品差异性较小，使得企业陷入同质化竞争中，进一步制约了产业的发展。而针对石墨烯的高端应用领域，比如显示材料、可穿戴设备、储能装置等，大部分还处于实验室或中试阶段，尚未实现量化生产，需要等待技术的进一步突破。

---

① 数据来源：赛迪顾问。

(三)规模制备高质量产品技术不足

根据 Gartner 公司的技术成熟度曲线，我国石墨烯产业处于产业化初期，未来数十年甚至更久仍然处于这一阶段。从技术层面讲，目前尚无方法可用于大规模生产石墨烯，各环节的关键技术与装备，包括大规模低成本制备、分散、应用等技术与装备，尚未取得突破，从技术上制约着石墨烯的量化生产。同时，石墨烯生产方法成本较高，能大幅降低成本的生产方法仍然处于理论和试验阶段，还未真正实现规模生产。另外，目前石墨烯的制备方法，如氧化还原法、化学气相沉淀法等，会导致内部结构破坏、层数增加、纯度低等问题，由此制备的石墨烯质量存在缺陷，各种优异性能减弱从而无法发挥。

(四)应用领域缺乏聚焦

石墨烯种类多样，不同种类的石墨烯适合于不同的应用领域，但目前每种石墨烯的最理想领域尚未研究透彻，在石墨烯发展尚处于初期的阶段，每个领域的深入研究都需要大量的资金、人才资源的投入，由此石墨烯的研发经费、科技人才投入较为分散，使得每个领域的投入严重不足，一定程度地阻碍了石墨烯细分应用领域的深入研究。同时，石墨烯的应用领域非常广阔，不同企业选择的石墨烯产品极为多样，导致了石墨烯产品缺乏聚焦，在产业整体发展初期限制了产业规模的大幅增长。

四、我国石墨烯产业未来发展建议

(一)加强统筹支持

在目前石墨烯产业尚处于产业化初期的阶段，政府部门应该进行统筹协调，专门指定部门统一管理石墨烯产业，由政府部门牵头，针对不同地区的产业基础优势，明确一条或几条石墨烯细分领域产业链，引导各地区石墨烯企业协同发展，形成完整的产业链；鼓励石墨烯产业下游领域大型龙头企业深度参与石墨烯产业，支持企业并购重组，不断提高石墨烯产业集中度，发挥龙头企业带动引领效应；设立石墨烯产业基金，以政府资本撬动市场资本，支持石墨烯中小微企业研发创新，加快关键技术成果的转化。

(二)产学研共同攻克关键技术

在我国石墨烯产业化突破的关键时期，政府部门牵线搭桥，鼓励企业与高校、科研院所携手合作，以企业为主导，通过产学研结合，充分发挥企业、高校、科研院所各自在基础研究、人才、技术方面的优势，协同攻克石墨烯产业化制备、分散、应用等关键技术。建立产学研合作信息服务平台，帮助企业切实解决技术需求和技术难题，促进先进技术成果转化效率提升。聚合线下和线上资源，推动产业技术服务平台建设，促进企业之间、企业和高等院校信息交流，助推科技项目落地转化。

（三）明确石墨烯重点研究方向

围绕新一代信息技术、生物医药、高端装备制造、航空航天、节能与新能源汽车等重点领域发展需求，聚焦重点，从国家层面进行前沿性和战略性布局，发展相应的石墨烯细分领域产品。根据《重点新材料首批次应用示范指导目录(2021年版)》中的9种石墨烯材料应用领域，促进石墨烯与现有新材料体系相融合，鼓励企业努力提高石墨烯产品质量、降低生产成本，更大限度地发挥石墨烯诸多优秀特性，率先在新一代信息技术、航空航天装备等制造业强国战略领域实现石墨烯的产业化应用。

（四）建立并完善石墨烯产业生态

尽快研究出台一批与国际接轨的石墨烯材料标准，包括国家标准和行业标准，完善相关产品定义、生产过程、检测和使用标准等规范标准，从产业布局、制备工艺、清洁生产、质量管理等方面建立并完善一整套标准体系，同时鼓励有条件的企业和研究机构积极参与国家和行业标准制定。打通石墨烯产业知识产权创造、运用、保护、管理、服务等完整链条，加强协同配合，打造石墨烯产业完善产业生态，确保产业健康发展。

数字经济政策法规对比研究
——以北上广深一线城市为例

卢瑞轩

数字经济正在快速催生新业态、新模式，给经济发展带来新活力。据测算，2020 年中国数字经济增加值为 191447.3 亿元，伴随移动互联网、云计算、大数据等新一代信息技术爆发，人口流动趋势从乡村到城市向线下到线上转变。数字经济发展速度之快、辐射范围之广、影响程度之深前所未有，正在成为重组全球要素资源、重塑全球经济结构、改变全球竞争格局的关键力量。

北上广深是东部地区三大城市群的“头雁城市”，本文对比研究北上广深近一两年来密集出台的数字经济相关政策条例，梳理最发达地区数字经济政策的异同，结合数字经济发展内涵分析政策工具的共性、科学性、精准性，从而为园区和政府部门在制定政策、运用政策，以及促进数字经济发展和产业融合方面提供一定借鉴。

一、北上广深数字经济发展概况

(一)北京构建数字经济新生态

在规模方面，2020 年，北京数字经济总量超 1.44 万亿元，占 GDP 比重超 40%。**在产业方面**，重点打造 5G、工业互联网、北斗导航与位置服务、集成电路、云计算、大数据、人工智能、网络与信息安全产业集群。**在产业园区方面**，规划建设以朝阳园为核心的“一核一廊、四圈多点”的数字经济布局，构建集“数字基建－数字交易－数字平台－数字场景”于一体的数字经济新生态。

(二)上海加强城市数字化转型

在规模方面，从产业数字化角度看，2020 年上海市产业数字化增加值超过 1 万亿元，占 GDP 比重超过 40%；从数字化产业发展看，上海市数字化产业增加值超过 1000 亿元。**在产业方面**，聚焦三大先导产业、六大产业集群，具体为在线新经济、集成电路、人工智能、工业软件、电子信息、时尚消费等。**在产业园区方面**，新推出 4 个在线新经济特色产业园区，重点建设“张江在线”“长阳秀带”等发展新地标。

(三)广州积极推进数字新基建

在规模方面，2020年广州数字经济规模超万亿元，累计建成大型数据中心228个，5G基站4.8万座。**在产业方面**，加快核心技术攻关，促进数字技术与产业融合发展，其中数字新基建重点选择5G、人工智能、工业互联网、智慧充电设施四大领域。**在产业园区方面**，规划建设10个人工智能产业园，打造省级5G产业园，支持智能网联汽车产业园和推进广州定制之都产业园(白云)建设。

(四)深圳打造数字经济新高地

在规模方面，2020年数字经济核心产业增加值达到8446.6亿元，占GDP比重30.5%，累计建成5G基站4.76万座，率先实现全国乃至全球城市5G信号的全覆盖。**在产业方面**，对高端软件、人工智能、区块链、大数据、云计算、信息安全、工业互联网、智慧城市、金融科技、电子商务、数字创意等予以重点扶持。**在产业园区方面**，打造21个重点片区，推动数字经济产业园、数字经济小镇、小微园区建设。

二、北上广深数字经济政策法规对比

本文共选取10部北上广深数字经济领域市级层面的发文，涉及三年行动计划，政策措施以及条例，虽然这些发达城市为发展数字经济在目标定位上关注点不同，但在平台支撑、金融支持、人才保障等多方面所付诸的行动值得借鉴。

表1　北上广深数字经济政策条例一览表

城市	政策条例名称
北京	《北京市关于加快建设全球数字经济标杆城市的实施方案》
	《北京市促进数字经济创新发展行动纲要(2020—2022年)》
	《北京市关于打造数字贸易试验区实施方案》
上海	《上海市促进城市数字化转型的若干政策措施》
	《推进上海经济数字化转型赋能高质量发展行动方案(2021—2023年)》
广州	《广州市数字经济促进条例(草案修改建议稿)》
	《广州市加快打造数字经济创新引领型城市若干措施的通知》
	《广州市加快推进数字新基建发展三年行动计划(2020—2022年)》
深圳	《深圳经济特区数字经济产业促进条例(草案)》
	《深圳市数字经济产业创新发展实施方案(2021—2023年)》

（一）法规条例研究

目前，北京和上海尚未颁布数字经济专项条例，广州和深圳先行一步，预计年底出台数字经济促进条例，根据已通过的草案内容进行研究分析，可以给其他城市或政府部门以法的形式促进数字经济发展提供有益参考。

广州方面最值得关注之一在产业数字化领域，重视工业、建筑业、服务业等；之二在推动数字经济发展情况评估以及统计核算，自主制定数字经济企业标准，鼓励建立智慧园区和制定管理标准；之三在探索数据资产管理制度，建立数据资产评估、统计等制度。深圳方面对"破除数据要素市场培育工作的制度性障碍"作出创新性规定，首次提出探索建立数据生产要素会计核算制度。

（二）政策措施对比

从长远发展来看，各城的未来战略定位都深思熟虑、宏伟远大，各有侧重。北京致力于打造成为全国数字经济发展的先导区和示范区，建设成为国际数字化大都市、全球数字经济标杆城市；上海重点打造成为数字经济与实体经济融合发展示范区、经济数字化转型生态建设引领区，数字经济国际创新合作典范之城；广州希望建设成为粤港澳数字要素流通试验田、全国数字核心技术策源地、全球数字产业变革新标杆；深圳努力发展成为全国数字经济创新发展试验区和全球数字先锋城市。

从短期规划来看，北上广深均发布了三年行动计划。从名称来看，分别是"行动纲要""行动方案""行动计划""实施方案"。从发文单位来看，北京发文机关为经济和信息化局，广州由工业和信息化局、市发改委联合发布，深圳则是市政府办公厅，上海是城市数字化转型工作领导小组办公室发布。从内容来看，作为短期工作开展的指引工具，三年行动方案基本都包括发展目标、主要任务、保障措施等内容。

表 2　北上广深数字经济三年行动计划对比

城市	政策框架	具体内容
北京	发展目标	仅在增加值占 GDP 比重设置定量指标，定性指标方面较为笼统
	主要任务	九大重点工程 36 条具体措施：新基建、技术创新、三产数字转型、数据贸易等
	保障措施	责任落实、制定相关配套政策、完善人才储备和培养机制等

续表

城市	政策框架	具体内容
上海	发展目标	在产值、产品、关键技术、企业数量、标准规范等方面设置详细定量指标
	主要任务	五大方面 40 条具体措施：新基建、在线经济、智能港、金融科技、数据开放等
	保障措施	责任落实、构建政策法规体系、开展数据综合立法、编制重点行业指引等
广州	发展目标	在 5G 建设、创新企业、人工智能、充电设施、产业园等方面设置详细定量指标
	主要任务	四大方面 24 条具体措施：5G 产业、大数据、“9 智”①、工业互联网等
	保障措施	责任落实、优惠政策、设专项基金、奖励扶持、人才引进与培养、督促评估等
深圳	发展目标	在产业规模、创新能力、支撑体系、产业集聚等方面设置定量+定性指标
	主要任务	九大重点工程 36 条具体措施：基础设施、产业发展、科技创新、平台建设等
	保障措施	责任落实、创新体制机制、加强资金支持、注重人才引培等

以下选取北上广深未来三年内几大具有普遍性的关注内容进行重点对比分析。

1. 平台支撑

一方面，平台加速数字产业化进程以产生经济效益，促进数据等各类要素资源更便捷交易和共享；另一方面，作为产业数字化的重要载体，是打造适宜数字经济发展营商环境的关键。综合来看，各城主要结合自身优势以及薄弱环节整体统筹推进。其中，上海和广州在部分产业领域建设平台数量更加具体，有利于短期内数字经济发展找准方向，目的性、计划性更强。北京为创建国际大数据交易所出台专项方案，可以更好地发挥政府引导作用，通过市场化机制、专业化服务和资本化途径，推动数据要素安全有序开放，促进数据有效开发利用。

存在不足：平台建设数量多而不细，大而不精，三年行动计划中部分城

① “9 智”指智杆、智路、智车、智品、智桩、智园、智区、智链、智轨。

市甚至累计几十次涉及“建设”“打造”“推动”“支持”不同行业领域的数字平台，且并未进行前后统筹，部分数字平台的叫法笼统且调换词语顺序后重复出现。数字经济虽然依赖平台进行资源交流以及对接流通，但往往资金投入较大，周期较长，投入产出收益也存在较大风险，特别是对于企业来说，短期内尽管有政府的鼓励支持，但建立平台依旧存在较大困难。

做法建议：将发展数字经济作为城市一项长远战略进行统筹规划布局，平台的建设作为关键一环。在短期的三年行动计划中，基于自身优势以及资源禀赋，创建数字平台应有优先次序，具体细化量化，依据数字平台建设的紧迫性以及困难程度，分阶段分步骤有序推进，不宜将几乎所有领域的数字平台创建同时放进三年规划中。

表 3　北上广深平台支撑数字经济发展内容对比

城市	具体内容(部分)
北京	五大平台：智能化的农业生产资源信息化管理平台、智慧医疗健康大数据平台、教育资源共享平台、数字贸易服务平台、大数据交易所
上海	20 个具有行业影响力的工业互联网平台、10 家左右千亿级电商平台、分级分类培育 10 个新型工业电商平台，重点建成“张江国际脑库”“智慧情报平台”等科研数据示范项目
广州	1—2 家达到国际水准的跨行业跨领域工业互联网平台、5 家左右具备较强实力、国内领先的工业互联网平台服务商、交通综合运行监测平台、广州“云健康”服务平台、人工智能开放创新平台
深圳	工业软件云服务平台、行业数据资源共享平台、国家级工业互联网平台、文创平台、基于云计算和绿色节能技术的数据中心和云平台，一批新型基础设施和公共服务平台

2. 金融支持

在数字经济重点领域开展核心技术攻关、完善科创设施等离不开金融财政支持，推动数字经济的发展需要建立起更为审慎包容以及普惠性的金融获得机制，应分产业数字化和数字产业化不同情况有差别运用金融工具。在资金来源方面，上海、广州、深圳均提到利用地方财政予以扶持，依靠产业专项基金，引导社会资金投入。在金融政策方面，北京和广州提出适时出台必要的配套政策和支持细则。

存在不足：目光主要聚焦在龙头企业、大型企业，重点工程建设尚未充分考虑中小企业在城市、产业数字化转型过程中对金融资本的需求，过于依赖龙头企业导致财政资金、金融资本投入数字经济细分领域后产生巨大差异，导致数字产业结构不均衡。

做法建议：进行综合配套扶持，鼓励大、中、小企业共同参与政策制定，基于数字经济领域特别是产业数字化转型涉及面要宽泛，在制定相关财政资金以及金融支持配套政策时，探索适合科技型中小企业和专业化、精细化、特色化、新颖化中小企业数字化转型的资金扶持方式，促进商业机构加大对初创期和成长期数字经济企业的信贷支持力度，完善数字金融精准服务中小微企业体系。

表 4　北上广深金融支持数字经济发展内容对比

城市	具体内容(部分)
北京	支持数字经济领域的龙头企业和创新企业拓展融资渠道，加强资金等配套政策建设
上海	市区两级专项资金，产业专项资金，引导社会资金，探索设立数字化转型基金，建设项目资源池，推动银行设立特色融资产品，推动数字经济重点企业登陆上海证券交易所“科创板”上市融资
广州	政府投资基金、重点产业领域专项子基金、鼓励债券融资、支持各类风投创投机构设立数字经济领域投资基金、出台配套措施对数字新基建给予有针对性的金融支持细则
深圳	天使投资母基金、信贷风险补偿、应收账款抵押、融资担保、所得税减免、研发费用加计扣除、股权激励，统筹工业互联网、金融等领域财政专项资金

3. 人才保障

数字人才作为数字经济的核心要素，是创新的根本。解决人才需求，一方面是自给，一方面是引进。从人才培养来看，基本上都重视校企合作、教育实训基地等，上海支持企业打造数字化转型人才培养教育和实训基地，允许高校、科研院所自主认定数字化转型高层次人才，采取年薪制、协议工资等办法自主决定薪酬水平；从人才引进来看，均提及国内外顶尖人才、高层次人才，其中广州对于数字经济领域人才引进进行分类并予以差别化的政策激励，人才保障方面的工作更加细致。

存在不足：单一强调高精尖人才，实际上数字化人才缺口仍然较大，人才供给率有待提升。对于数字产业正在不断催生的新职业新需求，对应的专业人才培养体系明显滞后，虽强调校企合作、产学研结合，但教育水平及内部生源结构与数字经济对于劳动力教育水平的需求不匹配问题尚未解决。

做法建议：数字经济带来就业市场新的机遇和挑战，加快建设数字经济多层次、多方式人才培养体系，提升数字经济劳动供给水平与质量，鼓励企业建立综合型人才内部选拔培养体系和人才开发投入体系，鼓励企事业单位、社会组织等培养创新型、应用型、技能型、融合型人才，探索建立适应数字经济发展变化的新型人才培养模式。

表 5　北上广深人才保障数字经济发展内容对比

城市	具体内容(部分)
北京	加大对数字经济领域高层次人才引进和培育力度；汇集培养国际化数字经济人才；完善人才储备和培养机制，鼓励校企深入合作，培养一批具有国际竞争力的相关产业技术人才和技能型人才，以多种方式吸引相关人才和创新创业人才，吸引海外高端专业人才
上海	完善经济数字化转型人才链、建设全球科技人才数据库，完善千万级科技人才数据画像体系，健全基础研究、应用研究和产业人才评价指标体系；支持企业打造数字化转型人才培养教育和实训基地等
广州	“一事一议”综合资助：国内外顶尖人才(团队)；每年资助：数字新基建领域内创新领军人才及团队、产业高端人才，产业急需紧缺人才；广州市人才项目奖励：5G、人工智能、区块链、工业互联网等数字新基建领域基础研究型、应用型技术人才；建成数字化产教融合的人才实训基地
深圳	一是积极引进国内外数字经济产业高层次人才，多方面提供保障；二是发挥本地院校作用，加快开设相关专业或课程，与企业合作共建人才培养基地，建立校企人才对接机制；三是支持重点企业、社会组织等开展数字技能比赛和人才评选，建立行业人才评价体系，搭建人才流动服务平台

全国研发机构发展现状与未来发展对策

马彤晖

我国科技创新能力持续增强，2021 年我国全社会研究与试验发展(R&D)经费投入达 27864 亿元，同比增长 14.2%，高于全国 GDP 增速，占全国 GDP 的比重创新高，为 2.44%。尽管我国研发经费的投入规模和增速持续增长，但 R&D 投入强度依然偏低，与发达国家差距还很大，对于基础研究的投资配置相对不足，技术源头缺失问题突出。国家出台了多项重要举措，科技部、发改委等部门牵头组织建设研发机构。研发机构主体主要为政府部门、科研机构、高校、企业等，是我国科技创新的重要平台。现通过梳理全国不同类型研发机构的发展现状，为研发机构未来在社会经济发展过程中的前进方向提出对策建议。

一、全国研发机构基本类型

我国研发机构建设起步较晚，20 世纪 80 年代起，国家围绕重大战略需要批准设立了一批研发机构。党的十八大以来，国家高度重视科技创新工作、坚持把创新作为引领发展的第一动力，发改委、科技部、教育部等部门纷纷设立了类型多样的研发机构，各省市响应号召根据自身实际需求和现有基础设立了一批研发机构。本文参考《国家高新技术产业开发区综合评价指标体系》(国科发〔2021〕106 号)、《国家级经济技术开发区综合发展水平考核评价办法》(商资发〔2021〕188 号)以及其他省市对于开发区的综合评价办法中对于研发机构考核指标的定义，归纳出现有的研发机构类型主要是国家或行业归口研究院所、国家重点实验室、国家工程实验室(国家地方联合工程实验室)、国家级企业技术中心、省级企业技术中心、国家工程研究中心、国家工程技术研究中心(工程技术中心、技术工程中心)、国家级研发机构分中心、省级新型研发机构以及院士工作站和博士后工作站等。

政府鼓励园区积极引进和培育各类高水平研发载体，将研发机构数量和规模作为重要的考核指标，着力提升园区研发实力，特别是建立以企业为主体的技术创新体系。《国家高新技术产业开发区综合评价指标体系》中对于省级研发机构和国家研发机构分中心数量以 1/10 的系数计算，对于国家认定的国家级企业技术中心数则以 3 倍系数计算总数，《国家级经济技术开发区综合发展水平考核评价办法》对于省级和国家级研发机构的系数则无差别。

表1　全国主要的研发机构类型

评价体系	指标名称	指标解释
《国家高新技术产业开发区综合评价指标体系》(国科发〔2021〕106号)	国家级和省级研发机构数	国家或行业归口研究院所数＋国家重点实验室数＋国家认定的国家级企业技术中心数×3＋省级企业技术中心数×1/10＋国家工程研究中心数＋国家工程技术研究中心数＋国家工程实验室数＋国家地方联合工程研究中心数＋省级新型研发机构数×1/10＋其他国家级研发机构数＋国家级研发机构分中心数×1/10
《国家级经济技术开发区综合发展水平考核评价办法》(商资发〔2021〕188号)	省级及以上研发机构数量	经省级或省级以上有关部门认定的从事自然科学及其相关科技领域的研究开发和试验发展(包括为研发活动服务的中间试验)的机构数量。包括工程研究中心、企业重点实验室(科技部);企业技术中心、工程技术研究中心(工程技术中心、技术工程中心)、国家工程实验室(国家地方联合工程实验室)(发改委)
其他省级开发区综合评价办法	其他类型的省级及以上研发机构数量	国家认定博士后科研工作站＋省级博士后科研工作站×1/10

二、全国研发机构总体发展情况

近十年来我国占全球经济比重由11.4%上升到18%，人均GDP稳步提升，经济也从高速增长向高质量发展转变，但科技创新水平与全球发达国家依然有很大的差距。为推动基础性研究和技术进步，在全国范围内出现了以政府为主导的研发机构，随着市场化程度不断加深，以政企合作和企业独立自主研发为主的研发机构更加常见。

(一)整顿提升科学与工程研究类国家科技创新基地发展水平，进一步加强科研基础条件保障能力

为满足国家重大战略的需求，立足世界科技前沿，推动基础研究和应用基础研究快速发展，我国在1984年启动国家重点实验室计划。“十三五”期间，我国推进科学与工程研究、技术创新与成果转化、基础支撑与条件保障等三类国家科技创新基地建设与发展，在孕育重大原始创新、推动学科发展

和解决国家重大科学技术问题方面发挥了主导作用，推动了科技成果转化与产业化，带动了相关产业发展。但也出现了定位不明确、重点不突出等问题，国家开始对现有的国家工程技术研究中心、国家工程研究中心、国家工程实验室等进行评估梳理，逐步按照新的功能定位合理归并和优化整合。国家发改委不再批复新建国家工程实验室，科技部不再批复新建国家工程技术研究中心。在现有的研发机构基础上，严格遴选标准，严控新建规模，择优择需部署新建一批高水平国家科技创新基地。

国家对于科学与工程类研发机构提出更高要求，进一步加强科研基础条件保障能力。**国家重点实验室和国家工程实验室(国家地方联合工程实验室)**是面向国际科技竞争的创新基础平台，是保障国家安全的核心支撑，是突破型、引领型、平台型一体化的大型综合性研究基地，在全国范围内分别有533个、167个，未来依旧面向前沿科学、基础科学、工程科学基础研究、应用基础研究等，推动学科发展，促进技术进步，发挥原始创新能力的引领带动作用。**国家工程研究中心和国家工程技术研究中心(工程技术中心、技术工程中心)**分别有191个、346个，国家工程研究中心是国家发改委组织具有较强研究开发和综合实力的高校、科研机构和企业等建设的研究开发实体，是国家创新体系的重要组成部分，优化整合后继续建设一批国家工程研究中心；国家工程技术研究中心由国家科技部根据国情需要，统筹规划，统一安排，是国家研究开发能力建设的重要内容。

表 2　全国主要的科学与工程研究类国家科技创新基地基本情况

研发机构类型	定义	分布	管理机构	特点
国家重点实验室	国家重点实验室是依托一级法人单位建设、具有相对独立的人事权和财务权的科研实体，作为国家科技创新体系的重要组成部分，是国家组织高水平基础研究和应用基础研究、聚集和培养优秀科学家、开展高层次学术交流的重要基地，实验室实行“开放、流动、联合、竞争”的运行机制	《中华人民共和国2021年国民经济和社会发展统计公报》，截至2021年年末，正在运行的国家重点实验室533个	国家科技部	实验室的依托单位以中科院各研究所、重点大学为主体，属于科学与工程研究类国家科技创新基地，面向前沿科学、基础科学、工程科学等，开展基础研究、应用基础研究等，推动学科发展，促进技术进步，发挥原始创新能力的引领带动作用

续表

研发机构类型	定义	分布	管理机构	特点
国家工程实验室（国家地方联合工程实验室）	是为提高产业自主创新能力和核心竞争力，突破产业结构调整和重点产业发展中的关键技术装备制约，强化对国家重大战略任务、重点工程的技术支撑和保障，依托企业、转制科研机构、科研院所或高校等设立的研究开发实体	共计 167 家（2017 年后科技部不再批复）	国家科技部	科学与工程研究类基地瞄准国际前沿，聚焦国家战略目标，围绕重大科学前沿、重大科技任务和大科学工程，开展战略性、前沿性、前瞻性、基础性、综合性科技创新活动。主要包括国家实验室、国家重点实验室
国家工程研究中心	是指国家发展改革委根据建设现代化经济体系的重大战略需求，以服务国家重大战略任务和重点工程实施为目标，组织具有较强研究开发和综合实力的企业、科研单位、高等院校等建设的研究开发实体	截至 2021 年年底，纳入新序列管理的国家工程研究中心 191 个，高校牵头建设纳入新序列的国家工程研究中心共 53 家，占总数的 28%	国家发改委	属于技术创新与成果转化类国家科技创新基地，面向国家重大战略任务和重点工程建设需求，开展关键技术攻关和试验研究、重大装备研制、重大科技成果的工程化实验验证，突破关键技术和核心装备制约
国家工程技术研究中心（工程技术中心、技术工程中心）	是依托于行业、领域科技实力雄厚的重点科研机构、科技型企业或高校，拥有国内一流的工程技术研究开发、设计和试验的专业人才队伍，具有较完备的工程技术综合配套试验条件，能够提供多种综合性服务，与相关企业紧密联系，同时具有自我良性循环发展机制的科研开发实体	国家工程中心总数达到 346，包含分中心在内 359 个	国家科技部	根据国情需要，统筹规划，统一安排，作为国家研究开发条件能力建设的重要内容

(二)国家级企业技术中心成为创新发展战略的重要驱动力，省级企业技术中心成为重要支撑

企业成立技术中心的做法最早启蒙于 19 世纪 80 年代的德国，之后美、日、英、法、意等国家的企业纷纷建立了自己的技术中心，确立了企业研究开发在整个国家技术发展中的重要地位。我国最开始建设的一批科研院所较难实现成果转化，而随着市场经济的发展，企业集团对于建立自己的科研机构需求强烈。1993 年第一批 40 家企业的技术中心被认定，作为市场经济的产物与科研院所相比可以更大地调动积极性，有效整合人才、资金、技术等要素。近几年我国国家级企业技术中心发展成熟，国家发改委每年会重新认定和进行评价，我国企业技术中心在总数上趋于稳定，2021 年(第 28 批)新认定及全部国家企业技术中心名单共 1601 家、分中心为 105 家。从区域分布看，我国国家级企业技术中心主要集中于东部地区共 1003 家，占比为 59%；其次

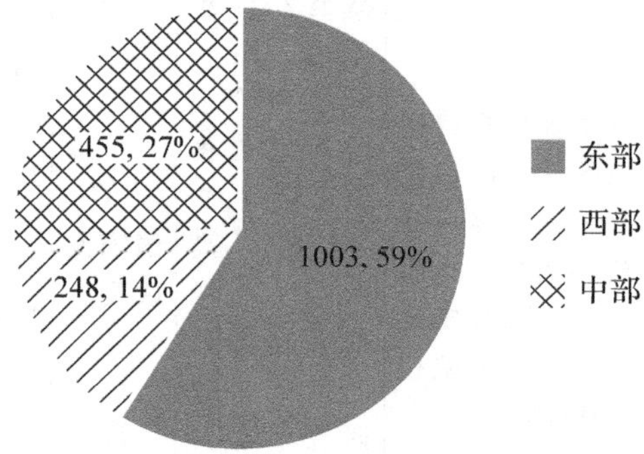

图一　全国国家级企业技术中心东中西部分布数量及占比

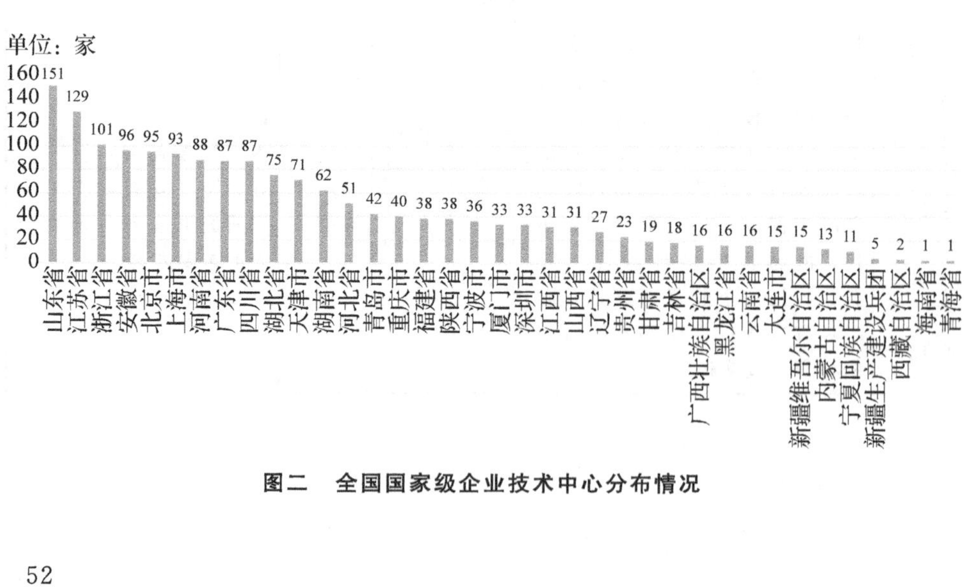

图二　全国国家级企业技术中心分布情况

是中部地区共455家，占比27%；西部地区共248家，占比14%。从省市看，山东省的国家级企业技术中心最多为151家，其次是江苏省129家，排名第三的为浙江省101家，排名第四的为安徽省，它也是拥有国家级企业技术中心最多的中部省份，共计96家。

我国各省市依据《国家企业技术中心认定管理办法》制定各省市《省级企业技术中心认定管理办法》，每年认定评价省级企业技术中心，对于评级优秀的推荐申报国家级企业技术中心，申报项目可以优先支持列入国家、省技术创新项目计划，并在资金安排上予以倾斜。礼森智库搜索查到，上海市市级企业技术中心2021年度通过评价的共628家，江苏省共462家合格，浙江省859家合格。

表3　全国企业技术中心基本情况

研发机构类型	定义	分布	管理机构	特点
国家级企业技术中心	是指企业根据市场竞争需要设立的技术研发与创新机构，负责制定企业技术创新规划、开展产业技术研发、创造运用知识产权、建立技术标准体系、凝聚培养创新人才、构建协同创新网络、推进技术创新全过程实施	截至目前位置，全部国家企业技术中心为1601家、分中心为105家	国家发改委等	国家鼓励和支持企业建立技术中心，发挥企业在技术创新中的主体作用，建立健全企业主导产业技术研发创新的体制机制。国家根据创新驱动发展要求和经济结构调整需要，对创新能力强、创新机制好、引领示范作用大、符合条件的企业技术中心予以认定，并给予政策支持，鼓励引导行业骨干企业带动产业技术进步和创新能力提高
省级企业技术中心	各省市依据《国家企业技术中心认定管理办法》制定各省市《省级企业技术中心认定管理办法》定义与国家级企业技术中心相同	上海市市级企业技术中心2021年度评价结果通过评价的企业技术中心共628家，32家企业技术中心被撤销	上海市经信委等	为贯彻创新驱动发展战略，推进上海建设具有全球影响力的科技创新中心，强化企业创新主体地位

续表

研发机构类型	定义	分布	管理机构	特点
省级企业技术中心		江苏省 2021 年省级企业技术中心名单 462 家企业技术中心为省级企业技术中心	江苏省工信厅等	被认定为省级企业技术中心的企业要以此为契机，充分发挥企业技术中心在促进企业技术创新工作中的作用，不断提升企业创新能力和研发水平。各地要加强对企业技术中心建设的指导和服务，持续完善以企业为主体、市场为导向、产学研相结合的技术创新体系，为我省制造业高质量发展做出新的更大贡献
		2020 年度浙江省企业技术中心评价结果共 859 家合格	浙江省经信厅等	为深入实施创新驱动发展战略，进一步强化企业技术创新主体地位，加强以企业为主体、市场为导向、产学研用相结合的技术创新体系建设，引导和支持企业增强技术创新能力，充分发挥省级企业技术中心在提升企业竞争力中的支撑引领作用

(三)探索建设新型研发机构，凸显“新”特征

在国家创新驱动发展战略的大背景下，为探索面向市场且更加高效的科研组织体系，集基础前沿研究和原创性研究、孵化科技型企业、科技成果转化等功能为一体的研发机构应运而生。科技部定义新型产业技术研发机构为政府支持建立的，具有研发、转化、风投、孵化等功能的产业公共技术研发平台(以各类产业技术研究院、工研院、产业技术创新中心等为代表)，旨在加速提升产业技术水平，协助技术升级，增强产业的整体竞争力。1996 年深圳市政府与清华大学联合成立的深圳清华大学研究院，是国内最早的新型研发机构。经过 20 多年的发展，全国新型研发机构达 2140 家，企业性质的机构占比 68%。

新型研发机构与传统研发机构相比，新在“独特的定位、先进的理念、领先的研究、创新的运作方式”等方面，具有公益性和不可分红、不能直接从事产品生产销售的特点。目前新型研发机构在全国盛行，但存在诸多问题和困

境，例如：与传统研发机构概念界定不清晰、没有明确的发展方向和定位，未突破公益性与市场逐利性的相悖等。

三、全国研发机构未来发展对策

(一)明确功能定位，完善审批和监管制度

科技创新是我国未来30年的头等大事，《国家创新驱动发展战略纲要》明确要推动一批高水平大学和学科进入世界一流行列或前列，建设世界一流科研院所，发展面向市场的新型研发机构。研发机构处于动态发展过程中，对国家发展的战略起到重要支撑作用，全国范围内研发机构总量已经达到较高水平，但是研发投入强度提升效果不明显，未来必然要从量变逐渐转变为质变。接下来，国家将进一步对全国范围内现有的研发机构进行深度整合优化，明确不同类型研发机构的功能定位，更好地进行功能区分和完善，带动当地区域产业发展。只有明确功能定位，才能从长远发展角度设计管理制度和配置资源，更好设置新研发机构的标准，为后期监测评估提供基本保障。

我国针对研发机构相继出台了认定和管理办法，制定了相应的评估机制促进研发机构的规范管理，未来评价体系设置应该紧跟发展趋势，合理灵活设置，引领高质量健康发展。建立动态监管机制，将存在的问题、技术需求进行动态监测，全方位搭建起覆盖技术、人才、成果、产品、市场的情报源体系，集中解决成果产业化渠道不畅、技术交易渠道狭窄等难题。引导研发机构聚焦内涵发展，从管理机制、运营模式等方面实现创新性突破。

(二)引进和培养顶尖人才，加强国际合作与交流

人才是提升科技创新的核心，需要进一步创新人才引育机制。推动建立开放、流动、竞争、协同的用人机制，鼎力引进高端人才，考察国内外一流研发机构，引入国内外学科顶尖人才；加快培养有潜力的年轻人才，高校、科研院所、研发机构联合培养研究科研人才，并且实现人才有效流动，全方位落实人才政策。创新引培模式，深度实施人员招聘自主化、薪酬激励绩效化、收益分配企业化的引人用人机制，探索更多类型引才模式，实行全职聘用与灵活聘用相结合。强化对国家研发平台人才队伍建设的评价和示范作用，引导形成出成果、出人才并重的观念，造就一大批具有国际水平的战略科技人才、科技领军人才、青年科技人才，稳定支持优秀创新团队。

在疫情冲击下，研发机构进行的国际科技交流合作需要打破传统的合作方式，主动布局和积极利用国际创新资源，深化国际科技交流合作，尤其是与国际一流科研机构的交流与合作，在更高起点上推进自主创新。组织研发机构管理人员培训交流活动，推动跨地域、跨行业研发机构交流合作，构建交流合作机制，提升研发机构支撑服务能力。在全国推动成立技术创新战略

联盟，通过组织推进行业共性技术研发和行业标准制定，推进产学研深度融合。

(三)鼓励企业加大研发投入，优化投融资机制

我国企业科技创新的主体地位不断增强，以企业为核心的研发机构是重要的科技创新成果转化加速器，需要通过长期研发投入积累原始技术，形成难以复制的核心技术。对科技型企业的早期投资鼓励天使投资和VC投资，探索“人才团队＋地方国资＋社会资本”等多元化出资模式，组建混合所有制公司，搭建新股权架构，充分发挥多主体建设作用。研发机构的科技成果转化借力金融资本杠杆作用，纵向对接政府，横向连接行业，发挥对内助力对外联络的功能，鼓励研发机构通过技术联盟等方式深度嵌入当地创新生态中，与当地科研院所、企业、投资机构、孵化器开展合作，汇聚跨界资源，提高市场开拓能力。推动激励机制市场化，明晰知识产权归属并且结合研发机构技术特点完善利益分配机制，通过技术股权化、效益提成、利润分享、股权激励、提高科研津贴等措施，将研发风险与经济利益挂钩，进一步探索更新持续有效的长期激励机制。

解码园区新发展

新时期国家级经开区扛起经济稳定增长大旗

卢瑞轩

当前，全国经济增速面临较大下行压力，经济增速下降将带来财政、就业、民生等各方面的挑战。作为地区经济发展的“增长极”，国家级经开区在国家经济结构中具有举足轻重的地位，应充分发挥其带动引领作用，以推动全国经济增速提升。

一、国家级经开区为全国经济做出更大贡献

(一)总体情况分析

1. 地区生产总值

根据商务部公布结果，2020 年国家级经开区地区生产总值为 11 万亿元，同比增长 5.6%，增幅高于同期全国平均水平(2.3%)3.3 个百分点，占同期国内生产总值比重为 11%。从近几年国家级经开区地区生产总值增长情况看，每年的同比增速变化幅度较大，2018 年增速达到高峰迅速回落，2020 年增幅收窄主要受疫情影响。从全国 2021 年 GDP 同比增长 8.1%情况来看，2021 年国家级经开区经济增速大幅反弹提升，但疫情的反复无常又将给 2022 年带来较大挑战。

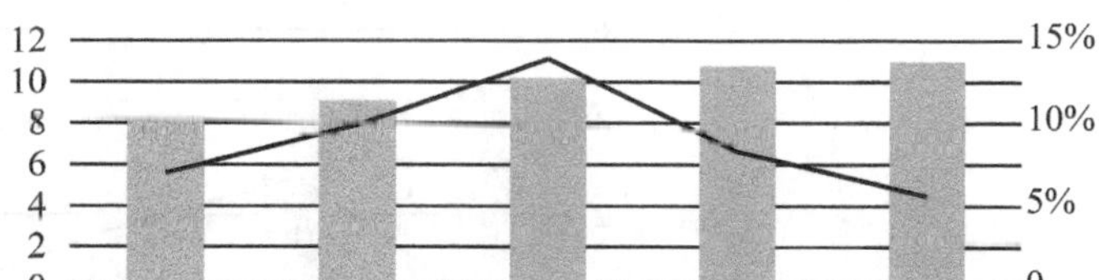

	2016年	2017年	2018年	2019年	2020年
地区生产总值（万亿元）	8.3	9.1	10.2	10.8	11
同比增长率（%）	7.0	9.9	13.9	8.3	5.6

图一　2016—2020 年国家级经开区地区增长总值及增速变化情况[①]

2. 财政税收收入

2020 年，国家级经开区税收收入占所在地级市比重为 17.6%，同比增长

---

① 资料来源：根据商务部公开信息整理，下同。

1.9%。据初步核算，国家级经开区财政收入 2.1 万亿元，同比增长 2.8%，占全国财政收入比重为 11.7%。从近几年国家级经开区地区财政和税收收入变化情况看，呈现出稳中有升的态势，但渐趋缓慢，促进国家级经开区在"十四五"时期乃至未来更长一段时间内提质增效非常重要。

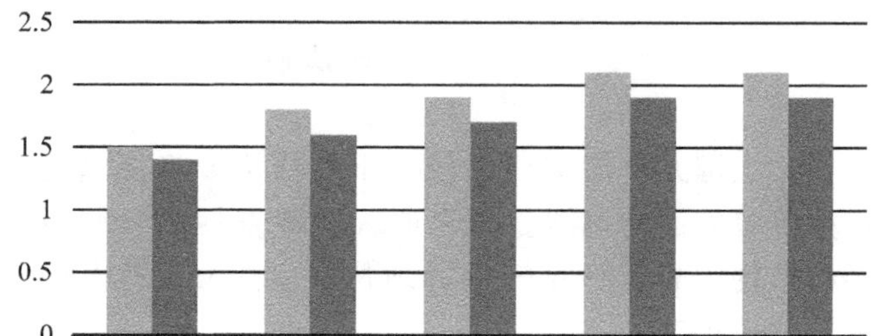

	2016年	2017年	2018年	2019年	2020年
财政收入（万亿元）	1.5	1.8	1.9	2.1	2.1
税收收入（万亿元）	1.4	1.6	1.7	1.9	1.9

图二　2016—2020 年国家级经开区地区财政及税收变化情况

3. 实际使用外资和进出口总额

2020 年，国家级经开区实际使用外资和外商投资企业再投资金额 574 亿美元，同比增长 4.8%；进出口总额 7 万亿元，同比增长 9.2%，占全国进出口总额比重为 21.7%。从近几年国家级经开区进出口总额情况分析，总量在不断扩大，增速整体变化较大，在发展更高层次开放型经济的要求下，国家级经开区亟须稳住外资外贸基本盘，担负起新时期对外开放新使命。

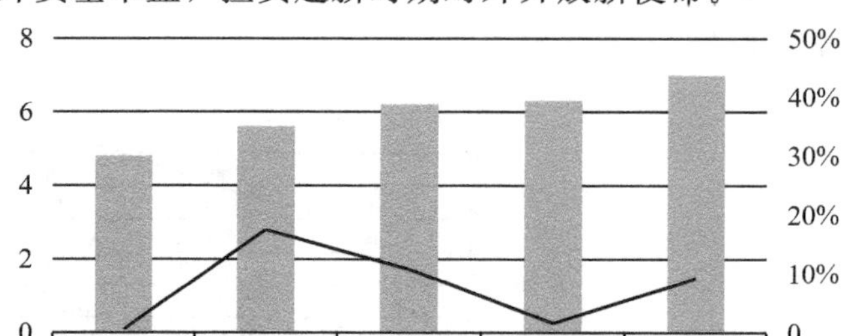

	2016年	2017年	2018年	2019年	2020年
进出口总额（万亿元）	4.8	5.6	6.2	6.3	7
同比增长率（%）	0.53	17.50	10.80	1.60	9.20

图三　2016—2020 年国家级经开区地区进出口总额及增速变化情况

(二)区域情况分析

2020 年，东中西部地区国家级经开区数量分别为 107 家、63 家、47 家。根据商务部初步核算，东部地区国家级经开区地区生产总值 7.4 万亿元，同比增长 6.3%，均值是 691.59 亿元；中部地区 2.7 万亿元，同比增长 6.7%，均值是 428.57 亿元；西部地区 1.6 万亿元，同比增长 6.2%，均值是 340.43 亿元。可见在地区生产总值方面，东部地区平均单个国家级经开区经济体量分别是中、西部的约 1.5 倍和 2 倍，存在明显差距，使得今后国家级经开区分区域排名存在必要性和合理性。

表 1　2020 年东中西部地区国家级经开区各项经济指标均值情况

指标	单位	东部	中部	西部
地区生产总值	亿元	691.59	482.57	340.43
其中：第二产业增加值	亿元	401.87	285.71	212.77
其中：第三产业增加值	亿元	280.37	136.97	114.77
财政收入	亿元	140.19	59.71	52.32
税收收入	亿元	121.50	53.51	49.32
进出口总额	亿元	532.71	114.28	55.66
其中：出口总额	亿元	308.41	66.76	32.77
其中：进口总额	亿元	224.30	47.52	22.89
实际使用外资和外商投资企业再投资	亿美元	3.36	2.85	1.30

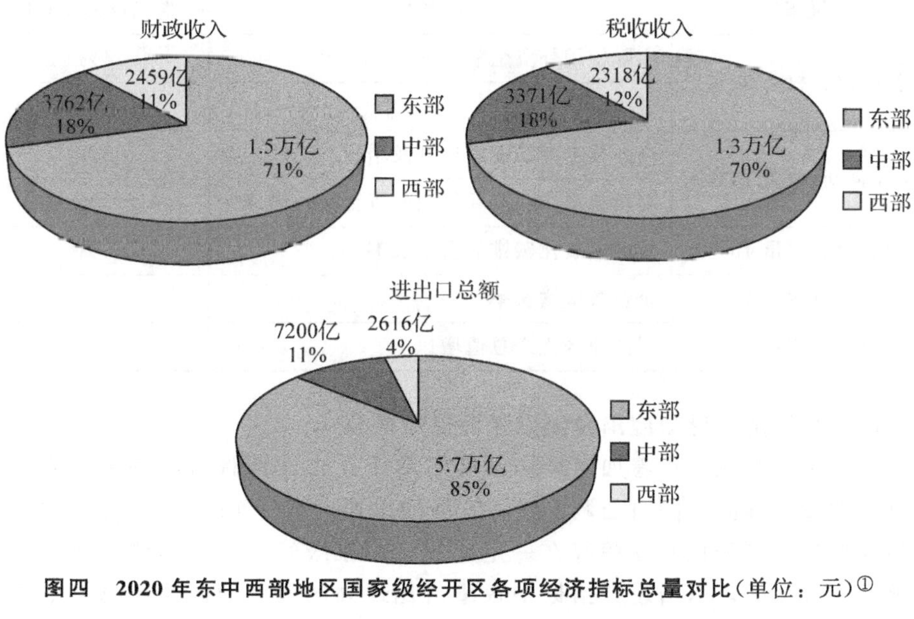

图四　2020 年东中西部地区国家级经开区各项经济指标总量对比(单位：元)[①]

① 资料来源：根据商务部公开初步核算信息整理。

二、国家级经开区增速类指标变化情况分析

国家级经开区2021年新版评价体系将在未来几年内发挥较强引导作用，在一定程度上更加强化了增量概念，对于那些在国家级梯队中体量相对较小但发展迅速的经开区来讲，将获得争先进位的新机会，在新时期也等来了“出头日”。

(一)从整体看增速指标的数量和赋分大幅提升

新版评价体系五大一级指标中，全部至少包含一个增速类二级指标。其中，园区二氧化碳排放量增长率是增速类指标中的负向指标。在整个考评中增速类指标由原来的1个(企业数量增长率)增加至7个，占比由原来的1.89%提高至22.58%，相关权重占比则提升至24%，且权重高的二级指标相对应一级指标权重也高，考虑到高新技术产品进出口额及增速、高新技术产业实际使用外资金额及增速包含总量和增速两大内容，实际增速类指标权重占比可能略微下降，但也是国家级经开区有考核至今之最高，可见提高经济发展速度的迫切，有利于那些处在开发建设期的经开区加快产业布局以提升经济产出效益。

表2　国家级经开区2021版评价办法增速类指标情况

一级指标	二级指标	指标权重(24%)
对外开放(权重30%)	实际使用外资金额增速	4%
	进出口总额增速	4%
科技创新(权重15%)	高新技术产品进出口额及增速	3%
	高新技术产业实际使用外资金额及增速	3%
绿色发展(权重15%)	园区二氧化碳排放量增长率	3%
统筹协调(权重10%)	企业数量增长率	2%
发展质量(权重30%)	园区地区生产总值增速	5%

(二)从经济引导角度出发侧重强调提速增效

国家级经开区担负着加速经济发展的重任，2021版评价办法更加突出对外开放的发展导向，同时强调了经济发展的提速，与2016版中引导全国范围内树立典型范例和良好品牌存在一定差异。国家级经开区在强调提速增效时会涉及方方面面，以增速类指标中权重占比最高的园区地区生产总值增速为例，其权重5%已经和园区地区生产总值这一总量指标权重一样，可谓是摆在相当重要的位置，而园区地区生产总值增速又和实际使用外资金额增速、进

出口总额增速、企业数量增长率存在较强的相关性，某一增速指标的提高固然可以得到一个较高的得分，但只有当几大增速指标同时提升时，才能更好地提高园区综合经济发展速度。所以国家级经开区一定要尽可能补齐短板，综合施策，方能行稳致远。

(三)从发展演变过程深刻理解指标调整意义

不同时期指标的设置一定程度上反映出国家对于经开区未来发展的指引和要求。近 20 年国家经济取得显著成效，离不开对国家级经开区强有力的考评，早期的考评体系中曾设置 GDP 增速、税收增速和进出口额增速等，但 2016 版综评体系中对增速指标的设置相对有所弱化，从 2021 版体系中则看出对增速指标更加重视。总而言之，国家级经开区未来一是要在总量指标上进一步突破，并把规模做大做强，有利于稳定排名，二是要更有针对性地制定经济发展目标任务，挖掘企业发展潜力，保持七大增速指标维持在稳定增长状态，不断提升产业核心竞争力，争取在“十四五”时期发挥更大的引领作用。特别是在 2021 年我国人均 GDP 超世界平均水平后以及在新版评价指标中增加城镇新增就业人数的背景下，如何破局中等收入国家陷阱，增强内生动力，稳就业促发展，国家级经开区仍需不断进行探索。

三、国家级经开区强化评价以推动经济增速提升

国家级经开区经济总量尽管只占到国内的 11%左右，但同期增速明显高于全国平均水平，对于经济平稳向好运行作用极大。有关新版评价体系中增速类指标的设置，在一定程度上会使国家级经开区排名大轮换，未来将属于总量过硬、质量提升、增速强劲的开发区。

(一)分区域错位竞争进一步加强动态管理

在这种动态管理模式下，能使国家级经开区根据排名更好地进行比较分析，可为差别化运用政策工具提供依据，分类施策以发挥各地资源比较优势，也能引导和推动区域间产业合作开创新局。新版本将首次按照东、中、西部进行排名，在三年内有两次进入所在区域国家级经开区最后 5 名的纳入降级备选名单，一方面，意味着今后退出国家级经开区序列的依据不是全国排名而是区域排名，理论上来说淘汰的数量将是不分区域前的 3 倍，排名相对落后的国家级经开区，总量指标或许薄弱一些，但增速类指标势必要提上去方能在未来一段时间内笃定前行；另一方面，是对于排名靠前、经济基础好、增长潜力大的省级开发区来讲，将更有机会进入国家级梯队，通过充分发挥有进有出的动态管理作用，促进省级开发区争先进位、赢得先机，在激发省级开发区工作热情和干劲的同时，推动不同级别开发区高质量发展。

表 3　国家级经开区数量按照东中西部地区划分情况　　单位：个

年份	东部	中部	西部	总计
2021 年扩容前	107	63	47	217
2021 年扩容后	112	68	50	230

(二)速度和质量并举促进经开区持续发力

国家级经开区需要发力提速，两者相互兼顾跑出高质量发展加速度。增速指标使“强者恒强”迎来更大挑战，也引导尚未开发成熟的经开区加快建设，主要经济指标增速力争走在国家级经开区前列。所谓压力就是动力，地区生产总值增速、企业数量增长率以及科技创新方面的增速指标等将会进一步推动国家级经开区经济再创新高，带动区域乃至全国发展，而园区二氧化碳排放量增长率等绿色发展指标需要国家级经开区贯彻“两山理念”，争取达成“双碳”目标。在提速和提质两方面的共同作用下，促使国家级经开区成为区域经济增长最活跃的地区之一。

(三)坚持对外开放推动经济稳中向好发展

当前国际形势错综复杂，但国家始终高度重视利用外资，也注重增强内生动力，国家级经开区要审时度势，稳住产业链和经济运行，有效引导企业对冲部分国际风险。根据 2021 版评价体系公布的权重设置，对外开放和发展质量两大一级指标权重一样，新增外商投资企业再投资金额，实际使用外资金额和进出口总额权重各占 8%，是权重占比最高的二级指标。在目前的综评体系下，可以更好地促进国家级经开区一边在防控疫情之下巩固国内经济发展，充分利用好国内超大规模市场优势；一边助力稳住外资外贸基本盘，扩大开放型经济，强化高质量发展导向，彰显国家级经开区作为对外开放平台的特色，推动构建国内国际双循环相互促进的新发展格局。

对外开放与科技创新

——两种引领园区发展模式的特点分析

管锡清

2019年，国务院印发《关于推进国家级经济技术开发区创新提升打造改革开放新高地的意见》(国发〔2019〕11号)，提出充分发挥国家级经开区对外开放平台作用，提升对外合作水平、提升经济发展质量，打造改革开放新高地。由此可见，国家级经开区是对外开放为主的经济发展模式。《国务院关于促进国家高新技术产业开发区高质量发展的若干意见》(国发〔2020〕7号)提出国家级高新区已经成为我国实施创新驱动发展战略的重要载体，高新区以创新驱动发展为根本路径，优化创新生态，集聚创新资源，提升自主创新能力，以建设成为创新驱动发展示范区和高质量发展先行区为目标，这说明国家级高新区以科技创新引领社会经济发展。

一、两种模式的基本内涵及特征分析

(一)对外开放引领发展是利用两个“市场”促改革，提升社会经济发展水平

“对外开放”是我国一项基本国策，发展开放型经济，既要向外国开放国内的市场，又要积极开拓国外市场，是对内、对外同步双向的开放。同时对外开放是以开放促改革，加强对外经济技术交流，积极参与国际交换和国际竞争，使我国经济结构更加开放。对外开放是站在国内国际“两个市场”的高度，充分利用“两个市场”“两种资源”，积极发挥“两只手”的作用，促进国内国际要素有序流动、资源高效配置、市场深度融合。对外开放也是在充分研究国际规则和国内外贸易规律的基础上完善法制化、国际化、便利化的营商环境，健全有利于合作共赢并同国际贸易投资规则相适应的体制机制，通过体制机制改革促进经济发展。

产业园区对外开放引领发展的具体形式主要有两种：①利用国外的资金技术是对外开放的重要形式，合理有效地利用外资，特别是更加积极地吸引外商直接投资，兴办外商投资企业；积极引进国外先进技术设备，特别是有助于企业技术改造的先进技术；②扩大区内进出口企业的商品和服务贸易是对外开放的基本形式，特别是发展出口贸易，积极开展对外承包工程与劳务合作，发展多种形式的互利合作。

(二)科技创新引领发展是创新驱动生产力提升，促进经济高质量发展

“科技创新”同样是我国一项基本国策。“科学技术是第一生产力”“创新是引领发展的第一动力”充分说明科技创新对我们社会经济发展的重大作用。科技创新主要包括创造和应用新知识、新技术、新工艺，采用新的生产方式和经营管理模式，开发新产品，提高产品质量，提供新服务的过程。科技创新可以被分成三种类型：知识创新、技术创新和现代科技引领的管理创新。科技创新引领发展是破解我国发展中遇到的瓶颈、深层次矛盾和问题的关键力量。只有通过科技创新发展能力特别是自主创新能力，建成科技强国，才能走出主要依靠资源等要素投入推动经济增长和规模扩张的粗放型发展方式，走上创新驱动的新路，社会经济才能实现高质量发展。

产业园区科技创新引领发展具体形式主要有以下三种：①人才是科技创新最关键的因素。利用高新区优秀的创新环境吸引国内外高科技人才，加快产业高端人才的集聚，支持高端人才创办初创企业、高科技企业；②大力培育科技创新主体。以科研院所和高等学校的集聚为引领，以高新技术企业、科技小巨人、专精特新企业为主体，以各级各类研发机构为依托，大力培育与发展科技创新主体，引导科技创新主体加大研发投入，加快创新成果转化，提升社会产业发展动力；③营造良好科技创新环境。一项新技术从诞生、发展、应用到最后转化为生产力，离不开观念的引导和制度的保障，可以说，观念创新是建设创新型国家的基础，制度创新是建设创新型国家的保障。

二、两种模式的发展特点

(一)两种模式的出发点分析

对外开放引领发展和科技创新引领发展是我国开发区中最重要的两种促进园区社会经济发展的模式，分别对应我国国家级经济技术开发区和国家级高新技术产业开发区。

出于“实行改革开放政策，进一步提高吸收外商投资的质量，引进更多的先进技术”的目的，我国于 1984 年在经济特区的基础上正式批准设立大连经济技术开发区，1984—1986 年总共批准设立了第一批 14 家国家级经济技术开发区。到 2019 年，在各省、市、自治区的省会等中心城市，在沿海开放城市和其他开放城市共有 219 家国家级经开区。至 2021 年，我国共有 230 家国家级经开区，它们是新时期对外开放引领社会经济发展最重要的区域。

表 1　国家级经开区与国家级高新区设立情况表　　　　单位：个

类型	批准设立的时间	第一批园区个数	设立的背景	设立的区域	设立的目的	截至 2021 年园区个数
国家级经开区	1984—1986	14	接纳国际资本和产业转移的需要。特区成功经验的推广和放大。充分发挥沿海港口城市的优势，将对外开放与发挥国内工业基础相结合的尝试	各省、市、自治区的省会等中心城市，在沿海开放城市和其他开放城市	实行改革开放政策，进一步提高吸收外商投资的质量，引进更多的先进技术	230
国家级高新区	1988	1	中国国家高新技术产业化发展计划——火炬计划开始实施，创办的高新技术产业开发区和高新技术创业服务中心被明确列入火炬计划的重要内容。实施科教兴国战略增强我国创新能力和综合国力	知识与技术密集的大中城市和沿海地区	最大限度地把科技成果转化为现实生产力	169

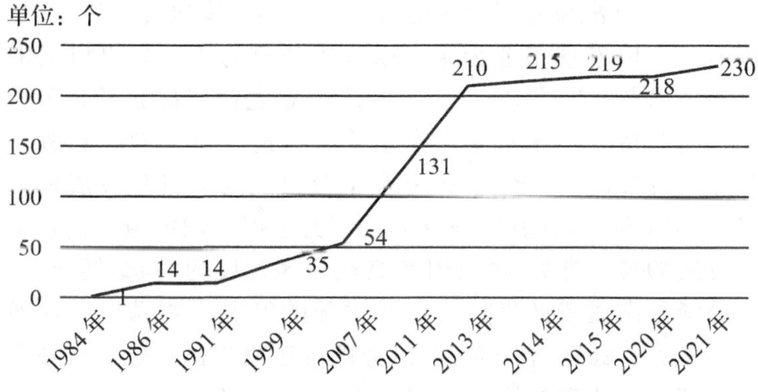

图一　批准设立国家级经开区数量图

1985 年，中央作出《关于科学技术体制改革的决定》，明确提出“要在全国选择若干智力资源密集的地区，采取特殊政策，逐步形成具有不同特色的新兴产业开发区”。1988 年，国务院批准成立中关村高新技术产业开发区。1991 年国务院发出《关于批准国家高新技术产业开发区和有关政策规定的通知》，选定武汉东湖新技术开发区等26个开发区作为国家级高新技术产业开发区，到2018年总数达到169个[①]，国家级高新区成为我国科技创新引领经济发展的“领头羊”。

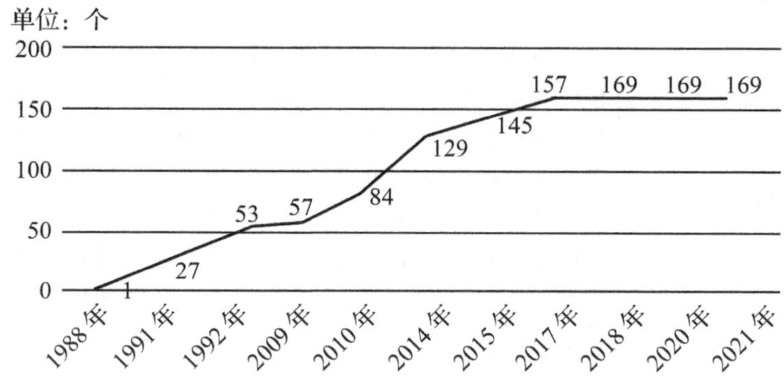

图二　批准设立国家级高新区数量图

从两类国家级开发区设立的背景、区域与目的可以充分认识到对外开放和科技创新两种发展模式之间的差异。前者是利用国内国外两个市场发展经济，后者是独立自主提升科学技术水平促进生产力发展。前者效果立竿见影，为国家发展奠定产业技术和经济基础，后者影响深远，为国家强盛奠定科技和技术基础，促进经济高质量发展。

(二)两种模式发展方针的演变特色

1984—1986年批准设立国家级经开区，提出国家级经开区发展方针是“三为主，一致力”即“以发展工业为主、以利用外资为主、以出口创汇为主，致力于发展高新技术产业”。国家级经开区从设立之初就扛起了我国对外开放的重担，不断提高制造业技术水平，确立了以引进外资、发展制造业为主的对外开放引领园区发展模式。经过30多年的发展，对外开放发展模式被不断注入新的内涵，2014年出台的《国务院办公厅关于促进国家级经济技术开发区转型升级创新发展的若干意见》提出国家级经开区发展的“四个转变”，即对外开放引领发展必须是高质量的发展、市场主导的发展、差异化的发展和营商环境提升带来的发展。2019年出台的《国务院关于推进国家级经济技术开发区创新提升打造改革开放新高地的意见》提出国家级经开区发展源泉是创新，是开放创新、科技创新、制度创新，为对外开放模式注入了创新因素，提出开放、创新双轮驱动的发展模式，由此，对外开放引领园区发展的内涵不断丰富完善。

① 2022年6月，国务院又集中批复4个国家级高新区，总数达到173个。

表 2 国家级经开区发展方针变化情况

年份	1984—1986 年	2004 年	2014 年	2019 年
会议或文件		开发区工作会议	《国务院办公厅关于促进国家级经济技术开发区转型升级创新发展的若干意见》	《国务院关于推进国家级经济技术开发区创新提升打造改革开放新高地的意见》
会议或发文单位		国务院	国务院办公厅	国务院
文号			国办发〔2014〕54 号	国发〔2019〕11 号
发展方针	"三为主，一致力"	"三为主、二致力、一促进"和"四个转变"	"三个成为、四个转变"	"三创新、二提升"
具体内容	以发展工业为主、以利用外资为主、以出口创汇为主，致力于发展高新技术产业	从单纯发展现代制造业为主向发展现代制造业和承接国际服务外包并举的转变，从注重规模效益向注重质量效益的转变，从偏重引进向注重消化吸收创新的转变，从依靠政策优势向依靠体制优势和综合投资环境优势的转变	由追求速度向追求质量转变，由政府主导向市场主导转变，由同质化竞争向差异化发展转变，由硬环境见长向软环境取胜转变	开放创新、科技创新、制度创新，提升对外合作水平、提升经济发展质量

1988 年国家科委根据《关于科学技术体制改革的决定》中"经济建设必须依靠科学技术、科学技术工作必须面向经济建设"的战略方针，批准设立国家级高新区，提出国家级高新区发展方针为"一促进一推动"。1991 年国务院出台的《关于批准国家高新区和有关政策规定的通知》提出"一依靠两促进"，即"依靠我国自己的科技力量，促进高技术成果的商品化、产业化"。国家级高新区从设立开始便承担了我国科学技术自主创新促进社会经济发展的任务，确立了科技创新引领园区发展的模式。2020 年出台的《国务院关于促进国家高新技术产业开发区高质量发展的若干意见》继续提出国家级高新区必须坚持"发展高科技、实现产业化"方向，以科技创新为核心着力提升自主创新能力。自主创新一直是科技创新模式不变的核心，只要园区的科技创新水平不断提升，其社会经济发展水平必将持续增强。

表 3　国家级高新区发展方针变化情况

年份	1985 年	1988 年	1991 年	2001 年	2005 年	2011 年	2020 年
会议或文件	《关于科学技术体制改革的决定》	火炬计划	《关于批准国家高新区和有关政策规定的通知》	高新区工作会议	《2006—2020 年国家中长期科学和技术发展规划纲要》		《国务院关于促进国家高新技术产业开发区高质量发展的若干意见》
会议或发文单位	中共中央	国家科委	国务院	科技部	国务院	科技部火炬中心	国务院
文号			国发〔1991〕12 号				国发〔2020〕7 号
发展方针		一促进一推动	一依靠两促进	五个转变	分类发展	一个行动、两项工程	一坚持、三为主、两建设
具体内容	经济建设必须依靠科学技术、科学技术工作必须面向经济建设的战略方针	促进高技术、新技术研究成果商品化，推动高技术、新技术产业形成和发展	依靠我国自己的科技力量，促进高技术成果的商品化、产业化	从主要依靠土地、资金等要素驱动向主要依靠技术创新驱动的发展模式转变；从主要依靠优惠政策、注重招商引资向更加注重优化创新创业环境、培育内生动力的发展模式转变；从注重硬环境建设向注重优化配置科技资源和提供优质服务的软环境转变；从注重“引进来”向注重“引进来”与“走出去”相结合的国际化发展方向转变	实现 2—3 个领先园区跨入世界一流高科技园区行列，建设一批自主创新能力较强的创新型园区，扶持一批具有地区特色的高新技术产业园区	提出国家高新区的创新发展和战略提升行动与创新产业集群建设工程、科技服务体系火炬创新工程	坚持“发展高科技、实现产业化”方向，以深化体制机制改革和营造良好创新创业生态为抓手，以培育发展具有国际竞争力的企业和产业为重点，以科技创新为核心着力提升自主创新能力，将国家高新区建设成为创新驱动发展示范区和高质量发展先行区

(三)两种模式发展因素特点差异分析

对外开放和科技创新两种引领园区发展模式的特点差异可以从发展因素的异同体现出各自的发展侧重点。

表 4　国家级经开区和国家级高新区发展因素分析

类型	早期发展的驱动力	现阶段的驱动力	重要的资源	产业	重点发展的产业	发展的载体	发展压力
国家级经开区	集中力量建设完善的基础设施，创建符合国际水准的投资环境，通过吸收利用外资，形成以高新技术产业为主的现代工业结构	开放创新、科技创新、制度创新，通过创新提升经济发展质量	资金与技术	制造业为主，个别园区以三产为主	高新技术的产业为主	企业为主	通过考核实现动态管理，园区有进有退
国家级高新区	智力密集和开放环境条件为依托，主要依靠国内的科技和经济实力，充分吸收和借鉴国外先进科技资源、资金和管理手段，通过实施高新技术产业的优惠政策和各项改革措施，实现软硬环境的局部优化	深化体制机制改革和营造良好创新创业生态，提升科技创新水平，促进经济发展	人才与环境	园区基本以二、三产业并重为主，少数以制造业或服务业为主	高新技术的产业	企业、研究院所、高校	进行考核评价，但暂时不出，将实施动态管理

可以看到对外开放引领发展以制造业为主，园区内主要是企业，最重要的资源是资金与技术，特别是引进国外资金与先进技术，现阶段强调创新带来新的发展动力；而科技创新引领发展以二、三产业并重为主，园区内企业、研究院所、高校三者并存，最重要的资源是高端科学技术人才与良好创新环境，研究院所、高校水平越高则园区发展越好。

三、两种模式引领开发区发展取得巨大成就

两种发展模式都在我国经历了 30 多年的实践，对国家级经开区和高新区发展起到巨大的作用。从表 5 可以看出，我国国家级经开区和高新区的 GDP 总量都超过 10 万亿元，占我国 GDP 比重也都超过 10%，同时两者 GDP 增长率、合同外资总额增幅、进出口总额增幅等均远高于国家平均水平。对于各

省市来说，两者占各地 GDP 比重大，对地方财政贡献大。代表性园区苏州工业园区、广州经开区、天津经开区、中关村高新区、深圳高新区、张江高新区等都是我国头部城市社会经济最重要的发展极。

表 5　国家级经开区和国家级高新区发展成就

类型	2020 年 GDP	2021 年 GDP	代表性园区
国家级经开区	11 万亿元	12.8 万亿元左右	苏州工业园区、广州经开区、天津经开区
国家级高新区	12.7 万亿元左右	14.75 万亿元	中关村高新区、深圳高新区、张江高新区

从各自的发展成果看，国家级经开区在对外开放引领下，经过近 40 年的发展，已成为高新技术产业和先进技术的集聚地：吸引更多的跨国公司驻足落户，区内外商投资企业产业结构明显改善；科技创新能力迅速提升，区内企业的科技水平明显提高，园区发展质量越来越好。除此以外，国家级高新区在科技创新引领下，还成为了高端人才集聚区和科技成果的转化与产业化示范区，园区产业立足高端、前沿和战略性新兴产业，成为我国实施创新驱动发展战略的重要载体，走出了一条具有中国特色的高新技术产业化道路。

后疫情时代中国开发区转型发展的五点思考

杜玉虎

自2020年起，新冠疫情一晃就三年，我国疫情虽然得到了较好的控制，但仍面临病毒新变种和境外输入的极大风险。对于开发区而言，疫情时代的“细小灰尘”，落到具体园区身上都是一场巨大的冲击，更不要说对于百千万企业个体。然而，中华民族有着非凡的毅力和创新力，每一次突发灾难都会被转化从而推动社会变革，本次疫情也不例外。寒冬终将过去，春天必然回归，后疫情时代开发区如何转型发展，适应更加复杂的形势，本文将从管理体制、产业选择、营商环境、风险管理和规划设计五个方面展开探讨，供各位同行斧正。

一、管理体制

就重大公共安全事件而言，目前大多数开发区以管委会为主的管理体制应当向**“管委会＋服务型专业公司”**转变。疫情突降，各地开发区管委会被迫放下手头工作，全身心投入抗疫工作，但其小政府大社会、以经济发展为主的基本设置，决定其面对重大事件时手忙脚乱；而现存的开发公司大多是管委会下属的融资平台，缺乏处理类似事件的经验和能力。因此建议开发区管委会将下属的开发公司做实，使之成为拥有专业服务能力和可持续发展的开发公司。

“管委会＋服务型专业公司”转型的最终目标在于培育专业开发公司在园区开发、科创孵化、风险管理、产业和人才服务等方面的专业能力，实现开发公司自主造血运营的同时，推进开发区产业能级提升、经济高质量发展和社会事业之间的均衡发展。如果开发公司短时间内无法具备这一能力，则应该团结具有服务能力的专业机构，建立服务机构的储备和运作平台。

二、产业选择

开发区首重产业发展，疫情过后开发区如何推动产业发展？显然，**产业集群发展模式将得到进一步强化**。疫情中，行政区域的分离管控还是暴露出了不少问题，产业链中的一个环节受到影响，会波及整个产业链上下游的发展。自然而然，园区也好、龙头企业也好，都会有将重要配套环节集中在同一行政区域的冲动，专业产业园就成为了更好的选择。全产业链的可控度、安全度，以及应对突发情况的反应能力，均成为企业和园区互相选择的重要标准。

智能制造产业和产业智能化升级将大受欢迎。面对疫情，传统制造的模式经受了极大的考验。近年来，随着通信技术以及智能制造水平不断提升，智能制造产业在各地得到了不同程度的重视和推进。疫情时期更是如此，企业受制于疫情的一个重要因素是员工被封控在家，那么不需要太多工人的、以机器人为主的智能制造产业，以及现有制造业的智能化升级必将大放光彩。

食品、日用品等生活卫生必需品制造业适当配置。以往这些产业往往被打上低端制造业的标签，管理者将其作为优先转型升级的对象。但从区域供应角度，一些生活必需品加工制造业应该适当配置，如果企业运行良好，有稳定的市场规模，园区管理者不必急于调整而后快，甚至可以政府出资保留一些产线，以备不时之需。

三、营商环境

开发区运营管理的智慧升级将成为大势所趋。后疫情时代，智慧化运营将是开发区发展的核心动力。未来的产业园区，将会是一个通过互联网新兴技术打造而成的数字化和智能化的运营服务平台，在线办公、线上招商、线上路演、机器人自助餐厅等线上配套服务能力将日益得到重视。开发区的智慧化升级将使“最多跑一次”甚至不见面式服务，成为园区运营的常态。同时在园区层面，通过园区管理的智慧化升级，将产业链的整合积聚效能发挥得更加出色，从而实现推动区内企业资源共享、共同发展的良好局面。

开发区营商环境将得到进一步优化。近些年，营商环境优化成为开发区发展关键词。后疫情时代，营商环境有了新的内涵。例如开发区的基础设施可能不限于“七通一平”，5G等信息技术设施、机器人等智能制造配套将成为开发区的新基础设施。另一方面，对于开发区企业服务的重视程度将进一步上升。在近期各地推出的支持政策中，已经提到“着力提高投资服务队伍的业务能力和专业水平”，后疫情时代，能够提供比别人更好的、体系化专业服务支持的开发区将在产业投资领域脱颖而出，成为企业投资的优先选择。

开发区的本质是产业服务业，开发主体就是产业集成服务者。在开发区专业服务领域，礼森智库提倡开发区应当建设拥有自己特色的专业服务体系，形成自己的集成服务品牌，整合各方资源，形成自己能够自由使用的、覆盖开发主体、企业和人才三方面的专业服务能力。

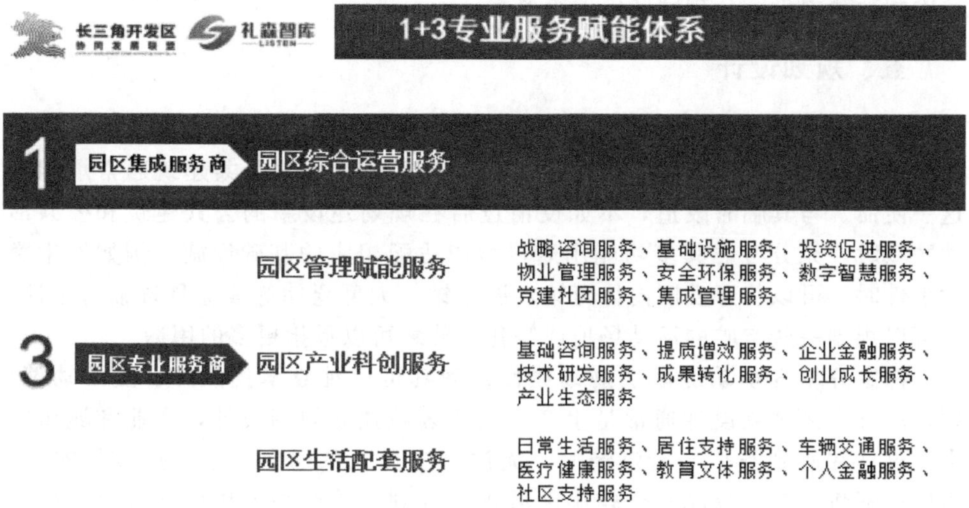

图一　开发区“1＋3”专业服务赋能体系

四、风险管理

通过这几年疫情中各开发区的实际情况，升级**开发区全领域城市风险管理体系已经迫在眉睫**。开发区的风险管理，绝不局限于安全风险。以新冠疫情为代表的重大公共卫生风险，虽然发生频率不高，但造成的后果非常严重，因此开发区应该将安全风险管理升级为全领域的城市区域风险管理体系。礼森智库认为，必须构建一套以生产安全为核心的“1＋1＋1＋N”园区风险管理体系：即**一个核心理念**——园区管理主体和驻地企业均需要加强风险防范意识，强化事前科学预防、主动参与理念的培养；**一个精细化管理及应急预警平台、一张风险源地图、N 级分管制度**。[①]

完善开发区应急动员响应机制和增强灾难保险意识是风险管理的两大关键。各开发区应当全面评估园区面临的各类风险，尤其是公共卫生风险，在安全生产应急动员响应机制的基础上，完善开发区应对全领域风险的动员响应机制。这样可以做到临危不乱，迅速动员合理规模应急力量处理风险事故，而尽量避免打扰企业正常经营。

同时园区风险管理绝不应是管委会的“独角戏”，应该充分发挥市场主体的积极主动性，和企业一起建立园区风险综合保险制度，综合探索运用市场

① 引自礼森智库文章《管控园区安全风险，建设产城和谐园区——园区安全风险评估正当时》，作者蒲雅丽。

手段和社会力量，分担园区内各类风险。

五、规划设计

开发区内公共建筑的多用途规划应提上日程。本次疫情很常见的一幕是各级政府到处在找适合做方舱医院的建筑和区域，一些公共建筑通常承担了这一使命。与其临时改造，不如疫情过后在规划建设新的公共建筑和公共活动区域时，充分考虑其多功能用途，增加适配相应的基础设施。例如发生突发事件时，可以将开发区内体育馆、展览馆、大型仓储等改造具备临时用途，也可以规划一些空旷的活动场地或绿化，使之可以承担更多的用途。

探索开发区小功能区块规划建设，使其可以独立承担生产、生活功能。现行的开发区规划设计通常是生产、生活区域独立规划设计，产业和城市割裂，这样在遇到类似新冠疫情时，无法解决员工的通勤问题。后疫情时代，可以探索将开发区分成几个较小区域进行规划，单个小区块内拥有完整的生产、生活等各种功能设施，这样即使遭遇突发事件，可以只封闭单个小区域，不会殃及整个开发区。当然也可以探索单个产业用地的多用途规划，使企业员工可以在厂区内实现生产生活的和谐统一。

开发区发展进入存量时代

周思勰

开发区作为促进我国城市化与工业化的重要推动力量，已经经过了40余年的发展历程。如同人类的成长过程一样，开发区发展已经经过了快速扩张的青年期，逐步走向了壮年期，而这一壮年期就是开发区发展的存量时代。

一、开发区发展进入存量时代的特征

开发区发展进入存量时代后，从发展空间、经济规模、开发机构等方面凸显出了鲜明的存量大(多)，增量小(少)的特征。

从发展空间上看，全国开发区占地面积非常巨大。国家级和省级公告园区的公告总面积达4.55万平方公里，占全国陆地总面积的0.47%。按照《全国国土规划纲要(2016—2035年)》中2020年国土开发强度4.24%数值计算，全国开发区公告面积已经占到全国建设用地的10%以上，如果考虑到我国开发区建设中存在的大量在公告范围之外的代管区域和托管区域，实质上的开发区占地面积或远远大于我国建设用地总面积的10%以上。巨大的占地面积也意味着发展空间的受限。一是开发区目前的开发强度已经很高。根据《关于2020年度国家级开发区土地集约利用监测统计情况的通报》，国家级开发区的土地开发率已经达到了89.46%，土地建成率更是达到了92.77%，如北京、上海等发达地区的国家级开发区的土地开发率和建成率更是接近100%。二是开发区未来可供开发的增量土地空间极少。根据我国国土规划纲要的要求，“十四五”时期全国新增建设用地的总目标值为2950万亩(即2万平方公里)，开发区未来可以开发的新增土地极少。而对于发达地区开发区来说更是如此：上海在2021年到2035年的增量建设用地仅有15平方公里，深圳“十四五”期间新增建设用地也仅有58平方公里；在同样经济较为发达的江苏省，更是做出了到2025年建设用地总量不增加的规划指导。可以说从发展空间上看，全国开发区已经进入到了存量面积大、现有存量管理面积中可供开发增量面积小、未来可供开发的土地增量潜能少的存量时代。

从经济规模上看，全国开发区现有的经济体量十分巨大。2020年，217个国家级经开区的地区生产总值11万亿元，占国内生产总值的11%，税收收入占所在地级市比重为17.6%，进出口总额占全国进出口总额比重为

21.7%。如果算上各类国家级高新区、国家级综保区以及其他各类省级开发区，占比应该更高。尤其是在发达地区的发达城市，开发区的经济总量占比尤为显著，如2020年苏州市的国家级和省级开发区的一般公共预算收入占全市的七成。庞大的存量也预示着增量空间的减少。一是原先开发区经济突飞猛进式的爆炸性增长不再，增长速度必然会降低；二是亮眼经济数字下的实质是全球绝大多数500强企业已经完成了在我国各类开发区中的布局，各类重要龙头企业和民营企业也已经在各开发区内完成了选址。企业招引的增量逐步减少，吸引优质龙头企业布局的增量空间也正在变小。

从开发机构上看，全国绝大多数开发区已经完成了开发机构的组建与正规化建设。经过了近40年的开发区发展实践，形成了一大批开发区管委会和其他相应的管理机构，构成了开发区开发机构的巨大存量。而未来新设开发区及其管理机构的增量空间会变小。一是由于我国总体的编制控制，会使得开发区开发机构的增长难度很大；二是众多已经成体系的开发区管理机构可以发挥自身先发优势，通过代管、托管或是其他形式开发新设立的产业园区和片区，最终形成“一区多园”或者“品牌化开发”的模式。

以上三个方面构成了开发区进入存量发展时代的最主要特征。相比于有限的开发区发展增量空间，目前巨大的存量更值得开发区人关注和重视。

二、存量时代开发区面临的挑战

随着开发区发展进入存量时代，开发区将会面临着众多转变和挑战。

(1)开发区的发展模式面临转变挑战。长期以来开发区依靠片区开发模式发展，在产城融合思想的指导下，不断通过成片开发，驱动包括“七通一平”在内的基础设施建设以及公共服务配套设施建设，并以此吸引优质企业和优秀人才入驻。这也造成很多开发区的发展模式和新城、新区的发展模式趋同，开发区的平台公司也逐渐成为了另一种类的城投公司。但是随着土地增量空间的趋近于零，大拆大建式的片区开发将很难继续。这一不断通过成片开发进行发展的开发区普遍发展模式面临着重大挑战，在巨大的存量压力下，开发区必将转向园区更新主题，通过盘活存量空间进行发展。

(2)开发区开发的财务平衡逻辑面临挑战。在原有的片区开发模式下，园区开发主要依靠债务推动和土地收益的方式实现自我平衡。在存量时代中，尤其是在房住不炒的原则下，这一平衡逻辑遇到了困境与危机。尽管近来有一些文件和政策放松了在房地产领域的监管，同时也正积极推动各类基础设施建设以及集中开发的工作，但是由于存量时代的根本特征，以借债搞基建，以未来土地收入为还债根本来源的平衡逻辑必然会遇到危机。一是由于中央对于地方隐形债务清理的力度逐渐加大，园区开发原有的举债模式难度逐渐增加。二是由于增量空间的不断减少，以土地收益作为平衡来源的可行性越来越低。三是开发区逐渐转向园区，更新主题后相应的开发成本必将上升。当前的各类政策性“救市”文件其实是给了各园区以缓冲期和过渡期，开发区想要在存量时代继续成长，必须要找出新的平衡逻辑。

(3)开发区招商引资的逻辑将会发生转变。招商引资对于园区的地位不言而喻，长期以来招商工作的重点在于不断吸引重点优质企业来园区投资。在存量时代中，传统的招商引资逻辑面临着重大转变。一是因为众多的龙头企业已经完成了在华的总体布局，对重点企业的招引更多就具有了“挖墙脚”的性质，但是现有企业转移的难度较中国刚入世时吸引重大外资的难度大了很多。二是园区空间受限，各园区招商引资的筹码逐渐变小，试错成本也逐渐变大，原先通过大批量供地不断筛选优质企业的招商策略将逐渐失效。三是竞争愈加激烈，招商在存量时代的表现就是各地不断加码对企业的各类优惠政策，放出海量资源“内卷”竞争。在存量时代的招商引资逻辑也必然要求园区从眼睛向外和招大引强，转变为向内做好园区服务促进企业增资扩股，同时更加注重园区内中小企业的孵化培育。

(4)开发区体制机制面临重大变化。在增量时代的开发区开发主体，无论是管委会或是开发公司，大多投身于大量的开发建设，精力主要聚焦于经济服务与企业服务中。但是进入存量时代，园区存量企业的服务必然将被提上日益重要的地位。同时随着园区内人口的大量增加，产城融合程度的加深必然给园区带来更多的挑战，园区必将直面越来越多的社会事务和人才服务。在开发区体制机制改革中不存在解决一切问题的“万能公式”，仍然需要“一事一议”寻找解决方案，重点从如何协调好与当地政府在社会管理中的关系、如何在不增加编制的情况下高效运作管理机构、如何保障存量时代下园区的运营与服务、如何留足机构冗余量为进一步代管和托管更多园区做好准备等方面寻求符合自身的改革路径。

三、存量时代下园区的发展路径

在存量时代，开发区需要寻找出一条不同于以往的存量发展路径。而存量时代的园区发展路径，必定是一条以服务为导向的内向性发展的道路，优秀的园区将表现出园区管理主体专业化、园区服务精准化和园区合作主体社会化的趋势。

园区发展依赖于专业的园区管理机构。但是当前基于“管委会＋公司制”或“法定机构”等各类模式的园区管理机构改革中，园区管理机构的专业化并没有被提到应有的高度。只有专业化的园区管理机构才能推动园区行政审批简化和高效运作，才能够匹配更高的薪酬待遇。园区专业化建设的重点一是在于建立稳定的人员结构，二是需要建立成熟的园区管理人员人才培育体系，三是需要建立符合园区发展的足量知识储备库。

在存量时代中服务就是招商，招商就是服务。以园区服务入手，依托现有企业的增资扩股进行的招商工作将会比四处“挖墙脚”式更有效率。同时以专注服务培育中小企业成长获得的成长型企业也要远比看各类 PPT 进行招商工作来得靠谱。对园区来说，与其将更多的资源投入到招商阶段的返税补贴中，不如将资源投入到园区的前期服务中，把成本花到更需要的地方。

存量时代是园区与各类社会主体共同服务企业，也是园区与各类主体共谋发展。无论是在传统的招商领域还是在服务领域中，引入优质的第三方服务企业共同参与，能够最大程度地撬动社会资源，服务园区发展大局。众多社会参与者同时也将成为园区产业生态的重要环节，为园区持续发展奠定基础。

全国统一大市场下，园区如何实现经济发展的高质量“循环”？

蒲雅丽

2022年4月10日，《中共中央 国务院关于加快建设全国统一大市场的意见》(以下简称《意见》)正式颁布，《意见》从**强化市场基础制度规则统一、推进市场设施高标准联通、打造统一的要素和资源市场、推进商品和服务市场高水平统一、推进市场监管公平统一、进一步规范不当市场竞争和市场干预行为**六个方面，明确了一系列重点任务，旨在通过加快建立全国统一的市场制度规则，打破地方保护和市场分割，打通制约经济循环的关键堵点，促进商品要素资源在更大范围内畅通流动，建设形成高效规范、公平竞争、充分开放的全国统一大市场，全面推动我国市场由大到强转变。

统一大市场是指由市场机制来统一协调的，具有一体化、开放化、竞争化、有序化的内在特征，同时又具有规模巨大、结构完整、功能强大、机制灵活、环境优化等显著外在特征的大市场[①]。统一的大市场建设需要诸多“统一”的协同支撑，对于全国各类园区来说，首位需要提升的，是“认识统一”，其次才能进一步从制度、标准、设施、产业、招商等各方面形成合力，破题立局，通过以大促小、以强帮弱，实现真正意义上的协同发展。

一、全国统一大市场的建设对园区高质量发展具有重大历史意义

近年来，我国不断出台各类深化市场化改革的相关政策文件，从完善社会主义市场经济体制，到进一步优化要素市场化配置，无不充分强调了“市场化”在经济发展大局中的重要位置。目前来看，全国市场体系虽仍然存在资源配置不均衡、“行政区经济”现象明显、不当市场竞争持续存在等诸多问题，但统一大市场建设目标的提出，将成为破除各类市场化改革阻碍的有效手段。园区作为推动经济发展的主力区域，通过不断创新建设运营模式、招商引资模式、产业发展模式、企业服务模式等，在市场化改革方面一直走在前列。例如很多园区逐步从EPC＋O模式(即设计、采购、施工及运营一体化的总承包模式)向PBOS模式转型，推进Plan (规划)、Build (建设)、Operation (运

① 刘志彪：《以构建新发展格局为目标加快建设全国统一大市场》，长江产经研究院，2022。

营)、Share (共享)四个层面市场化有机结合，充分撬动市场资本的力量，实现从“政府建园”向“市场建园”的华丽转变；如近几年开始“市场招商”逐渐取代往日的“行政招商”，通过市场化、专业化的招商手段和理念实现招商的精准化和高效化；从“装进篮子都是菜”的项目无序驻园到带标准的产业链集聚、链式发展……这些有益的探索和尝试，为园区在市场化的发展中沉淀了较多优秀的经验，挖掘出更多的竞争潜力。

单木不成林，经济的高质量发展单靠个别地区、园区甚至是企业的壮大无法实现大的跨越，这就要求我们在充分优化市场化机制的前提下，扩大“朋友圈”，扎实走好协同发展的道路。通过充分盘活园区内部各类产业、资源要素，做好园区经济发展“内循环”，经营好“小市场”，同时提升园区对外开放水平，加强区域间、国家间产业合作、数据生态、管理服务等，做大“外循环”，建设“大市场”。只有内外循环的有效互补，大小市场的良性互动，才能带动园区真正实现高质量、跨越式的发展，才能为沉稳应对各类外部环境变化打下坚实地基。

二、园区发展“一盘棋”思维已成为当今及未来的“主旋律”

从 1979 年第一家工业园区建立至今，中国园区已有 40 余年的发展历程。纵观发展全局，园区发展成效突出，问题同样突出。受政策、资源、区位等各类因素的制约，国家级、省级、市县级产业园、乡镇级工业园等发展水平差距明显，东、中、西部园区发展能级同样存在一定差异，产业链式发展不够，技术协同创新不足……而“一盘棋”发展思维，与国家共同富裕战略的提出思路一致，可以很好地解决目前发展不均、不充分等问题，将成为未来园区发展的“主旋律”，主要体现在以下几个方面。

(一)产业的链式协同与良性竞争

近几年，各方对产业链式发展的提及度越来越高，产业链的环环相扣、紧密共生，才能最大程度释放产业发展的强大潜力。各个区域或园区在进行发展规划和产业规划时一般基于产业基础、周边竞合、上位引导、发展形势等，综合确定主导产业，其中重点工作就是要充分考虑产业链上下游配套，在增加产业发展协同性、引导错位发展上实施一系列举措，综合提升本区域在产业发展中的核心地位。像近几年生物医药产业在长三角区域遍地开花，各省市充分依托各自优势，在医药、医疗器械、医疗服务、医药商业等产业链不同环节寻找发力点，形成了相对完整的产业链，正在从“地方集聚”向“区域协同”跃升。上海生物医药“张江研发，临港生产”、浙江生物医药产业“链长+链主”等政策导向，均是在优势互补、分工协作、良性竞争、高质发展上进行的有益探索。

（二）区域间的园区合作共建

我国在园区共建方面的探索最早始于1994年中国政府与新加坡合作共建的“飞地”——（中新）苏州工业园区，随后相继涌现出如江阴－靖江合作园区、苏通（苏州－南通）科技产业园、上海市北高新（南通）科技园、上海漕河泾新兴技术开发区海宁分区、临港－慈溪产业合作区、深圳（哈尔滨）产业园区等一系列共建园区，通过资源互补、经验复制、服务提升，加强“伙伴园区”成熟度和产业链布局需求的匹配程度，不仅拉高了区域经济能级，打破了区域边界效应，也为地区产业的疏解、科技成果转化等需求提供了行之有效的解决路径，推动产业协同发展步入快车道。

（三）以强带弱探索产业园“共富路”

共同富裕是我国重大战略方针，园区作为经济发展的重要承载，在实现产业振兴、探索产业“共富路”上肩负重要的历史使命。国家大力推进东部与中西部地区的产业协同发展和定点帮扶，通过产业合作、资金投入、资源互补、劳务对接、人才交流等措施，全面带动西部地区发展。像上海松江区对口帮扶云南昭通市镇雄县，支持昭通建设加工产业园区、物流园区等劳动密集型产业园区，实现产业的转型升级；浙江杭州市对口援建的阿克苏电子商务产业园，电商产业蓬勃发展，成为全国4个农村电商示范县之一……包括2021年浙江先行探索高质量发展建设共同富裕示范区，园区层面建立统筹产业平台，通过“飞地抱团”“对口支援”等方式不断推进陆海统筹、山海互济，推动山区26个县跨越式发展，缩小区域收入差距，实现共同富裕。

（四）政策、人才等要素联动

城市群的“牵手”发展，区域一体化战略造就了京津冀、长三角、珠三角三大经济圈在产业、经济、创新等领域的引领地位，也在政策、财税、审批、人才、创新、数据、生态等要素联动机制探索上提出更高要求。如长三角人才一体化机制、科技创新共同体创建机制、生态绿色一体化示范区协调机制等，包括成立长三角开发区协同发展联盟、先进技术成果长三角转化中心等，为区域各类资源要素紧密协作，实现内循环提供了强大支撑。

三、全国统一大市场格局下，园区协同发展首要做好“破立并举”

建设全国统一大市场的过程，实际上是各类要素“合多为一”的过程，是要在就近原则的基础上更大范围内拼接组合、优化配置资源，是要突破制度限制、区域壁垒、市场分割、不当竞争等障碍，实现真正意义上的高效协同、共赢发展。在建设全国统一大市场战略背景下，园区协同发展更应聚合力、凝众智、补弱项、增优势，通过立柱架梁、突破藩篱，营造更有利于企业、产业、园区高质量发展的市场环境。

(一)“破”

破除阻碍要素自由有序流动的体制机制障碍。大力破除可能会提高制度性交易成本、限制要素流通的各类市场基本制度，如市场准入和退出制度不统一，负面清单执行性和统一性不足；信用制度滞后，难以有效处理企业信用缺失问题；跨区域的要素市场化改革步伐较慢，统一的土地交易、劳动力保障、数据信息、技术产品等机制还存在不规范、不适用甚至缺失的状态；统一的企业服务制度、标准制度不完善，产业发展信息平台、交易平台、产学研平台等不发达……唯有将这些阻碍要素自由流通的制度型障碍破除，才能从根本上实现协同发展。

破除不正当市场竞争和市场干预行为。加大对各类假冒伪劣、低价倾销等不正当市场竞争行为的监督、查处力度，对一切可能产生负外部性的恶性垄断行为予以坚决反对，抑制龙头企业利用数据、算法等优势限制市场竞争、谋取市场地位。同时，最大程度减少各地方政府对市场的过度干预行为，例如在进行招商引资、产业发展、项目招标等环节中设置的优惠政策和隐形条款，过度追求自身利益最大化导致区域产业结构同质化、低水平重复建设现象严重，介入企业投资运作等行为，影响园区和地方经济的良性发展。

破除区域壁垒和行业阻隔。改变当前区域合作务虚、无序的状态，减少“口头承诺”和“纸上谈兵”。严查限制各类区域保护行为，杜绝各地区搞“小而全”的小循环，或者假借“内循环”搞地区封锁。打通部门界限，畅通行政类流程和手续；打破行业阻隔，破除一些限制行业融合发展的机制，降低市场交易成本；打通企业围墙，创造企业间创新交流的环境。

(二)“立”

建立规则。规则一致，才能实现真正的统一协同。园区的协同发展，要突破各类限制，迫切需要突破界限，建立促进园区协同发展的各类规则制度，例如建立统一的劳动力保障市场、统一的土地资源二级市场、统一的项目准入和退出机制、统一的技术和数据平台、统一的生态环境市场、统一的服务体系、统一的监管和奖惩机制、统一的资源利用市场化交易平台等，或者在质量标准互认等方面达成一致。同时，需要在利益分成机制、产业转移、扶持政策等各方面积极探索，寻找适宜方式，合作共赢。

确立举措。分类施策，依托统一的规则，明确阶段性目标，进一步加强对落地性政策文件和实际举措的研究，大力推进简政放权和政策创新，推动成立园区跨区域、跨部门联合协作机制，城市群间可以成立开发区层面、企业层面、行业层面协同发展联盟组织，各城市群协同发展组织间也可建立定期交流学习机制，交流经验、取长补短。在此基础上，区域间要进一步畅通市场信息的互通共享，发挥区块链等新技术手段，构建统一数据技术平台，提高区域间、园区间数据共享、数据交易、信息交流，促进市场要素自由流通。

树立榜样。立榜为样，建立区域和园区协同发展试点示范，依托实际发展载体，进行一系列政策举措探索的实施落地，打造区域一体化和园区协同发展示范样本，树立榜样，创造典型，总结经验，复制推广。同时，充分提高企业在统一大市场建设中的主体地位，鼓励各类市场主体公平竞争，引导企业参与行业标准制定、制度设置等，给予真正有担当、有实力的企业充分施展的舞台，强化榜样效应。

新发展阶段工业园区双碳目标实现路径分析

卢瑞轩

一、前言

工业园区要实现“3060”双碳目标，意味着需要一种全新的发展模式，从短期和中长期分阶段、分步骤向低碳、可持续发展转型，在不到 10 年时间内实现碳达峰，再利用 30 年时间达成碳中和。新发展阶段，工业园区要具备更长远的眼光和更有广度的视野以及更深刻的内涵追求，积极把“绿色”“低碳”“降碳”“零碳”等理念融入到园区的日常管理范畴，先于全社会在 2030 年前实现碳达峰，在 2060 年前实现碳中和。

2021 年 9 月 1 日，生态环境部印发《关于推进国家生态工业示范园区碳达峰碳中和相关工作的通知》，旨在优化能源结构和产业结构，积极推动示范园区产业结构向低碳新业态发展，推动低碳技术创新应用转化，充分利用园区中高新技术企业和科研院所的研发能力，建立低碳技术企业孵化器，推动低

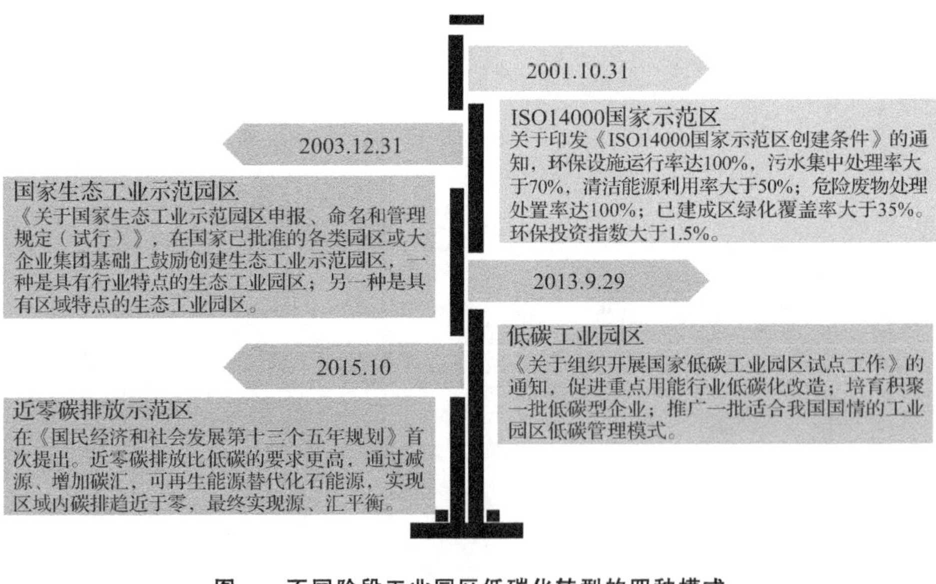

图一　不同阶段工业园区低碳化转型的四种模式

碳技术的产业化。这对全国 65 家生态示范园区提出了更高的要求。可以看到，工业部门是当前实现碳达峰的重中之重；可以预见，作为“双碳”目标实现的主力之一，工业园区以示范园区为跳板，对于绿色低碳的要求会越来越高。

二、忆往昔，以园区生态环境发展背景为起点

(一)回顾生态建设成效

首先，工业园区需要对“十三五”及之前推动碳达峰碳中和开展的相关工作以及取得的成效进行回顾，充分了解园区生态环境建设情况，部分成立时间较久特别是经历过低碳化转型的试点园区，已经积累了相当多的经验，要进行典型案例梳理，为开展下一步工作提供支持。其次，通过园区生态环境部门，对历年来园区综合评价中生态环境指标的变化进行分析，探究园区生态环境变化趋势。最后，要对近三年园区已制定和出台的清洁生产、节能降耗、减少污染物产生和排放、综合利用等管理制度以及执行情况、资金投入情况进行全面总结分析。

(二)自然资源禀赋分析

按照“整体统筹，区块结合”的方式，对区内自然资源状况进行分析，实现资源可持续利用。园区自然资源禀赋的优劣是实现碳源碳汇平衡需要多少年限的关键，实现“双碳”目标，要根据资源禀赋和园区能耗等对碳源碳汇现状及趋势评估，对其平衡程度进行分析和变化监测。要注重发挥比较优势，可选择合适的行业领域和重要区域先行一步开展“双碳”工作。值得注意的是，园区先行先试的区域不一定要选取自然资源条件优越的地方，要因地制宜，积极探索适宜园区需要的绿色近零碳发展新模式。

(三)社会综合环境考量

一方面，要从国家以及省市多个层面考虑，尤其是国家级开发区，需要了解往年以及“十四五”生态环保政策制度设计安排的深层次原因，准确理解“主动控制碳排放”和“碳排放峰值目标”的核心要义。省市级开发区要更多根据同级别的行政主体出台的政策文件，结合园区自身以及周边区域生态环境发展状况，分析实现“双碳”目标的优劣势。另一方面，低碳技术在园区的应用成本与园区整体生产效益的提升可能并不成正比，要考虑园区以及在园企业的综合发展水平，为未来实施差别化的生态环境管控措施提供依据。

二、学先进，以发达国家经验为借鉴

发达国家的生态工业园注重区内生态链和生态网建设，通过循环经济，最大限度提高资源利用率，提高可再生能源使用比例，实现园区清洁生产。

因此，要加强与海外园区的交流合作，吸收先进地区在低碳政策与技术方面的经验。

丹麦卡伦堡生态工业园：以五大厂形成园区循环经济网络，包括煤电厂、炼油厂、制药厂、石膏制板厂以及水泥厂，所有厂的废弃资源都可通过链条循环化实现最大程度再利用。其中煤电厂是卡伦堡生态工业园的核心，热电联产为家庭供热，冷却水为养鱼提供热能，为炼油厂和制药厂提供工业蒸汽，为石膏板厂提供碳酸钙原材料，为水泥厂提供粉煤灰，形成了涵盖几十条生态产业链的循环型产业园区。

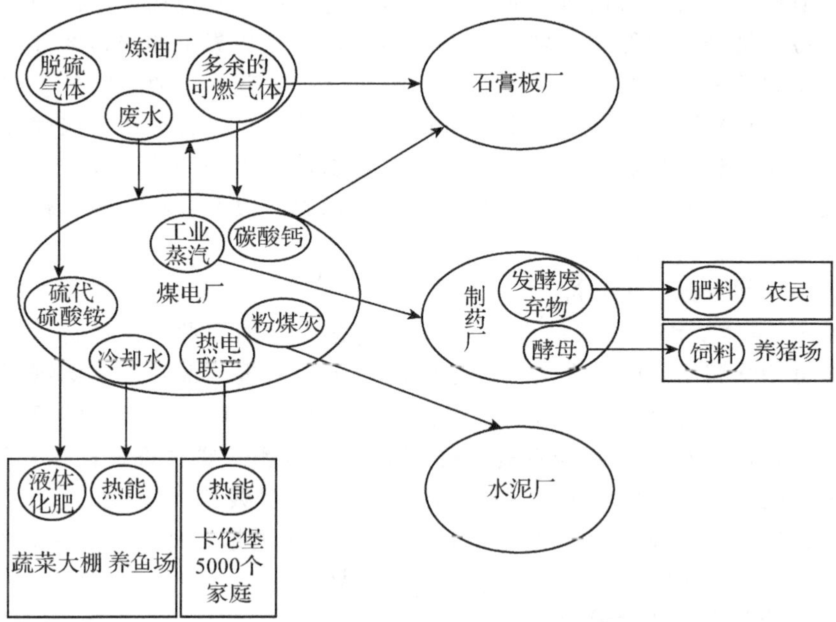

图二　丹麦卡伦堡生态工业园低碳化转型路径

日本北九州生态工业园：从日本污染城市治理地区跃升为联合国环境署等国际组织评选的“环境首都”。由两大核心区域四大区块构成，核心区域一是综合环境联合体和研究试验区，主要发展生态环保和循环经济产业，通过政、企、校之间的密切合作，为园区循环经济企业提供技术支撑。核心区域二为再生资源加工区，分为汽车再生区域和新技术开发区域。

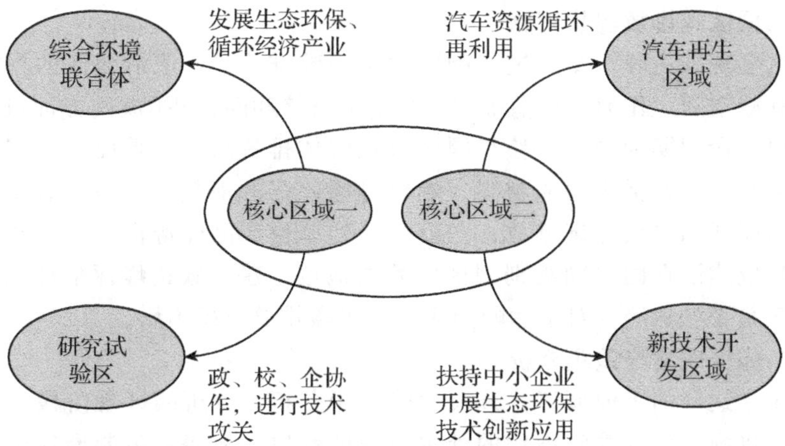

图三　日本北九州生态工业园低碳化转型路径

美国恰塔努加生态工业园：在污染严重、发展瓶颈制约的情况下，通过生态化技术改造，成为世界上第一个实现"零排放"的园区。以杜邦公司的资源循环再利用改造为切入点，园区钢铁、化工等企业进行工业废物循环再利用，环保产业也因此得到发展，园区各企业形成互嵌模式，纳入彼此产业生态循环网络，强化园区工业的共生系统。

图四　欧美日低碳化转型的主要做法借鉴

三、找差距，以碳达峰评估分析为标尺

根据《工业绿色发展规划(2016—2020 年)》，要求部分园区率先达到碳排放峰值，工业园区在"十四五"期间要加强碳达峰评估。

(一)园区碳排放现状测算

园区实现碳达峰，要通过基础数据精确碳排放量，厘清园区的排放责任和未来削减空间。作为一项系统性工程，从直接和间接[①]排放两方面进行统计分析，以生命周期为视角，核算园区温室气体排放量。一是要看近三年能源资源消耗情况，包括主要原材料、燃料等能源资源消耗；二是要看主体园区单位产值能耗和二氧化碳排放、主要产品的单位产品能源消耗；三是要看园区生态环境建设在国内同级别园区所处的地位，建立碳达峰评估体系，整体评估园区是否已达峰，对于达峰园区，未来碳排放只减不增。

(二)园区碳达峰差距分析

对于未达峰的工业园区，开展达峰差距分析，分析园区现阶段节能减排可采用的措施，废气等污染物的处置设备数量以及效果，编制园区碳排放基础数据表，对每一项燃料消耗量进行评估，预估不同单项燃料达峰需要的年限，计算净购入的生产用电力、热力(如蒸汽)数据，包括购入量和外销量，计算污水处理甲烷排放活动水平数据，包括排入环境中的化学需氧量以及甲烷回收量，这些都是能落到细节的指标数值，能分析出园区各项燃料消耗的高低，从碳源上找到未来达峰努力的方向和解决方案。对于园区内能耗较大，碳排放较高的企业，依法实施差别水价、电价等措施，重点盘活污染重、能耗高的劣势产能项目，寻求具备可操作性的多样化指令型、市场化手段。

表 1　工业园区碳排放涉及的主要指标

<table>
<tr><td>四大类</td><td colspan="23">指标</td></tr>
<tr><td>燃料消耗量</td><td>无烟煤</td><td>烟煤</td><td>褐煤</td><td>洗精煤</td><td>其他洗煤</td><td>其他煤制品</td><td>石油焦</td><td>焦炭</td><td>原油</td><td>燃料油</td><td>汽油</td><td>柴油</td><td>一般煤油</td><td>液化天然气</td><td>液化石油气</td><td>焦油</td><td>粗苯</td><td>焦炉煤气</td><td>高炉煤气</td><td>转炉煤气</td><td>其他煤气</td><td>天然气</td><td>炼厂干气</td></tr>
<tr><td>能源种类</td><td colspan="11">电量</td><td colspan="12">热量</td></tr>
<tr><td>固体废弃物</td><td colspan="3">填埋量</td><td colspan="8">城市生活垃圾焚烧量</td><td colspan="6">危险废弃物焚烧量</td><td colspan="6">污水污泥焚烧量</td></tr>
<tr><td>污水处理甲烷排放活动水平</td><td colspan="11">排入环境中的化学需氧量</td><td colspan="12">甲烷回收量</td></tr>
</table>

① 直接排放是园区边界内燃料燃烧产生的排放，间接排放是园区所用燃料的上游生产运输过程排放和外购二次能源的生产运输过程排放。

四、开未来，以实现碳中和为长期目标

“碳中和”强调园区可通过碳汇等抵消机制在内部基本实现碳排放与消化平衡，在“经济导向”大于“生态导向”的社会背景下，短时期实现难度较大。对于大部分工业园区而言，应作为中远期目标，在碳达峰的基础上，争取实现近零碳排放。

(一)制订碳中和总体实施计划

现阶段及未来一段时间内来看，园区制定碳中和计划应在实现碳达峰的基础上开展。实现碳中和是漫长的过程，在总体意见方面，依据园区的规划，明确未来发展的产业以及预测未来一定时期内碳排放总量、碳排放强度等，确定园区实现碳中和需要的年限；在具体进度节点方面，先宜粗不宜细；在责任主体方面，要落实到位；在重点任务方面，有切实可行的推进措施和方案。可以先行开展子园区试点、企业试点、行业试点，管辖范围内的街镇试点，结合园区实际细化试点领域，分区域完成目标进行过渡，最终实现碳中和。

(二)多措并举实现碳中和目标

从国外的经验看，促进生态链和产业链的结合是实现园区节能减排的有效途径，国内主要通过减源、增汇、替代等方面加强碳排放管理，要加强绿色金融等工具在园区的应用，突出科技创新对于碳中和实现的作用。未来要依据碳源、碳汇平衡实现机制，建立碳中和预测模型，进行跟踪评价。

1. **减源**。从园区绿色建筑、能源、交通、工业几大重点领域开展低碳技术改进，完善园区绿色低碳交通运输体系，加强低碳建筑设计，建筑物内部系统改造等，促进零碳化资源利用，减少化石能源消费，减少碳排放量。

2. **增汇**。以园区土地利用状况为基础，对区内公园与绿地，河湖、自然保护区，甚至海洋资源开展碳汇测算，结合土地利用现状增加生态系统碳汇。另外，关注国内碳汇交易平台建设情况，碳排放期权市场的设立情况，应用生态碳汇补偿和碳汇交易试点等措施。

3. **替代**。选用低碳原料，对于有住宅用地以及重点发展钢铁、建材、有色、石化和化工等用能行业的园区，要因地制宜充分发挥水电、风能和太阳能、核能、氢能、生物质能及地热能等可再生清洁能源，逐渐替代化石能源，实现零碳排放。

五、重保障，以政策机制为引导

(一)组织领导加强园区碳管理能力

园区行政管理体系相对独立高效，通过园区生态环境部门牵头，成立园

区“双碳”建设协调领导小组，捋顺生态环保组织机构架构，建立园区产业链循环生态系统，健全园区碳管理制度，通过政府“有形之手”引导，推进生态文明建设，促进能源结构调整。一要加快碳达峰验收；二是对在园职工、居民加强绿色低碳理念宣传教育，形成低碳生活社会风尚；三要培育企业低碳文化，促使企业履行社会责任；四要推动国际合作交流，积极引进先进碳管理理念和方法；五要把低碳发展的理念和方法贯彻于园区空间布局、产业规划和基础设施建设的各个方面，提高园区和企业碳管理水平；六要构建双碳目标管理平台，通过智能化加强园区碳排放统计监测监管，进行精准减排。

（二）政策引导助力园区低碳化转型

以政策综合集成和机制创新为保障，要用好国家、省市区的优惠政策，建立园区不同时期双碳差别化制度，确定园区“双碳”目标建设指南，制定低碳技术推广实施方案，扶持园区低碳绿色产业发展。以集中落实节能减排等各类现有政策为基础，积极开展双碳政策创新，形成促进工业低碳发展的长效激励约束机制。分类施策，对于优化厂区周边环境的管理主体，通过生态建设政策予以支持；对于近零碳排放项目，在土地使用及资源利用方面优先考虑；对于打造低碳企业和低碳产品的相关方，通过低碳产业园区专项发展基金予以支持。这些政策措施对于提升园区工业整体技术水平和竞争力，实现园区工业由大变强，达成双碳目标至关重要。

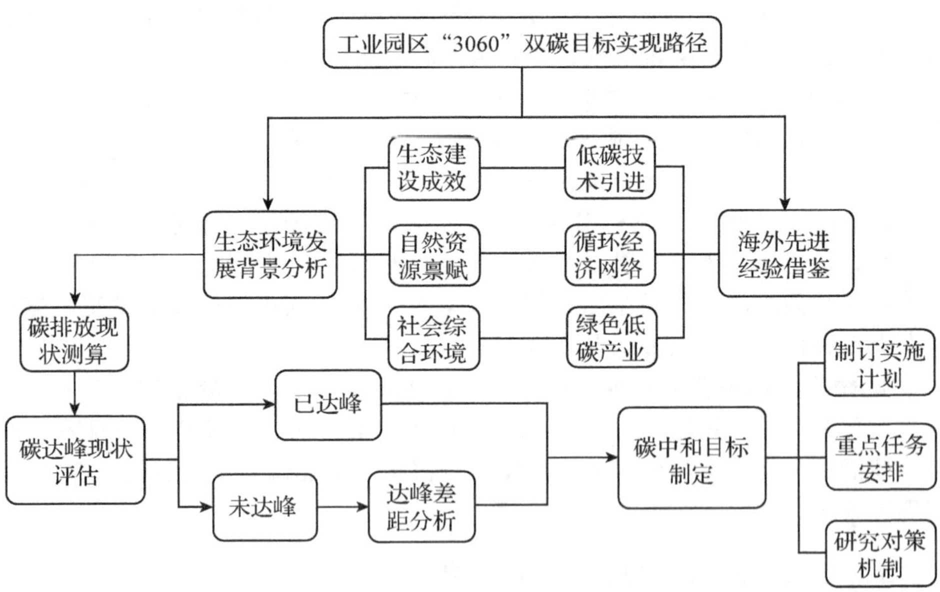

图五　工业园区“3060”双碳目标实施路径框架

元宇宙将给园区的发展带来哪些新爆点？

蒲雅丽

近期，元宇宙概念可谓是火出圈。从2021年3月Roblox公司以“元宇宙第一股”在纽约证券交易所上市，到5月份Facebook的CEO马克扎克伯格宣布公司大力进军元宇宙领域……一时间，国内外各大科技巨头纷纷投身元宇宙事业，掀起了前所未有的科技风暴，引发一场新的研发浪潮和科技竞争。元宇宙概念的兴起，催生一批相关专精特新技术的发展，推动各类相关应用行业迭代，为园区产业科技化、管理智慧化赋予了新的思路和内涵。

一、“元宇宙”到底是什么？

追溯元宇宙概念，最早起源于美国著名科幻大师尼尔·斯蒂芬森的小说《雪崩》，其中对元宇宙的描述是：“戴上耳机和目镜，找到连接终端，就能够以虚拟分身的方式进入由计算机模拟、与真实世界平行的虚拟空间。”

《2020—2021年元宇宙发展研究报告》①中将元宇宙(Metaverse)定义为：元宇宙是整合多种新技术而产生的新型虚实相融的互联网应用和社会形态，它基于扩展现实技术提供沉浸式体验，基于数字孪生技术生成现实世界的镜像，基于区块链技术搭建经济体系，将虚拟世界与现实世界在经济系统、社交系统、身份系统上密切融合，并且允许每个用户进行内容生产和世界编辑。元宇宙不是某一项技术，而是多种技术的统摄性想象和“连点成线”的集合运用，通过新兴技术的开发运用加大人们对未来的无限想象。本质上来看，元宇宙是描绘和构造未来社会的愿景形态，是通过AR(增强现实)、VR(虚拟现实)、MR(混合虚拟现实)、XR(扩展虚拟现实)以及互联网等技术构建形成一个平行于现实世界的虚拟世界，一个去中心化的平等世界，且在现实生活中可以做的事情，均可以在虚拟世界中得到体验。

二、“元宇宙”是否会给园区发展带来新爆点？

回望过去，在新概念、新技术的发展档口，无疑会引起一波新的发展思潮，带动一批新兴产业开启颠覆性创新。礼森智库认为，元宇宙时代下，园

---

① 清华大学新媒体研究中心：《2020—2021年元宇宙发展研究报告》，2022。

区作为产业发展和技术场景应用创新的重要载体，或将在以下两个方面迎来发展新机遇、创造新结合点：

(一)产业领域的“亲密接触”

元宇宙概念的兴起，离不开各种技术的发展，技术孕育产业，产业集聚成链。交互技术、通信技术、计算能力以及核心算法构成元宇宙的四大核心技术，5G、NFT、拓展现实、机器人、人工智能、大数据、云计算、区块链、数字孪生等进一步夯实元宇宙的技术底座，为元宇宙大量的应用场景提供了技术支撑。随着对元宇宙的了解加深，其产业生态版图愈发成熟清晰，包括硬件层、技术及软件层、服务层以及场景应用层。硬件层主要包括零部件、交互设备、输出设备、网络基础设施等；技术及软件层包含两方面内容，一方面是区块链、人工智能、网络及运算技术、交互技术、可视化及数字孪生等底层技术的开发；另一方面是信息处理及操作系统、软件开发工具包等系统平台；服务层主要是基于VR的分发、销售以及内容生产和运营等服务；场景应用层主要包括2B和2C两类，2B主要涉及房地产、教育、医疗、工程等，2C主要面向游戏、社交、直播等，场景内容入口较为丰富，前景广阔。

因为目前技术的限制，人们还无法真正实现元宇宙的最终目标，但针对元宇宙自身来说，其概念的提出促进了元宇宙产业以及元宇宙相关产业的出现和发展。未来园区一方面需要深刻理解和学习元宇宙概念内涵及产业布局的重要意义，探索有利于元宇宙产业发展的要素环境，超前谋划符合实际、目标清晰、定位合理的产业规划，加大相关产业领域重点企业招引；另一方面可基于已布局的数字产业和已经引入的相关细分领域龙头企业，继续深耕产业链，做大做强分支领域，引导企业通过价值整合形成更大的市场竞争力，逐步构建元宇宙产业生态，形成特色鲜明的元宇宙科技园区。

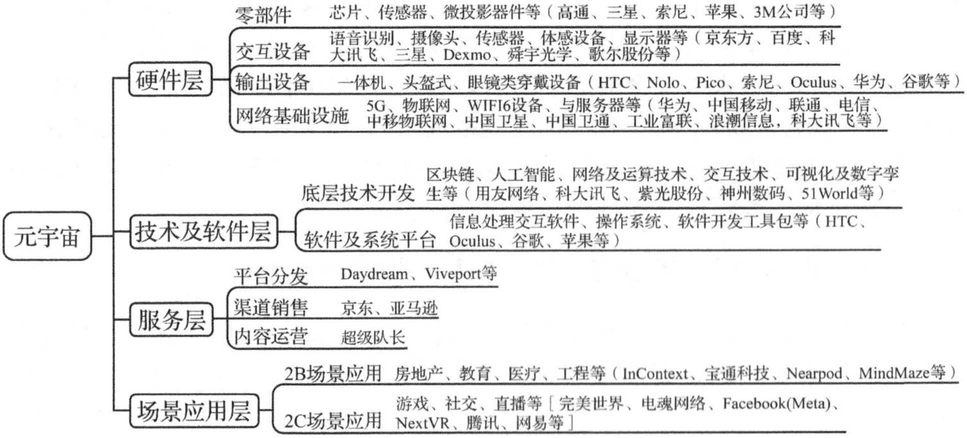

图一 元宇宙产业链图

(二)管理应用的“装备升级”

元宇宙的出现是互联网发展的终局，元宇宙产业最具有前景的领域莫过于场景应用，且在游戏、智慧医疗、工业设计、智慧教育等领域已得到了具有一定价值的尝试。自 2012 年十八大提出全面建设小康社会，智慧城市、智慧园区的建设成为国家城市化发展过程中的必然选择，2017 年各地开始掀起的“智慧园区”建设风潮，使园区“智慧”转型成为趋势。智慧园区本质上是基于数据整合共享的结果，通过数据的分析提供决策，通过信息技术提升园区的管理和服务能力，实现软硬环境的协同，让园区变得更加“智慧化”。虽然目前元宇宙还尚未出现，但是元宇宙所强调的“沉浸感”“低延时”“随时随地”特性为园区全流程化管理提出重要的优化方向，而其中很重要的“数字孪生技术”和“数字主线技术”的出现对园区的管理和运营影响巨大。借助元宇宙的不断外显，人们可以通过“数字孪生技术”和“数字主线技术”将现实映射进虚拟空间，同时构建模型和模拟现实，从而实现对园区的全面感知、实时化指导和信息实时化共享。

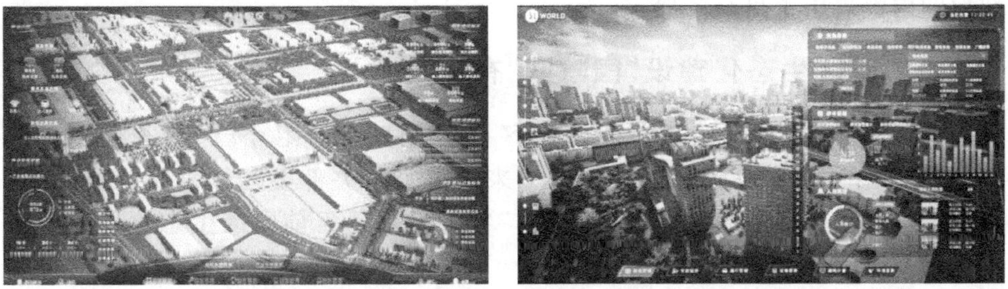

图二 智慧园区数字孪生管理平台(图片来源于网络)

园区元宇宙是连接园区智能基础设施和智慧场景的基础，更强调完全的沉浸式、与现实世界的互动交流以及进入的流畅性。依托一系列尖端技术实现仿真模拟，为园区建立预判、预防的管理新模式和实时、智能的服务模式，极大降低了地理、生理等现实因素对人行动方式的限制，是对智慧园区建设的升级，亦是对园区管理工具包的扩充。元宇宙的出现，将倒逼园区运行模式和服务模式变革，带来园区管理部门的合并重组。未来，园区管理运营人员或将分为虚实两类，在虚拟空间中完成园区管理、服务等职能，在现实空间中完成巡查、执法等职能。

觉而知之，起而行之。风口即机遇！虚实结合、融虚入实，元宇宙世界还需要长时间的探索和开拓，不管未来发展如何，园区、企业都应该抓住技术发展的前沿方向，以创新促革新，迎接发展新机遇。

园区生态化建设历程探析

蒲雅丽

近年来，我国相关部门先后制定出台了建设循环经济园区、生态园区、绿色园区、低碳园区等政策文件，国家生态工业示范园区、国家级循环化改造示范试点园区、国家低碳工业示范园区、国家级绿色园区……这些“国家队”名号已经成为检验园区绿色发展成效的重要奖牌。随着“十四五”我国生态文明建设进入以降碳为重点战略方向、推动减污降碳协同增效、促进经济社会发展全面绿色转型、实现生态环境质量改善由量变到质变的关键时期。双碳的目标倒逼产业转型升级，改善投资结构，也在一定程度上对园区生态化建设的内涵提出了更高的要求。

一、园区生态化建设“国家队”有哪些？

我国从2000年开始进行工业园区生态化探索，距今已有20余年。自2003年开始生态工业园区试点探索以来，国家相关部委陆续发布各类政策，通过政策驱动，促进我国生态园区的持续性发展，目前园区生态化建设领域主要包括以下7种园区类型。

（一）国家生态工业示范园区

生态工业园区是依据循环经济理念、工业生态学原理和清洁生产要求而建设的一种新型工业园区。国家生态工业示范园区是指在生态工业园区的基础上，符合《国家生态工业示范园区标准》、《国家生态工业示范园区管理办法》及其他相关要求，并按规定程序通过审查，被授予相应称号的园区①。生态工业园区由原环境保护部、商务部、科技部三部委共同推动，其建设历程主要分为4个阶段：试点探索阶段（2000—2006年）—规范管理阶段（2007—2010年）—全面完善阶段（2011—2015年）—创新提升阶段（2016年至今），并随着新时代发展新要求和新形势，不断丰富内涵和特色，激励国家生态工业园区建设开启新的篇章。

截至2020年底，全国已获批的国家生态工业园区共有62家，分布呈现由东向西逐渐减少的趋势。东部长三角地区共有39家，其中江苏省数量最

① 环境保护部：《HJ 274—2015 国家生态工业示范园区标准》，2015。

多，有 23 家，其次是上海市共 9 家。近几年，东、中、西部地区新增生态工业园区数量差异显著，东部地区数量急剧上升，中部保持稳步提升，西部相对落后。

(二)国家级循环化改造示范试点园区

园区循环化改造是以循环经济“减量化、再利用、资源化”和“减量化优先”为原则，优化空间布局，调整产业结构，突破循环经济关键链接技术，合理延伸产业链并循环链接，搭建基础设施和公共服务平台，创新组织形式和管理机制，实现园区资源高效、循环利用和废物“零排放”，不断增强园区可持续发展能力。与国家生态工业示范园区建设不同，循环化改造更多围绕项目展开，包括基础设施改造提升项目、公共服务平台项目和关键补链项目，通过发展生产性服务业和绿色化改造基础设施，从空间布局优化、产业结构调整、企业清洁生产、公共基础设施建设、环境保护、组织管理创新等方面来推进园区循环化改造，从而达到高效利用能源资源、集中治理污染排放的目标[①]。目前，全国共有 207 家园区开展循环化改造并通过验收，主要集中在东部和西部地区。

(三)国家低碳工业示范园区

低碳工业园区试点工作旨在选择一批基础好、有特色、代表性强、依法设立的工业园区，通过试点建设，大力使用可再生能源，加快钢铁、建材、有色、石化和化工等重点用能行业低碳化改造；培育集聚一批低碳型企业；推广一批适合我国国情的工业园区低碳管理模式，试点园区碳排放强度达到国内行业先进水平，引导和带动工业低碳发展。全国第一、二批共 67 家园区积极开展为期 3 年试点工作，为后续全面推广贡献实践经验。

(四)UNIDO 绿色工业园区

2013 年 UNIDO(联合国工业发展组织)会同我国商务部、工业和信息化部，哈萨克斯坦区域发展部等机构，启动了绿色“丝绸之路”项目。UNIDO 绿色工业园区是其中一项重要成果。UNIDO 绿色工业园区是指以可持续发展理念、清洁生产要求、循环经济理念和工业生态学原理为指导，通过物质流或能量流传递等方式寻求物质闭路循环、能量多级利用和废物最小化的途径，从而形成资源共享和副产品互换的产业共生组合，最大限度地提高资源能源利用效率，从工业生产源头上将污染物的产生降至最低的一种新型工业园区[②]。目前，乌鲁木齐、烟台、张掖、泉州经济技术开发区和连云港徐圩新区已完成了 UNIDO 绿色工业园区创建工作。

---

① 柳青：《园区循环化改造的标准与重点》，《经营管理者》，2012 年第 19 期。

② UNIDO. “Guideline for UNIDO Green Industrial Park”. Austria. Vienna：UNIDO，2015.

(五)国家级绿色工业园区

绿色工业园区是以企业集聚化发展、产业生态链接、服务平台建设为重点推进建设的。初期选择一批基础条件好、代表性强的工业园区，开展绿色园区创建示范工程[①]。绿色工业园区涵盖了产业共生的理念，也整合了循环经济园建设的许多理念，作为绿色制造体系的一部分，得到了各类政策的支持。截至 2020 年 10 月，共有 172 家工业园区被遴选为工信部绿色工业园区，主要分布在华东、华中和西部地区，其中浙江省、安徽省、河南省绿色工业园区数量处于全国领先。

(六)绿色产业示范基地

绿色产业示范基地的建设主要是以提高绿色产业规模、质量、效益为重点，以增强绿色产业综合竞争力为核心，通过推动绿色产业集聚、提升绿色产业竞争力、构建技术创新体系、打造运营服务平台、完善政策体制机制，培育形成绿色产业发展新动能，加快形成一批可复制可推广的成果，对全国绿色产业发展起到关键引领作用。2020 年，国家发展改革委、科技部印发通知，在全国范围内确定了 31 家绿色产业示范基地，多为工业园区、经济技术开发区、高新技术产业开发区，涉及 23 个省市区。

(七)碳中和示范园区

2020 年，中央首次提出“碳达峰、碳中和”的工作目标。2021 年，“碳达峰、碳中和”首次被写入政府工作报告，开始正式被纳入生态文明建设的整体布局中。为响应国家号召，推动“碳中和”目标的实现，科技部印发《国家高新区绿色发展专项行动实施方案》，文中鼓励高新区倡导绿色低碳生活方式和全面节能降耗，引导企业积极践行绿色生产方式，探索建设“碳中和”示范园区。但由于提出时间较短，目前尚无明确的官方定义与标准出台。随着各地区及园区碳达峰碳中和试点工作的推进，将进一步规范碳中和示范园区建设。

二、总结

园区生态化建设由原先的环境部门主推，到现在发改委、商务部、科技部、工信部等多部门共同推进，越发凸显出园区绿色发展的重要性。从政策工具的多样性到试点—示范—推广模式的日渐成熟，我国在园区生态化建设方面逐渐探索出具有自身特色的发展模式。本文希冀通过对 7 类园区生态化建设“国家队”内涵的分析和梳理，帮助园区了解各类型园区生态化建设的侧重点和建设要求，提高意识，明确方向，助推园区绿色、可持续发展迈向新的高度。

---

① 工业与信息化部：《工业绿色增长规划(2016—2020 年)》，2016。

表 1　我国园区生态化建设政策变迁及相关要点梳理

时间	名称	发布部门	政策出处	建设理念	建设申报流程
2003年始	国家生态工业示范园区	生态环境部（原环保局）商务部科技部	2003 年：《国家生态工业示范园区申报、命名和管理规定（试行）》《生态工业园区规划指南（试行）》 2007 年：《关于开展国家生态工业示范园区建设工作的通知》《国家生态工业示范园区管理办法（试行）》 2009 年：《关于在国家生态工业示范园区中加强发展低碳经济的通知》 2011 年：《关于加强国家生态工业示范园区建设的指导意见》 2015 年：《国家生态工业示范园区管理办法》《国家生态工业示范园区标准》 2021 年：《关于推进国家生态工业示范园区碳达峰碳中和相关工作的通知》	2007 年：循环经济、工业生态学原理、清洁生产 2009 年：低碳经济，改善能源结构 2011 年：减量化、再利用、资源化及无害化 2015 年：产业共生 2021 年：碳达峰、碳中和（绿色低碳）	申请—编制规划和技术报告—预审核—正式审核—批准建设—考核验收—公示—命名—调研和抽查（动态退出机制）
2003年始	循环经济示范区	生态环境部（原环保局）国务院	2003 年：《循环经济示范区申报、命名和管理规定（试行）》《循环经济示范区规划指南（试行）》 2005 年：《国务院关于加快发展循环经济的若干意见》	2003 年：减量、再用、循环（3R 原则） 2005 年：提高资源利用率，降低废物最终处置量	申报—规划编制和论证—专家论证—建设试点—命名申请—审查—命名—考核、检查
2012年	国家级循环化改造示范试点园区	发改委、财政部	《关于组织推荐 2012 年园区循环化改造示范试点备选园区的通知》	3R 原则 循环化改造	确定初步名单编制实施方案—评审实施方案—标示标志—拨付资金—实施改造—考核验收

续表

时间	名称	发布部门	政策出处	建设理念	建设申报流程
2013年	国家低碳工业示范园区	工信部、发改委	《关于组织开展国家低碳工业园区试点工作的通知》《国家低碳工业园区试点工作方案》	使用可再生能源，对重点用能行业进行低碳化改造，培育低碳企业，推广低碳管理模式	申报—确定试点名单—试点实施方案的编制—专家论证—复批挂牌试点—组织实施试点工作方案—评价验收—授牌
2013年	UNIDO绿色工业园区	UNIDO(联合国工业发展组织)、商务部、工信部等	2013年：绿色“丝绸之路”项目 2015年：《UNIDO绿色工业园区建设导则(Guideline for UNIDO Green Industrial Park)》 2016年：《UNIDO绿色工业园区验证规范(Verification Manual for UNIDO Green Industrial Parks)》	可持续发展理念、清洁生产要求、循环经济理念、工业生态学原理，从工业生产源头上将污染物的产生降至最低	专家评审—授牌
2015年	国家级绿色工业园区	国务院工信部	2015年：《中国制造2025》 2016年：《关于开展绿色制造体系的通知》《绿色制造体系建设实施方案编制说明和要求》	布局集聚化、结构绿色化、链接生态化、产业共生	实施方案制定—自评价—地方评估确认—初审推荐—评估上报(确定示范名单)—信息公布及抽查
2020年	绿色产业示范基地	发改委	《关于组织开展绿色产业示范基地建设的通知》	以提高绿色产业规模、质量、效益为重点，以增强绿色产业综合竞争力为核心，推进绿色产业集聚	编制《绿色产业示范基地建设申报书》—审核推荐—编制《绿色产业示范基地建设方案》—建设实施—评估
2020年	碳中和示范园区	科技部火炬中心	《国家高新区绿色发展专项行动实施方案》	绿色发展，全面节能降耗 做好碳达峰、碳中和	探索建立

零碳园区建设路径探析

蒲雅丽

2020 年 9 月，我国在联合国大会上明确提出“碳达峰”“碳中和”目标，开启了“双碳”战略新阶段。2021 年 3 月，“扎实做好碳达峰碳中和各项工作”被列为政府工作报告重点工作之一，同时提出将制定 2030 年前碳排放达峰行动方案，优化产业结构和能源结构，大力发展新能源。近年来，国家积极发展低碳产业，大力提倡低碳技术，推广绿色低碳技术产品，不断推动传统能源工业结构转型，为能源结构不断优化提供了许多科技创新支撑，在实现“双碳”目标的道路上迈出了许多创新步伐。各地区纷纷出台支持和保障碳达峰碳中和工作方案，重点行业企业主动研究低碳脱碳工艺，全国涌起“双碳”热潮。

一、园区是“双碳”战略的主力军

2021 年 9 月 1 日，生态环境部发布《关于推进国家生态工业示范园区碳达峰碳中和相关工作的通知》，提出了以产业优化、技术创新、平台建设、宣传推广、项目示范为抓手，在“一园一特色，一园一主题”的基础上，所有示范园区均应将实现碳达峰碳中和作为重要目标，并制定相应的实施路径举措；同年 9 月 8 日发布的《规划环境影响评价技术导则 产业园区》中，也增加了产业园区落实区域生态环境质量改善、减污降碳协同共治等要求。据相关数据显示，我国各类产业园区已达 2.5 万余个，各类工业园区碳排放量约占全国总排放量的 31%，作为产业要素高度集聚、创新活力持续迸发、生产生活重要承载地的各类园区，无疑是“双碳”战略实践中的先锋和主力军。在“双碳”战略的推动下，零碳园区的建设将是国家战略从宏观层面到微观层面的有效落地，是历经低碳园区、近零碳园区的持续优化迭代，是实现园区二氧化碳净排放量为零的更高追求。

二、了解零碳园区从基础开始

什么是零碳园区？——零碳园区是指以用能低碳化、基础设施低碳化和运营管理节碳为发展路径，以低碳技术、负碳技术、信息技术创新与推广应用为支撑，以增强园区碳管理能力为手段，有效整合节能、减排、固碳、碳汇等碳中和措施，通过产业低碳化发展、能源绿色化转型、设施集聚化共享、资源循环化利用，实现园区内部碳排放与吸收自我平衡，温室气体排放实现净零[①](碳中和)，生产生态生活深度融合的新型产业园区[②]。

为什么要做零碳园区？——随着国家能耗“双控”政策转向为“双碳双控”，地方政府、园区业主以及驻园企业对双碳战略的落地责无旁贷。从地方政府角度来看，推动零碳园区落地有利于精确核算下属园区、企业的碳排放额并制定短、中、长期目标，同时有益于长期持续监管区域内园区、企业的碳排放并完成双碳目标；从园区业主角度来看，可通过零碳园区的建设进一步摸清园区内部企业的碳排放额，完成区域内减排目标，推动园区整体走向循环、持续、高质发展的新道路；从驻园企业角度看，推动企业低碳技术的提升可满足政府及园区的双控要求，满足公司可持续和 ESG 发展要求，满足下游客户对供应链的可持续和减排要求。

如何实现零碳园区？——实现园区的碳中和，根本是要从源头控制碳排放量和加大园区自身碳吸收及再利用，同时建立碳交易市场，有效配置园区碳资源，通过产业生产模式优化、低碳负碳技术创新、绿色可再生能源供给利用，实现园区“零碳化”发展。零碳园区的实现方式主要从园区生产、交通、建筑、能源、技术、碳交易、生态、信息手段等角度切入，如**零碳生产**方面加强供应链低碳化生产、提高生产效率、加强零碳运营；**零碳交通**方面推广交通工具电动化、加强基础充换设施、积极发展氢能汽车等；**零碳建筑**方面推广使用低碳建材、保温外墙、BIPV、雨水回用，加强园区被动式建筑建设等；**零碳能源**方面加强园区内风电、光伏等可再生能源使用，提高各类储能设施，通过集中式供冷、柔性电网、多能互补等方式，提高清洁能源使用效率；**负碳技术**方面加快碳捕集、利用与封存(CCUS)技术的探索推广；**碳排放抵消**方面探索通过国家核证自愿减排量(CCER)项目、绿证/绿电、碳汇交易等手段加强园区碳排放抵消；**生态建设**方面加强对园区整体生态化、循环化改造，通过加强立体绿化、休憩绿地等绿色空间建设、废弃物循环化利用等，实现生态绿色与经济发展两手抓；**信息手段**方面通过对云计算、移动互联网、大数据、区块链、5G、数字孪生等数字技术的运用，加强数字化赋能，驱动零碳技术创新、园区碳排放量核算、管理、管控和测算，实现对园区碳排放的全生命周期智慧管理。

三、零碳园区建设路径探索

契合园区规划、建设、管理运营的成长过程，坚持政府引导、多方参与

① 净零指的是“碳排放”和“碳汇”体量相等，增减平衡。

② 全国信标委智慧城市标准工作组，智慧园区专题组：《零碳智慧园区白皮书(2022)》。

原则，规划好零碳园区建设蓝图，做好区域碳量核算，平衡好碳排放与经济发展，探索灵活可行、科学持续、符合实际的零碳园区建设路径。

精准核算：进行零碳建设或改造的园区首先需针对区域内产业结构和企业属性，启动园区全域碳排放核查和摸底工作，构建适宜的碳核算模型，确定碳排放物理边界和业务边界，依据直接排放、外购能源排放和其他所有间接排放量，进行全量化的碳数据汇总，梳理可行的减排方式，模拟不同减排方案的实施效果，科学测算本园区碳达峰目标值和期限，科学制定碳中和路径和主要措施，形成切实可行的实施方案和任务清单。

规划先行：新建园区需在园区定位、开发建设、产业发展、项目招引、空间布局、数字智慧等多方面融入碳中和发展理念，全面考虑园区生产、交通、建筑、能源、技术、碳交易、绿色生态、信息手段等方面零碳建设需求，形成科学持续、适度超前、一体化的零碳园区建设规划，画好顶层零碳园区建设蓝图。根据碳排放核查结果，综合园区发展规划和企业发展需求，制定园区碳排放规划和行动计划，细化分年度、分行业、分区域的减排时刻表，全面统筹园区零碳事业发展。在全面摸底的基础上，优化制定园区战略规划、产业发展、空间布局等规划方案，分阶段、分批次、分区域做好改造推进计划。

零碳建设(改造)：依托顶层设计方案，切实可行地推进规划落地，统筹推动产业结构优化、低碳项目引进、低碳技术改造、企业装备升级、清洁能源推广、零碳园区建筑和基础设施改造、交通工具电动化、生态建设、数字化改造等工作开展，从碳排放全过程、全领域筑起绿色发展的屏障。同时，在园区零碳建设过程中，要明确和创新组织机制和激励机制，明确工作任务和考核机制，将零碳责任分解落实到部门及个人，依托专业碳排放管理员、碳排放核查员等新兴职业专业化输出，支撑园区管理者有效决策、精准部署。同时，完善碳交易机制引导和财政支持，鼓励支持园区企业积极参加碳交易，主动融入全国碳市场建设和运行，撬动更多社会资本参与零碳企业、零碳园区建设。

智慧运营：依托信息化手段，建立园区碳排放综合管理平台，强化园区碳足迹追踪感知系统、园区碳中和看板、园区碳推演全景图、碳平衡管理、碳交易网络等模块建设，优化零碳操作系统，实时统计监测各区域、各企业碳排放和用能数据，通过对数据整合处理和挖掘分析，优化各个设备资源，制定多种碳排放控制策略，提高能源使用效率。积极推动园区低碳信息库建设，加强低碳项目库、低碳企业库、低碳技术库、低碳产品库、低碳人才库建设，全方位提升园区智慧零碳管理水平。

四、零碳园区典型案例参考

上海闵行经济技术开发区：闵行开发区作为国家生态工业示范园区，在发展过程中持续秉持绿色低碳循环理念，园区内部采用光伏发电实现工厂100％绿色用电、废水降解再利用，将沼气“变废为宝”、自主研发设计自动化省电生产线等方式，响应碳达峰碳中和战略，推动园区低碳转型，加强能源资源节约，于2021年率先创建零碳示范园区。

金风科技亦庄智慧园区：金风科技亦庄智慧园区始建于2010年，建筑面积超过9万平方米。2020年园区内制造工厂、实验中心、培训中心等生产运营范围内所产生的二氧化碳当量温室气体，通过综合性微网系统中分布式风光储设备的能源替代、节能减排等措施以及注销碳减排指标的方式，实现100％碳中和。

福建三峡海上风电国际产业园：福建三峡海上风电国际产业园位于福建省福州市，占地约1000亩。福建三峡海上风电国际产业园通过测试风机、屋顶光伏、储能装置的多能互补，借助能源管理系统等技术打造智能型微电网，最终实现抵消园区所排放的全部温室气体。

鄂尔多斯零碳产业园：鄂尔多斯零碳产业园位于蒙苏经济开发区江苏产业园。基于当地丰富的可再生能源资源和智能电网系统，推动能源转型，加快构建以“风光氢储车”为核心的绿色能源供应体系，实现了高比例、低成本、充足的可再生能源生产与使用。同时，配合数字化基础设施，搭建“能碳双控”平台，推动零碳产业及电解铝、绿氢制钢、绿色化工等技术的发展和应用，构建“绿色能源＋交通＋化工”的“零碳新工业”创新体系。

园区更新再提速

关于上海城市更新中重点产业发展区域更新工作的若干思考

张腾飞

2021年8月，上海市政府发布了城市更新条例，该条例自2021年9月份正式施行，标志着上海市城市更新进入到“新纪年”。条例中对于重点产业发展区域的更新也有相关要求。条例要求市区两级人民政府加强产业统筹发展力度，引导产业转型升级。鼓励存量产业用地根据区域功能定位和产业导向实施更新，通过合理确定开发强度、创新土地收储管理等方式，完善利益平衡机制。鼓励产业空间高效利用，根据资源利用效率评价结果，分级实施相应的能源、规划、土地、财政等政策，促进产业用地高效配置。鼓励更新统筹主体通过协议转让、物业置换等方式，取得存量产业用地。同时，要求重点产业发展区域的国有企业土地权利人应当带头承担国家、本市重点功能区开发任务，实施自主更新。国有企业应当积极向市场释放存量土地，促进存量资产盘活。国有资产监督管理机构应当建立健全与国有企业参与城市更新活动相适应的考核机制。

同年也就是2021年底，《上海市产业园区转型升级“十四五”规划》中重点提出关于加快重点区域城市更新。重点方向是落实上海城市更新条例要求，建立政府统筹、市场运作、多元参与的产业用地更新机制，以“工业转工业”为主攻方向，通过正向激励和反向倒逼双向发力、一二级市场双轮驱动，鼓励市场主体以多种形式参与共享，政府与市场协同发力，推动重点产业发展区域和园区更新转型，形成一批试点示范项目，有效提升土地利用强度和产出效益水平，实现生产、生活、生态良性互促。

由上述两个重要文件可以看出，上海市城市更新已经进入“快车道”，而城市中重点产业发展区域（产业园区、开发区等）也必将是更新工作的重中之重。基于以上情况，本文将重点讨论重点产业发展区域（产业空间）更新存在的问题、方法、路径，以此为上海市重点产业发展区域更新提供参考。

一、存在问题

(一)重点产业发展区域整体发展空间紧张[①]

近年来，上海产业用地及厂房资源日益紧缺，每年出让产业用地仅10平方公里左右，其中工业用地约7平方公里。截至2020年底，全市国家级和市级42个开发区中，已供应工业用地占规划工业用地比重超八成的开发区有20个；42个开发区已供应工业用地总数占规划工业用地总数的比重为75%左右。部分开发较早的重点产业发展区域，如漕河泾开发区、金桥开发区、莘庄工业区、青浦工业区等，供需矛盾日益凸显。例如，莘庄工业区目前可利用的已储备产业用地面积不足100亩，张江医谷目前剩余产业用地220亩，其中工业用地仅59亩，后续引进新项目及在地项目扩产时可能存在因载体不足造成项目流失的风险。

(二)低效用地用房较为普遍

低效产业用地、用房目前在全市层面并无统一的认定标准，但在实践中，低效产业用地一般指不符合产业政策导向、安全生产和环保要求，属于淘汰、落后、产能过剩，利用粗放，产出效益低，未达到土地出让合同约定条件的产业用地，而低效产业用房一般指建成后未投产的“建而未投”闲置厂房，或仅部分投产的“投而未尽”闲置厂房，以及企业因搬迁、破产而闲置空余的厂房。据统计，截至2021年9月30日，全市共有闲置产业土地35幅(1.75平方公里)。从区级层面看，奉贤区、嘉定区空置厂房总量目前分别在250万和124万平方米左右。可见，全市范围内有很大一部分存量产业用地用房处于无产出或低效产出状态。

(三)存量产业用地盘活渠道不够畅通

从路径来看，目前存量产业用地盘活可采用政府收储、园区主体回购再利用、提高容积率、产业项目类用地调整为标准厂房、节余土地分割转让、产权/股权转让、低效退出、转型升级等多种方式处置，但在实际操作过程中，面临着条件难以满足、认定机制不健全、支持政策不明确、审批路径不通畅等种种问题。例如，收储方式受财政资金约束，工作周期长，对于涉及重要项目的供地可能会存在时间差，不利于招商引资工作；园区回购方式则面临着回购价格不具备优势、交易过程产生的税费过高、国资决策机制下难以通过投资可行性审查等阻碍，成功案例相对较少。

(四)现有存量改造项目层级不高

现有存量改造项目层级普遍不高，主要存在两种情况。一是传统企业生

---

① 资料来源：上海市产业转型升级研究院研究资料。

产线关停后，大多选择将厂房直接或简单改造后出租，为尽快获得收益，对租赁企业来者不拒，使得地块成为物流仓储、简单加工、低端商业等低、散、乱企业的集聚地；二是少量产权方选择将地块转型为园区，但往往倾向于自行开发，而非委托给专业的运营机构或与其联合开发，在改造和开发过程中既缺乏系统的产业规划，又缺乏运营管理经验，转型后的园区产出效益并未得到有效提升。

二、基本原则

上海市重点产业发展区域在进行更新中，应该遵循以下原则：

(一)注重合法合规推进

更新工作应符合国民经济和社会发展规划、国土空间总体规划，统筹生产、生活和生态布局；破解城市发展中的突出问题，推动城市功能完善和品质提升；注重历史风貌保护和文化传承，拓展文旅空间，提升城市魅力。

(二)注重城市和人文的交互发展

聚焦城市发展重点功能区和新城建设，发挥示范引领和辐射带动作用；持续改善城市人居环境，构建多元融合的“十五分钟社区生活圈”，不断满足人民群众日益增长的美好生活需要；加强城市风险防控和安全运行保障，提升城市韧性。

(三)注重以产业功能为导向

以新型产业集聚发展的实际需求为导向，适当提高土地容积率和建筑密度，鼓励土地混合使用，集约布置配套设施，积极开展新型用地的试点实践，进一步推动政策落地落细落实，促进土地节约集约利用。

(四)注重体制机制创新发展

加快破除体制机制障碍，充分调动各方积极性，鼓励土地权利人和相关市场主体参与存量产业用地的盘活利用，创新回购收储、分割合并、交易流转和开发建设模式，拓宽盘活路径，共享城市更新成果。充分发挥政府在规划引导、平台建设、数据汇集和组织协调等方面的作用，建立产业用地二级市场运行机制，健全交易规则和服务制度，畅通存量产业用地流动渠道，引导存量产业用地入市交易，实现土地资源高效配置。

(五)注重奖惩并举

坚持激励与约束相结合，进一步健全产业高质量发展评价体系和考核机制，扩大土地全生命周期管理覆盖面，加强监督检查，实施分区分类引导，细化强化分类处置，推动存量产业用地盘活力度和规模的双增长。

三、重点方向

城市中的重点产业发展区域更新，是一个系统性的工作，涉及面比较广，关联事项比较多，所以在推进更新工作时，必须做好顶层设计，综合考虑各个涉及要素，制定合理、可操作的路径。本文认为，重点产业发展区域更新工作的顶层设计应该从以下几个方面着手：

(一)编制重点产业发展区域更新指引

重点产业发展区域更新指引应当明确产业区更新的指导思想、总体目标、重点任务、实施策略、保障措施等内容，并体现区域更新和零星更新的特点和需求。同时编制指引手册，细化更新工作审批步骤以及审批部门，并制定更新方案编制框架、基础资料收集表等，以便产业更新区域对照执行。

(二)构建园区更新绩效评估体系并设置更新标准

上海产业园区更新绩效评估体系，旨在为上海市产业园区内工业用地存量盘活、转型更新提供一定的标准依据。该评估体系由区域标准值和产业标准值构成。其中，区域标准值以基准地价的评估方法为参照思路，以区位位置、土地出让价格、区域产出情况为评价依据，最终根据不同区域、不同产出情况等要素，确定不同区域产业园区更新绩效区域标准值。产业标准值以上海市产业用地指南的编制方法作为参考，以容积率、人均产值、研发投入等为参考要素，同时结合各产业内规上企业的相关数据，以及近五年上海市土地出让情况，制定各区域不同产业标准值。

区域标准值和产业标准值共同构成上海市产业园区更新绩效标准值，即双象限标准值。(例如某区区域标准值 A，某区产业标准值 B)

(三)建立重点产业发展区域更新地图

根据更新绩效标准值，形成上海市产业园区更新绩效地图(别称“标准产业田”地图)。用以指导全市产业园区更新工作，配合上海市城市更新中园区更新工作。根据上海市产业园区更新绩效评估值，评估全市园区发展情况，明确园区更新“黑白”名单。根据上海市产业园区更新绩效评估值，对于同时低于区域经济标准值与产业集群标准值的区域或园区，直接纳入园区更新目录。对于低于其中任意一项的区域或园区，纳入考察名单，借鉴全生命周期管理，每隔一段时间对园区进行评估，适时调整名录。此两项共同纳入上海市产业园区更新“黑白”名单内。

(四)探索形成重点产业发展区域更新的审批流程和规范性文件

加快研究出台各类产业用地提高容积率、建筑高度的实施细则和办事指南，确保兼容性和灵活性，在产业空间紧缺的重点产业区域先行先试。进一步明确土地全生命周期管理下的土地使用权退出机制，确保在实施中有章可依。针对新兴产业在空间区位、载体形态、配套服务等方面的需求，探索制定建设导则，以及弹性混合比例、相邻多宗土地共享配套服务设施等的管理办法，加快Z类、X类综合用地在重点产业园区的试点应用和案例推广。

(五)形成客观独立收储评估体系

重点产业发展区域更新工作，核心问题在于更新区域所在地区土地、地上建筑及其他附加价值的价值认定。所以一套客观独立的收储评估体系是必不可少的。就目前看来，产业空间的更新不能像商办、住宅一类区域一样评估。必须认清产业更新区域作为生产资料的特殊性，必须走收储或成片更新评估的路径。

(六)打造统一透明的交易平台

在市级层面建立统一规范的存量产业区域更新流通交易平台，借鉴深圳构建全要素市场的经验，依托现有产权交易服务机构，加快建立全市统一的存量产业区域更新流通交易平台。打通各区数据，引导掌握在园区平台手中的存量产业用地信息向平台整合归集。研究制定存量产业用地使用权分割、合并、转让、出租、抵押等交易规则和标准化在线交易手续，形成透明公开、规范有序、一网通办的全市产业用地二级市场，推动存量土地进入二级市场转让盘活。

(七)支持各类产权方积极参与城市更新

鼓励平台公司与国内外具有专业园区品牌化运作经验的机构合作，推动企业在自有产业用地的二次开发中，引入专业机构合作运营。在符合区域产业导向的前提下，支持有能力、有经验的产权方开展自主开发转型，在重点制造业发展区域内，优先支持符合区域产业导向的“二转二”项目，给予政策支持和审批加速。在适合发展服务业的地块，在容积率上给予支持。

以一级开发思维推动园区更新，以评估工作提升更新效率

——园区更新中工业厂房和用地的评估问题

周思勰　孙振昌

一、园区更新与城市更新

2021年8月《上海市城市更新条例》正式公布，标志着上海迎来了城市更新的新阶段。产业园区（开发区）更新是城市更新中的重要组成部分，但是同一般意义上城市更新有所不同。在产业园区更新中，由于主要更新的用地为工业用地，故此在具体的园区更新的征收环节中有许多做法与城市更新应当有所不同。

根据《上海市城市更新条例》规定，"属于历史风貌保护、产业园区转型升级、市政基础设施整体提升等情形的，市、区人民政府也可以指定更新统筹主体"。这就赋予开发区管委会和开发公司更大的能动性，可以通过上级政府指定的方式成为园区的更新主体。园区更新未来也必将成为各个开发区的重点工作之一。

礼森智库和上海安大华永房地产土地估价有限公司希望通过本文就园区更新中工业厂房和用地的房地产估价问题进行一些探讨。通过建立与城市更新有所不同的园区更新的房地产估价工作，降低园区更新成本，提升产业转型升级效率。

二、园区更新可以适用征收的法律概念

在目前的城市更新中，援引的法律概念也是房屋征收这一概念，利用《土地管理法》中征收的有关概念进行相关的更新工作。开发区可以重新援引征收概念，对园区再做一次"一级开发"。

开发区在2000年后的很长一段时间内成为了各地城市化的重要推动力量与政策工具。在土地性质上，利用开发区集中连片开发的特点，可以将农业用地转变为城镇建设用地。在土地所有权上，开发区的开发建设将开发区的集体用地转变为了国有用地。在基础设施建设上，园区开发公司通过"七通一平"，将农村转变为了城市。上述的三点构成了土地一级开发的最重要的特

征，同时在这一过程中产生了一大批极具专业性的园区开发公司。

在当前的园区更新中，开发区的开发公司可以视作为另一次土地**“一级开发”**，即对园区内的产业用地进行新一轮的房屋征收和成片开发，将原本分散在各类业主手中的土地使用权归集起来，重新整理和开发。根据《民法典》第二百四十三条规定，“为了公共利益的需要，依照法律规定的权限和程序可以征收集体所有的土地和组织、个人的房屋以及其他不动产。”在《国有土地上房屋征收与补偿条例》第八条的规定中市、县级政府可以根据公共事业的需要对国有土地上的房屋进行征收。结合《土地管理法》中的相关规定，赋予了市、县政府依法征收园区内的工业用地，进行园区更新的合法性。

开发区要用好**房屋征收**这一一级开发中的概念，进行园区更新，将园区更新作为第二次“土地一级开发”。从这一法律概念入手，在园区更新中进行腾笼换鸟和低效企业清退工作，而非以赎买概念入手从企业购买工业用地剩余年限。利用好这一法律概念能有效赋予开发区在与企业谈判中的筹码，即使要通过谈判解决问题，也能提升谈判效能。

三、工业厂房与用地估价方法的选择

根据《国有土地上房屋征收与补偿条例》的要求，征收园区内的工业用地需要进行房地产评估工作。[①] 根据有关规定相关的征收补偿应当包括三个方面，即被征收房屋价值的补偿；因征收房屋造成的搬迁、临时安置的补偿；被征收房屋造成的停产停业损失的补偿。对园区内的工业用地而言，需要进行更新的大多是低效用地，其上众多企业近乎停产，故此停产停业损失不作为重点。搬迁和临时安置补偿也可以通过相关的程序解决。因此，征收补偿重点方面在于房屋价值的补偿。同时根据《土地管理法》第五十八条的规定“为了公共利益需要使用土地的和为实施城市规划进行旧城区改建，需要调整使用土地的，是因政府需要使用土地而造成土地使用者不能继续使用土地，因而应当对土地使用者给予适当补偿。”即对征收的工业厂房和用地同时要补偿相关的房屋价值和土地使用权价值。

根据相关规定“对被征收房屋价值的补偿，不得低于房屋征收决定公告之日被征收房屋类似房地产的市场价格”。在房地产估价中，这一规定确定了征收工作中对工业厂房和用地的价格的价值类型应当选用市场价值来确定。但是选用市场价值并不一定意味着在房地产估价的方法中一定要使用市场路径的比较法确定被征收的工业厂房和用地价值。

---

① 实际上，如果按照“一事一议”方式谈判清退入园企业，也需要评估房地产评估员，为补偿工作定价。

工业厂房与用地同普通的住宅、商办等物业类型不同，**决定了其不能简单使用市场法(或称比较法)确定**。第一，工业厂房和用地**不存在与住宅和商办等物业类似的活跃的公开的交易市场**。以上海为例，在2014年上海启动工业用地全生命周期管理以后，针对工业用地的出让合同进行过历次修改。经过了数次修改之后，工业用地标准出让合同中对工业用地的转让和抵押权的实现都做了限制。当前上海工业用地的市场实际上并不是一个可以被视作为充分交易和竞争的市场。并且上海的工业用地全生命周期管理事实上造成了2014年前后两个不同政策环境的土地市场。故此对于在沪的工业厂房和物业而言，并不存在一个公开活跃的交易市场。第二，绝大多数**工业厂房不具有可比性**。在园区更新中，各类厂房物业实际上都不是标准厂房物业，都是在土地使用权出让后，根据企业需求进行定制的特殊物业，故此工业厂房作为一种物业类型不具有可比性。第三，**工业用地的使用受政策影响极大，各类工业厂房和用地的交易条件不具可比性**。上海各区对于工业用地都有自身的管理政策和企业监管要求，某块工业用地在不同的区位，由不同的企业使用都会有不同的监管政策，交易也会受到不同程度的限制，故此各类工业厂房和用地交易案例的交易条件不具可比性。

在实际操作中，工业厂房和用地应当按照成本法评估才更为合适。在日常会计操作中，工业企业在工厂建成后连同土地价值一起纳入了固定资产进行管理，通过历年的折旧和摊销将相关的价值纳入到各类费用中，在最终的表现形式上，工业厂房和土地的价值被转化为了产出产品的价值。从经济学角度看，工业企业已经通过销售产品获得报酬的途径，获取了工业厂房和土地的效用。工业厂房和用地实际上是作为生产资料而非等待增值的资产，其价值应当是扣除了转化为产品的价值之后的“剩余价值”。故此，采用**成本法评估**工业厂房和用地，通过**重置成本扣除折旧**的途径计算工业厂房用地才更为合理。由于工业厂房的特性，建议采用**房地分估**的形式，对工业物业和工业用地分别以成本法评估后，再行计算工业厂房总体价值。

如果采用收益法对工业厂房和用地进行价值评估，则需要注意几点内容。

第一，**最佳利用原则的适用需要注意**。最佳利用原则需要满足法律上许可、技术上可能、经济上可行三大条件，其中法律上许可这一条件需要得到最大的关注。众多地区建立了土地利用绩效评估制度，对于低效工业用地，往往采取了冻结其进行固定资产投资的措施，即**企业无法对现有厂房物业进行改造、扩建和增容**。在实际评估操作时需要注意的是，通行的政府所定义的低效用地就是针对工业用地本身定义的，而非根据企业定义的，符合评估工作时对评估对象状态的范围界定内容，即使更换土地使用主体也无法改变土地属于低效用地的界定与政策。

第二，**要注意租金收入的确定。只能就当前物业状态确定未来的收益情况**。房屋征收评估是评估被征收房屋在当前合法用途及利用状态下的市场价格，结合园区更新，应以保持工业用途状况持续使用为前提条件进行评估。关键点在合法和当前。对于低效工业用地，企业在厂房改扩建受到规划限制的情况下，运用收益法进行评估确定租金收入时，应当充分关注。

第三，**要注意收益期的界定**。以上海为例，在新的工业用地出让标准中，大多数工业用地采用弹性出让制，即使用年限为 20 年而非法定最高年限 50 年。

第四，**要注意后期运营费用的确定**。上海及长三角众多其他城市都基本明确了工业用地绩效评估的规定，对于低效用地而言，有的地区对土地的使用成本和用水用电成本做了上浮的处理，这些运营成本和费用应当被仔细评估纳入衡量。

第五，**工业用地不应当计入最后的转售费用**。根据相关规定，工业用地使用权是没有自动续期条款的，应当以土地使用权到期后工业用地使用权价值归零作为计算条件，故此收益法评估工业用地的转售费用应当按零处理。

四、相关政策建议

为了保证园区更新的顺利推进和开展，结合上位法的有关规定和相关评估的切实要求，建议有关部门从以下几点明确相关工作，做出相关指导。

第一，制定地方法规条例。明确园区更新可以作为城市更新的一部分，可以按照**房屋征收和土地成片开发**的概念进行开发，制定相应的专门办法规范园区更新内容。由于工业企业和普通居民不同，在过去的二次开发实践中，具有较大的谈判议价能力，如果明确以房屋征收和土地成片开发的法律概念进行园区二次开发，可以有效降低园区更新中的土地收储成本，推进工作效率。尽管在各类案例中并不一定需要采用征收和土地成片开发的概念，但是将其纳入政策工具后，可以有效改变低效用地的工业企业预期，促进“一对一”收购谈判进程。目前需要制定专门法规明确将征收与成片开发的法律概念运用于园区更新中，同时**又需要制定专门条例将园区更新同普通的城市更新中的房屋征收内容区别开来**，以完成对工业厂房和用地顺利征收的合法性问题。另外，在法律文件中将相关成片开发理念纳入，以完成对成规模园区更新的保障。

第二，优化评估程序。探索县市政府对园区更新中征收工作启动程序的快速审批和决策机制，根据园区工作特色建立有别于普通城市更新的园区更新征收程序，加快园区更新工作。明确园区更新中，房屋征收的**评估机构选择程序问题**。根据相关规定，房屋评估机构由征收与被征收方协商产生，但是相关程序由各地规定。建议加快明确园区更新中的评估机构选择程序问题，按照符合公共利益、符合城市更新和园区更新导向的原则，按照充分发挥**园区更新责任主体能动性**的要求，选择具有工业厂房和用地估价专长、**懂工业用地管理规范和政策**的相关评估机构参与园区更新评估工作。

第三，先期展开土地绩效评估工作。一是要清理区分园区内的闲置土地和低效用地。根据有关规定，**土地闲置满两年**是可以无偿收回的，在园区更新过程中，应当首先无偿收回闲置土地。二是要强化土地绩效评估工作，界定低效用地范围。通过土地绩效评估，明确低效工业用地，在提升土地使用成本的同时，可以有效降低土地征收的成本，建议在园区更新前，**先进行土地绩效评估工作**，确定各类用地绩效。

第四，出台相关办法允许园区更新中可以开展**批量评估**。在众多园区更新案例中，存在很多土地使用权割裂的现象，一个园区中的土地往往以10亩、20亩左右的体量被不同的业主持有。为了推进园区更新效率，应当效仿城市更新中住宅批量评估方法，允许园区更新中采用批量方法评估园区内的工业用地。

各地城市更新条例中产业园区更新政策解读

范媛媛

城市更新是一种将城市中已经不适应现代化城市社会生活的地区作必要的、有计划的改建活动。我国城市更新的历程包括最开始的"棚改""旧改"，及至2021年全国两会，"城市更新"首次写入政府工作报告。同时，在《中华人民共和国国民经济和社会发展第十四个五年规划和2035年远景目标纲要》中提出，"加快转变城市发展方式，统筹城市规划建设管理，实施城市更新行动，推动城市空间结构优化和品质提升。"相较于之前的"棚改""旧改"，城市更新概念的范围更为广阔，包含了对旧工业区的更新。本文以工业区为主要对象，通过梳理各地城市更新地方立法，探讨工业园区的更新路径。

一、城市更新相关立法

目前城市空间发展进入存量时代，我国各省市也在不断推出城市更新相关立法。2020年12月30日，《深圳经济特区城市更新条例》正式通过，于2021年3月1日施行，成为我国首部城市更新地方立法。《上海市城市更新条例》《辽宁省城市更新条例》随后陆续实施，与此同时，《广州市城市更新条例(征求意见稿)》结束向社会公开征求意见，北京于2022年审议《北京市城市更新条例(草案)》。

二、城市更新立法中的园区更新

本文主要对比《深圳经济特区城市更新条例》《上海市城市更新条例》《广州市城市更新条例(征求意见稿)》，整体而言，上海最为重视产业园区的更新，特别指出"经济信息化部门负责根据本市产业发展规划，协调、指导重点产业发展区域的城市更新相关工作"，同时，在文件中多次涉及产业与产业用地更新的话题；深圳对产业项目用地及旧工业区的更新做出了新的规定；广州尽管没有针对产业园区进行说明，但在土地储备等方面间接指出了园区更新的一些注意事项。另外，《辽宁省城市更新条例》作为省级地方立法，所涉及的是宏观上的点，针对产业园区，仅提到"优化配置各类闲置或者低效空间资源，充分推动开发区(园区)闲置厂房转型升级"。

(一)产业园区更新实施主体

从深圳、上海和广州的城市更新条例来看，一旦产业园区作为城市更新项目，首先需要明确项目实施主体。从深圳的条例来看，其更加侧重于以市场为主体，即一旦明确产业园区更新由物业权利人以外的市场主体实施，可以对原土地使用权合同进行变更，保证了市场主体对产业园区实施更新时有更大的自主权，充分发挥市场的灵活性，更加便于更新过程中资金的获取与使用。

从上海的条例看，其更加注重政府在产业园区转型升级过程中的主导作用，政府可以指定产业园区更新统筹主体。这意味着上海优秀的园区开发主体可以向外输出品牌与经验，比如借助特色园区、科创园区等园中园的方式向待更新园区导入新兴产业，或是以输入园区服务的方式提升待更新园区的产业生态，帮助有需要的园区进行更新转型，树立园区更新典范；同时对于暂时落后的园区来说，也拥有了引入其他知名园区开发运营主体的机会，或是与其合作，共同实施园区更新，借助其园区品牌，进行招商推广，引进高质量的企业。

从广州的条例看，则是更加强调多元合作模式，可以由权利主体、市场主体、政府组织实施，甚至可以由权利主体和市场主体共同联合实施。产业园区进入更新阶段后，则在资金筹措、专业服务、产业升级等方面对实施主体提出了更高的要求。采取这种多元合作的模式，更加有利于集合多方力量，调动更多的资源，调和各方的矛盾。

表 1　深圳、上海和广州产业园区更新实施主体情况

城市	内容
深圳	旧工业区综合整治类城市更新拟由物业权利人以外的市场主体实施的，市场主体被确认为实施主体后，可以申请对原土地使用权合同进行变更或者签订补充协议
上海	本市建立更新统筹主体遴选机制……确定与区域范围内城市更新活动相适应的市场主体作为更新统筹主体。属于历史风貌保护、产业园区转型升级、市政基础设施整体提升等情形的，市、区人民政府也可以指定更新统筹主体
广州	城市更新项目可以由权利主体、市场主体或者政府组织实施；符合规定的，也可以由权利主体与市场主体合作实施

(二)土地使用权出让及土地用途

我国开发区走过了将近 40 年的历史，大部分的开发区已经开发完成，园

区土地利用进入存量时代。针对园区土地使用权出让与土地性质等问题，三个城市都明确提出相应的规定。

从深圳的条例看，涉及产业项目的土地使用权出让，将需要签订额外的产业发展监管协议，意味着产业园区在更新过程中，实施主体收回土地再次出让时，需要严格监管该地块上引进的产业项目，对引进的产业类型或者未来预计的产出效益等作出一定的要求。

从上海的条例看，主要有四个方面的内容：一是要求园区更新项目必须进行全生命周期管理，并且要纳入土地使用权出让合同。上海 2014 年起将新增供应的工业用地纳入全生命周期管理，正好可以借助此次产业园区更新的机会，将早先出让的工业用地一并纳入全生命周期管理，对所有的土地出让、产业项目等实行数字化、信息化管理，对产业项目的亩均产出等要求做好监测统计；二是将针对产业转型升级需要，用地性质、容积率、建筑高度都可以根据规划予以优化，可以为产业园区内建筑间距、绿地率、市政配套等制定更加适合的标准和规范，说明园区更新实施主体从一定程度上可以突破之前的条条框框，发挥主观能动性，更加灵活，同时政府相关部门也将提供强有力的指导与保障；三是在土地政策方面，鼓励实施主体探索土地供应新方式，可以组合使用协议出让、招拍挂等方式，创新土地供应方式以提高土地利用效率；四是特别提出浦东新区作为先行示范区和引领区，应当在存量产业用地盘活和低效用地退出机制方面进行创新，这不管是对于张江高新区、临港新片区等位于浦东的较为先进的园区，还是对一些浦东村镇级园区来说，都是一个机遇，探索土地使用新机制，提升单位土地产出，促进园区高质量发展。

从广州的条例看，主要强调了可以根据建设需求统筹考虑，对土地进行改性。由此，园区更新实施主体可以灵活自主统筹考虑，在改造地块上适当转变土地性质，比如增加商办用地，以更加符合现在社会园区人对园区商业设施和商业环境的需求。

表 2　深圳、上海和广州产业园区土地使用权出让及土地用途情况

城市	内容
深圳	涉及产业项目的，实施主体还应当与区产业主管部门签订产业发展监管协议，明确监管要求，并将产业发展监管协议作为土地使用权出让合同附件

续表

城市	内容
上海	· 城市更新项目的公共要素供给、产业绩效、环保节能、房地产转让、土地退出等全生命周期管理要求，应当纳入土地使用权出让合同。对于未约定产业绩效、土地退出等全生命周期管理要求的存量产业用地，可以通过签订补充合同约定 · 因历史风貌保护、旧住房更新、重点产业转型升级需要，有关建筑间距、退让、密度、面宽、绿地率、交通、市政配套等无法达到标准和规范的，有关部门应当按照环境改善和整体功能提升的原则，制定适合城市更新的标准和规范。更新区域内项目的用地性质、容积率、建筑高度等指标，在保障公共利益、符合更新目标的前提下，可以按照规划予以优化 · 城市更新涉及旧区改造、历史风貌保护和重点产业区域调整转型等情形的，可以组合供应土地，实现成本收益统筹 · 浦东新区应当创新存量产业用地盘活、低效用地退出机制。支持浦东新区深化产业用地“标准化”出让方式改革，增加混合产业用地供给，探索不同产业用地类型合理转换
广州	改造范围内地块可以结合改造需求统筹确定建设用途，包括居住、商业、商务、工业等

(三)产业用地更新

园区更新最重要的是产业用地更新，上海最为重视产业用地更新。一是强调了在产业用地更新过程中，需要注重利益平衡机制，在园区更新过程中，必然涉及存量土地的整理储备，在这过程中，将会牵涉土地原权利所有人等多方利益问题，需要大量的资金投入，需要创新存量土地的储备和开发机制，鼓励利用物业置换、协议转让等方式，以完善利益平衡机制。二是强调了以差别化的政策制度倒逼资源利用效率低的企业退出，促进产业用地高效配置。根据上海市《关于开展资源利用效率评价工作的指导意见》，上海市工业用地资源利用效率评价和政策差别化引导已实现全覆盖并形成了常态化的工作机制，这项工作将帮助各园区有效识别低效企业，坚决腾退落后产能。

表 3　上海产业用地更新情况

城市	内容
上海	· 鼓励存量产业用地根据区域功能定位和产业导向实施更新，通过合理确定开发强度、创新土地收储管理等方式，完善利益平衡机制 · 鼓励产业空间高效利用，根据资源利用效率评价结果，分级实施相应的能源、规划、土地、财政等政策，促进产业用地高效配置

三、结语

上海、深圳和广州作为我国第一批出台城市更新条例的城市，以地方性法规的形式探索城市更新新模式。产业园区是我国城市发展中的重要单元，三个城市均非常重视产业园区的更新转型，并在地方性法规中特地指出。下一步，三个城市针对产业园区的更新可以出台更加细致具体的意见与措施，给产业园区更新以政策的保障支持，各产业园区也可以根据上位政策，结合园区实际，出台本园区更新的相关政策，将城市更新与园区更新落到实处。

论工业港区城市更新的价值和启示

——以杜塞尔多夫媒体港城市更新为例

蒲雅丽

众所周知，城市更新一直是城市发展和产业更迭有机交融中经久不息的话题。依托“有机更新”“自主更新”“微更新”等理念，国内外积极尝试以产业升级为核心驱动，通过进一步优化存量，完善生态环境修复和城市功能提升，实现城市生活区与产业区的多元链接，进而循环拉动产业的集聚升级，提高城市品质和综合竞争力。各种优秀更新案例层出不穷，相关经验也为我们更好地把握城市更新与产业发展的尺度、打造具有地区特色城市更新亮点提供了“弹药”。本文通过分析追溯杜塞尔多夫媒体港“老港”变“新城”的更新历史，希冀为具有港区特色的城市提供良好经验借鉴。

一、杜塞尔多夫媒体港的“原画像”和“新规划”

(一)“旧港区”变身“媒体港”

位于德国莱茵河畔的杜塞尔多夫港，建立于1896年，是德国第三大内陆港，原是德国重要的重工业区，随着重工业在德国逐渐退出历史舞台，加之汽车和公路的发展，导致港口逐渐冷清。为弥补市区面积的不足，提高地区的吸引力，政府决定重新规划利用这个实用价值高的区域，启动港口的转型更新。更新建设时间自1976年起，占地面积19公顷(第一、二开发阶段)，首先进驻的是多媒体行业，例如电视台、杂志社、广告公司等，随后一些现代建筑落成，媒体文化氛围不断浓厚，由此得名媒体港。

(二)“新规划”擘画“新未来”

自20世纪70年代中期至今，港口更新改造的范围由临近市区的入境港口逐渐延伸至港口的核心码头区。港口的更新改造主要经历了三次规划调整期，可以划分为四个规划建设阶段：依此为入境口岸(Zollhafen)、商业码头/锤子码头(Am Handelshafen/Hammer strasse)、运输街码头/锅炉街码头(Spedition strasse/Kessel strasse)以及2007年后新规划的港口核心码头区域。同时，在土地使用规划方面，媒体港实现了多种功能区域的混合发展，主要公共建筑布局于水系周围，实现每栋建筑均有一面可以观赏到水岸风光；在交通规划方面，依托旧港区完备的交通基础设施和公共交通体系，重点强调和关注自行车道及步行道在水面上的延伸，利用桥梁将运输街和媒体港相连，形成港区独特的亮点和名片。

图一　杜塞尔多夫媒体港总体规划图

二、杜塞尔多夫媒体港的“改造阶段”和“城市建设”

(一)四个改造阶段赋予媒体港新的“城市风貌”

第一阶段(1978—1989 年)：入境口岸的 10 公顷用地经过改造后，建设形成了电视塔(1982 年)、北威州议会大厦(1988 年)、莱茵公园、一个居住区和游艇港。

图二　杜塞尔多夫媒体港第一发展阶段

第二阶段(1990—2002 年)：1989 年，市议会通过了一项名为“核心区”9 公顷用地发展规划决议，划定核心区即商业码头至锤子街之间的港区。1999 年，建设新海关大院(Neuer Zollhof 1-3)，成为了媒体港最著名的景观。同时，运输街东岸作为呼应核心区的沿河景观也被纳入到第二阶段实施，其港口老建筑的更新改造在 2002 年完成。媒体港逐步成为了颇具活跃度的媒体、广告、时尚、艺术和商业中心。

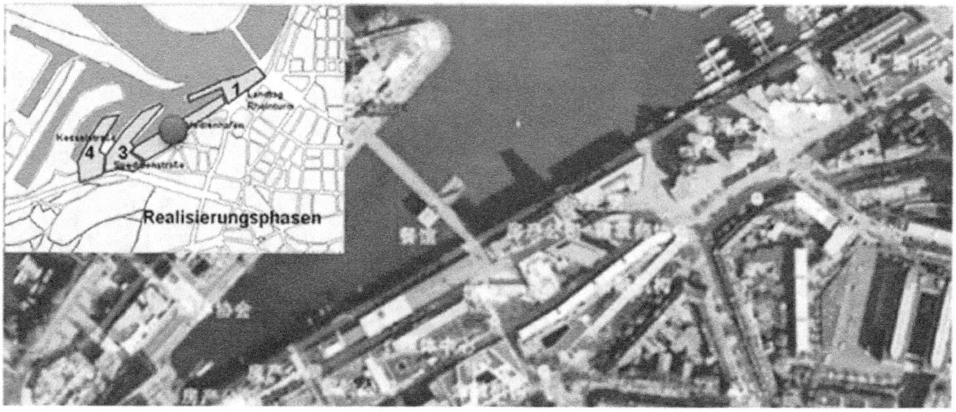

图三　杜塞尔多夫媒体港第二发展阶段

第三阶段(2002—2007 年)：2002 年将运输街码头地段重新规划为包括商业、办公、酒店及餐厅等功能的商务园区，之后进一步调整，确定将运输街码头西侧与锅炉街码头改为住宅建筑用地。

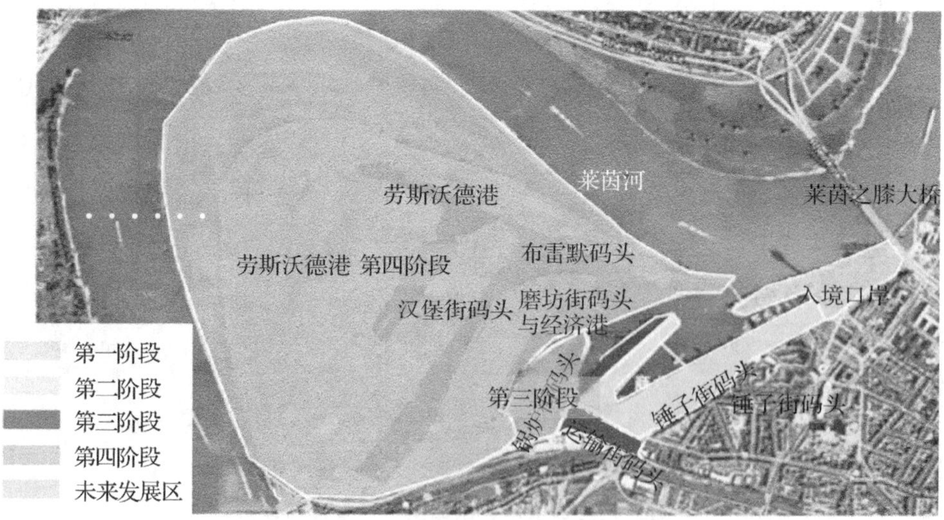

图四　杜塞尔多夫媒体港第三、四发展阶段

第四阶段(2007 年至今)：新的土地总体规划中，将磨坊街码头与经济港(Wirtschaftshafen)/劳斯沃德(Lausward)港区纳入新发展规划中。后两个港口码头是杜塞尔多夫的主要港口区，主要供工业、商业服务、船舶和铁路货运使用。此外，布雷默街码头的顶端继续用作绿化用地，入境口岸的莱茵公园通过跨河大桥可一直延伸至此。

(二)别致的城市建设打造形成特色“网红地标”

港口码头旧建筑的改造和新建筑的建设充分体现了传统与新派理念的完美融合，改造赋予了老工业文化遗迹新的生命。在改造过程中，设计团队将码头区内原有的轨道、锻铁栏杆、起重机及其他机械设备保留，形成别具一格的工业景观，使得港区历史底蕴得以留存。同时，风格各异的新派建筑也为港区增添了创新活力，如莱茵河右岸的莱茵电视塔，塔高 240.5 米，是杜塞尔多夫重要的地标性建筑；如被称作为“舞动的房子”的新海关大楼，因其独特的造型，成为港区著名景点之一。新增的公共空间和基础设施，更大程度地将城市生活、城市文化引进来，使得旧港区成功转型。

三、老工业港区城市更新的经验和启示

如今，杜塞尔多夫媒体港已成为德国极具特色和开放活力的区域，千余家企业汇集，旅游打卡络绎不绝，产业创新的需求以及人的居住、休憩、游览需求均在这片区域得到了有效满足。在城市更新大潮下，退二优二、退二进三不仅仅是城市更新的重要抓手，更是企业转型升级的重要机遇。媒体港改造的成功，让我们再一次看到老工业区潜在的改造价值和历史文化价值，更进一步加深了人们对工业遗产历史文化和环境可持续性价值应有的认识。媒体港的开发是欧洲港区更新改造的典范，通过对该案例的分析，我们也总结出以下几条经验：

高度重视工业遗产历史文化的保护和复用：媒体港在进行改造更新时充分依托旧港区的工业历史和区域价值，保留重要历史遗产建筑或设备设施，形成具有历史底蕴和文化格调的新区，同时也将原有港口的历史沿革加以延续。

重视规划与实际区域资源的契合程度：杜塞尔多夫港在确定进行区域更新和总体规划时从实际出发，充分结合区位优势和资源，利用莱茵河畔优质的景观资源、原港区历史资源、交通资源等，规划的制定与实际紧密度高，底蕴扎实，为后期整个区域的发展奠定了良好的基础。

注重提升内外部交通的可达性：在港区规划中，重点对港区内外部交通网络进行了细致的梳理，打通堵点，实现区域内部与外部的有效互通，有利于提高整个区域内外部交流的便捷程度。

规划前期启动区的选择尤为关键：随着城市发展需求，选择离市区较近的入境口岸作为第一阶段开发区域，首期入驻电视塔与政府议会大厦，奠定区域产业基调，树立地标性建筑。主要公共建筑与开放空间均布局于水岸周边，提高了居民工作生活的体验感。

注重各功能区多重功能的有机混合：港区内可以在一个区域内实现办公、商业、住宅及休闲的有机结合，实现工作与生活的和谐相融，对提升区域吸引力有很大价值。

单体建筑创新是盘活工作中的出彩点：单体建筑设计采用大胆的创新规划，使建筑与城市传媒、时尚的氛围融为一体。创新型的、优美的建筑本身就是城市的风景线，从而达到对企业办公的吸引力，这点值得许多地区城市更新借鉴。

生态环境的改善工作极其重要：城市废弃的工业用地往往存在较多的环境问题，城市更新过程中应重点加强生态环境的优化。媒体港在规划更新中利用水面和绿地优势构建新的城市绿色走廊，营造出优质的城市休憩空间，实现人与自然和谐共生。

以"工业上楼"模式助推上海产业园区更新

卢瑞轩

当前，大城市在工业化快速发展进程中，普遍面临着部分重点产业区域空间紧缺、工业园区品质不高、用地成本不断攀升等问题。上海部分产业园区也面临原有工业用地利用率较低、建设标准不高、容积率上不去、街镇级旧工业区改造难度大、低效用地用房现象明显等情况，造成部分用地资源损失。要在有限的土地上拓展发展新空间，增加载体功能，解决用地稀缺，满足产业升级过程中不同类型的产业空间需求至关重要，"工业上楼"就是推动园区更新的行之有效的探索途径之一。

一、上海产业园区在更新中面临的问题

近年来，上海产业园区在提质增效过程中，通过推动产业用地盘活利用、腾出土地厂房为新兴产业导入提供高品质空间以促进城市更新取得一定成效；但用地规模接近极限，土地供需矛盾突出、部分用地效率不高等问题依然突出，特别是在"工业上楼"等发展新模式方面的创新实践不足，与其他先进地区和城市相比，缺乏相关理论研究和实践探索案例。

(一)在用地规模上可更新调整空间有限

一方面是在工业用地上，近年来上海每年出让工业用地仅为 7 平方公里左右，部分开发较早的产业发展区域，用地供需矛盾突出，如漕河泾、莘庄、金桥开发区等，部分开发区的储备产业用地面积不足百亩，所剩的工业用地不多，在新项目引进和在地项目扩产方面容易因载体不足导致项目流失；另一方面是早期拿地企业退出市场价格预期较高，部分区域没有大规模收储回购资金财力，无法主动实施大规模的区块调整，使得园区更新在推进过程中受阻。

(二)部分用地用房存在明显的低效现象

一是园区更新中的低效用地用房现象影响单位土地产值，也不利于提升城市的整体形象。上海在低效用地、用房方面并未有统一的标准，导致园区在实际认定上的差别较大，低效用地处置时间周期较长，对园区直接经济效益有较大影响，处置过程导致的经济压力难以缓解；二是在经过 8 年产调后，出现落后产能淘汰速率高于消化速率问题，容易出现处置低效用地积极性不

高的情况，加上近三年疫情叠加因素导致部分存量工业用地用房处于无产出或低效产出状态，给城市更新带来挑战；三是在低效用地处置后，资金短缺还容易导致改、扩建标准厂房转型困难，陈旧物业既影响业主的利益又不适合优质项目导入；四是存量低效用地在盘活渠道、技术标准和审批流程方面不够完善，使城市更新进程放缓。

(三)部分领域的园区更新实践探索相对滞后

目前，国内外对于“工业上楼”的深度研究较少，上海的园区也不例外。相对于珠三角地区在这方面起的引领作用而言，上海在这方面的创新实践明显不足，缺少理论研究和实践案例，在“工业上楼”建设和认定标准、产业上楼引导指南、相关的规划和扶持办法等规范性政策文件方面尚未进行探索研究。另外，在产业空间紧缺的重点区域、产业园和部分行业领域开展“工业上楼”先行先试也存在滞后情况，对于产业园区更新的路径侧重于存量盘活，探索高容积率的工业建筑等开拓创新形式相对偏少。

二、“工业上楼”模式及其制约因素

“工业上楼”通常指的是高度超过 24 米或者层级达到 6 层及以上的高层厂房(或称之为高层工业楼宇)，通过立体式的产业载体模式盘活存量土地、溢出更多产业发展空间，使“亩均产值”更上一层楼。

(一)“工业上楼”模式应运而出

在政策层面上，通过市场倒逼方式，产业园区基于自身的瓶颈限制和发展需求开始探索自我转型更新模式。在产业升级、用地成本增加以及政府引导等多重要素推动下，深圳率先提出“工业上楼”理念，以珠三角为起源，2018 年起开始出台政策支持；长三角的杭州、嘉兴等地则寻求与企业主体合作探索新模式。深圳、佛山、东莞、青岛等多地已推出“工业上楼”政策或指引，对工业上楼建筑的层数、层高、建筑高度、单体建筑体量、承重、容积率及建筑设计要点等方面的具体指标进行不同程度的规范，打造“垂直工厂”、推动“工业上楼”得到倡导和鼓励，并开始逐渐标准化。

至今，国内“工业上楼”模式尚处于起步探索阶段，逐渐得到地方政府、社会各行各业关注。2021 年国家发展改革委发布了《国家发展改革委关于推广借鉴深圳经济特区创新举措和经验做法的通知》，在总结梳理深圳已复制推广的创新举措和经验做法第十条——“划定‘区块线’，保障工业发展空间”的内容中，提出要推广“工业上楼”模式，由此“工业上楼”在国家层面得到进一步认可和推动。

表 1　国内部分城市“工业上楼”相关政策办法及具体内容

城市	发布时间	政策或活动名称	具体内容
佛山	2018.11	《佛山市三水区乐平镇“工业上楼”扶持办法(试行)》	厂房层级须达到6层及以上，建设面积达到3万平方米以上，层高达到4.3米以上，承重能力满足0.75吨/平方米；“工业上楼”厂房提供先进的废水废气处理系统，实现废水废气集中处理，且确保环境保护和安全生产“双达标”
深圳	2019.7	《深圳市宝安区工业上楼工作指引(试行)》	建筑高度超过24米且不超过100米的厂房，四层及以上楼层荷载不低于650公斤/平方米，保证每个标准层至少设置2台载重3吨以上的货梯且每个生产单元至少设置1台载重2吨以上的货梯，每个生产单元套内建筑面积不得小于1000平方米，柱网轴线距离宜大于8.7米
苏州	2019.9	《苏州工业园区优化营商环境行动方案》	提高用房用地效率，鼓励地下(地上)空间开发，最大限度提高土地节约集约利用水平。鼓励工业上楼，提高产业用地容积率
青岛	2019.12	《城阳区加快高层工业楼宇经济发展的实施意见》	推动优势企业向高层工业楼宇集中，提高土地节约集约利用水平，占地30亩以上或总建筑面积5万平方米以上，鼓励50亩以上的成片开发，容积率原则上3.0左右，最低不得低于2.5
杭州	2019	拱墅区“走亲连心三服务”活动	支持杭钢集团推动工业上楼，携手打造产业高质量发展的新高地，研究制定扶持政策，加快启动招商引资
嘉兴	2020.4	《秀洲区政府与嘉实集团战略合作协议》	建立高标准工业园区暨“工业上楼”示范样板，建设若干“工业大楼”“垂直工厂”“两创中心”“中小微企业园”等新型特色产业园区
东莞	2021	《水乡功能区工业上楼产业引导指南》《水乡功能区工业上楼建筑设计指南(试行)》《水乡功能区工业上楼园区规划指南(试行)》	创新提出“工业上楼”五要素筛选模型、“工业上楼”导向产业目录，提出细分产业“工业上楼”适应性指南

(二)“工业上楼”模式制约因素

主要归纳为四大方面限制：一是楼宇本身的设计限制；二是上楼产业的限制；三是企业对于生产环境的严格要求；四是对于未来的处置问题。

设计限制：工业生产过程中，比较大型的设备由于自身的重量、体积问题对楼层的承重与层高提出了更高要求，高层工业厂房的安全问题需要摆在首位。高层工业厂房在规划容积率、建筑层高、楼板荷载、柱网间距、生产辅助设施等建筑工艺上，与传统工业厂房相比标准要高得多，对于配套服务设施等建设也要进行更加合理完善的设计。

产业限制：上楼的产业最好是“精密小轻”产业，产业要符合轻型生产、环保型、低能耗等特征，生产工业流程要相对简单，对室内空间尺度要求较小，内部物流管线较少。一般来说，工业上楼的企业要能够将重量较轻、震动小的生产设备迁移至高层，像高端智能制造业，主要是工业互联网、智能装备及机器人、物联网等企业；不是所有产业都适合上楼，例如农副食品加工、家具制造、金属制品等产业就不宜上楼。

环境限制：高层垂直空间量级拓展的同时，不同产业容易在同一楼层作业，但是部分企业由于生产条件较为苛刻，不适合在高层厂房进行生产活动。例如，生物制药方面的企业对于环境的要求比较高，制药的厂房需要无菌无尘的密闭生产空间，对周围的环境极为敏感，同时对楼层内的排气排水等管道设施的布设、楼层层高也有比较高的要求，因而不适合同其他工业生产放在同一栋大楼里。

处置限制：工业化时代热衷于高楼大厦，城市化进程不断加快，在园区土地面积紧缺的情况下，可以克服甚至是忽略高层工业建筑存在的弊端。未来作为历史遗留，在后工业化阶段和逆城市化现象出现时，高层工业建筑处置会面临很大的困难，在解决当前问题的同时又会带来新的难题，这也是部分城市对于“工业上楼”持谨慎态度的原因之一。

三、“工业上楼”的城市经验与经典案例借鉴

(一)顶级全球城市经验借鉴

1. 香港的探索：工业大厦再利用

背景：自20世纪60年代末至20世纪90年代期间，香港作为亚洲四个发展迅速的经济体之一，土地最为稀缺；此外工业厂房品质相对低端、配套不足、生产生活区混杂①，为充分利用发达国家向发展中国家转移劳动密集型产业的机会，吸引外国大量的资金和技术，利用本地廉价而良好的劳动力优势，

① 垠坤产业研究院：《从“工业上楼”的模式，看未来发展的趋势》，2020。

香港适时调整经济发展策略，适当进行各种拓展空间的尝试，通过工业大厦形式将低技术、劳动密集的纺织、轻工业等搬上高楼，七八十年代工业大厦逐渐达到建设高峰期。

工业大厦：香港轻工业快速发展的需求催生了大面积的高层厂房；众多10层以上的高层厂房，很多甚至超过20层，高度接近100米，地块容积率较高，通常可达3.0以上，能够使有限的城市土地上集聚更多产业发展空间。随着产业不断迭代更新，主要集中了电子、服装、玩具、珠宝、印刷、食品加工等产业。例如新海怡广场，高达24层，曾是香港电子生产的重要集聚地①，见证过往香港工业发展的繁荣。

活化政策：90年代之后，部分生产基地逐渐向成本更低的内地转移，使香港工业逐步空心化，大批的工业大厦闲置造成资源浪费。继2010年至2016年的首轮"工厦活化"计划之后，香港政府于2018年10月重启计划，利用现成载体工改商、工改居，注重发展立体空间，首次允许改造整栋旧工厦作为过渡性房屋使用，鼓励将工厦用作营商、创意产业等其他用途，在这基础上形成了独具香港特色的"楼上铺"现象，极大减少租金和青年创业成本，但随着工厦成功盘活、租金上升，间接打击艺术创意从业人员的生存空间，一定程度上背离了政府扶持创意产业的发展初衷。

2. 新加坡的实践：堆叠式厂房降成本

背景：根据新加坡工业化发展历程，在20世纪80年代工业基础逐步稳固后，开始重组经济结构。原来在郊外裕廊工业区等卫星镇工业区建设的低层厂房，发展服装加工、机械加工等产业；后来在引进新型产业、制造业朝高附加值转型的同时，政府逐步将这些低层厂房淘汰，提高土地容积率，引导企业迁移。这个时期，开始由裕廊集团通过建设堆叠式厂房向空中拓展空间。

堆叠式厂房：新加坡重工业比重大，中小轻工企业偏少，而重工业对建筑承重、建筑层高的要求非常高，要带有高抗震性能。堆叠式厂房是新加坡的工业园区在开发中遵循实现土地最高利用价值原则的体现，也是新加坡充分利用有限资源实现无限创造的对策之一，容积率大多在2.0—2.5，通常为4—9层，多以三层叠三层(3×3)最高为9层的形态组成。

有效降低成本：相对于土地价格，堆叠式厂房造价虽然比较高，导致建筑使用不经济，但依然值得。堆叠式厂房很好地提高了土地利用率，在一定程度上解决了园区中小型企业因租金、场地和运作等限制造成部分功能设施

① 刘曼云、石拓、桑万琛：《共享式工业上楼在产业园区规划设计中的应用》，中国城市规划年会会议论文，成都，2021。

分散的难题，同时能够减轻中小企业负担，满足中小企业生产、经营、仓储的一站式需要。

(二)国内园区经典案例参照

1. 深圳全至科技创新园

全至科技创新园是国内第一个“工业上楼”项目，以甲级写字楼和工业厂房双重标准打造，荷载 750 千克/平方米，超宽柱距 8.2 米，满足生产设备进驻，层高 4.2 米，共计 23 层 99.8 米，标准层面积约 5300 平方米，户型面积 593～1470 平方米，可自由组合，8 台智能高速客梯，6 台大型货梯，配置大型卸货平台，科学规划人车分流、人货分流，垂直运输能力极佳。项目利用城市更新的机会探索“工业上楼”模式，采用立体化优势打造多功能工业楼宇，为园区企业创造了大量的优质厂房。以该项目为开端，“工业上楼”模式在珠三角逐步推广。

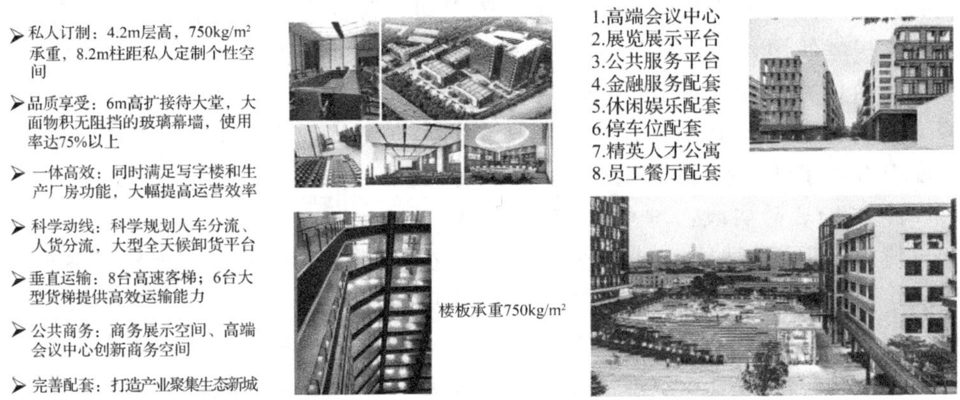

图一　深圳·全至科技创新园

2. 东莞松湖智谷

园区匠心打造“工业上楼”，工业大厦实现产品创新设计，着力解决层高、承重、隔振、吊装、物流等问题，引领“工业上楼”模式，全面满足工业时代智能厂房的需求，工业建筑一到三层层高 6 米，标准层高 4.5 米、一楼承重 1000 千克/平方米，楼上承重 750 千克/平方米，柱间距 8.4 米，每栋配备客梯、货梯共 5 台，全玻璃幕墙设计，并设置了吊装平台、卸货平台、大型货物中转平台、物流中转仓库等，核心模式是智能制造的“工业上楼”，实现“你的上下游就在隔壁那栋楼”的产业生态链，项目享受 50 年独立红本产权分割销售，企业在生产经营的同时拥有物业产权。①

① 数据来源：松湖智谷官网。

园区特色：1.完善的产业配套
2.优美的生态环境

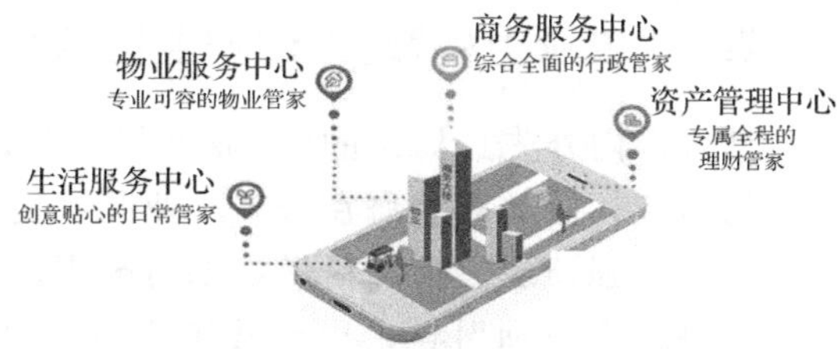

以PPP模式打造绿色景观

一座长在公园里的智造产业新城

园区以“产城融合、生态先行”的发展理念，采用PPP模式投入5.1亿元，在香市科技产业园内打造2公里滨水长廊景观带、三大市政公园（滨江公园、市政公园、原生山体公园），绿化总面积达到16万m²。6纵7横园区道路网络，产业园能够享受到都市的绿色生态休闲。

图二　东莞·松湖智谷

3. 联东U谷·夏庄智造园

夏庄智造园是青岛城阳区作为“工业上楼”先行区的标杆，是山东省首个高层工业楼宇项目，规划总建筑面积约15万平方米，首层层高6米，以上层高4.2米，荷载750千克/平方米，柱距8米，宽敞灵动，自由组合，主力产品为600—6000平方米多重体量、多种空间的户型，满足不同企业需求，方便企业功能区划分。园区集研发中试楼、标准厂房、定制厂房、配套设施等业态于一体，聚力打造高端产业聚集区，吸引以智能制造与高端装备、分析仪器组装及检测、电子信息、新能源环保行业、生物医药产业等为主导的新兴战略产业。

联东U谷·夏庄智造园，是城阳区在山东省出台《加快高层工业楼宇经济发展的实施意见》的政策指导下，积极探索创新新旧动能转换方式，实践产业升级的重要项目。首个开工建设的工业楼宇项目，总投资约6亿元，项目规划总建筑面积约15万平方米，容积率2.3，以智能制造与高端装备、分析仪器组装及检测、新能源与环保行业、新一代信息技术产业、电子信息、生物医药产业等战略性新兴产业为主导产业，将打造成聚合生产制造、研发设计、中试成果转化、产品展示和生产配套功能于一体的都市型产业集聚地

园区规模：15万平米　　业　态：厂房
容 积 率：2.3　　物业费：暂无数据
土地性质：工业用地　　产　权：50年
招商方式：租售　　开发商：联东集团
交　　通：项目距青新高速500米，胶东机场48公里，流亭机场7公里
配　　套：暂无数据；
项目地址：青岛城阳铁骑山路与康城路交汇处西南侧

联东U谷•夏庄智造园项目，投资方为北京联东集团（LIANDO），是一家集建筑模板、产业园区开发运营和金融投资为一体的集团公司

图三　青岛·夏庄智造园

四、“工业上楼”对上海产业园区更新的启示

结合国内外先进城市的“工业上楼”建设经验以及国内知名园区实际成功案例的借鉴，能够对上海在未来产业园区更新中提供一些新的启发。

(一)加强顶层设计和科学规划有效提高适用性

一是政府鼓励引导，出台政策文件，开展标准指引、技术规范等，突出“工业上楼”园区规划理念；二是在具体建筑垂直设计上，利用立体化空间优势，建设集科研、生产、办公为一体的分层式综合性多功能楼宇，同时可拥有会议室和多功能厅等，全面提升企业生产形象；三是在空间平面设计上，可以更加灵活，方便企业调整生产线布置，满足个性化需求；四是从物业生活服务、企业商务服务以及产业配套服务三大板块着手，建设完善的生活娱乐配套设施，升级周边生态环境，打破传统工业厂区的低端印象，塑造人文社区空间和高品质建筑空间融合的城市空间结合体；五是科学规划动线，实现人车、人货分流，配置大型卸货平台，实现高效垂直运输，配备大型载重货梯，满足企业运送设备仪器、材料产品需求，通过“工业上楼”实现园区形象提升。

(二)配套扶持政策促进社会多元化投资参与

一是鼓励多元化投资，各类投资开发公司、社会资本均可单独或联合开发建设，支持有工业地产开发建设经验的企业和投融资机构参与投资和运营管理；二是鼓励持有工业用地产权的企业，按工业综合体的标准和要求开发建设和运营，同时鼓励工业综合体按幢、层等固定界限为基本单元分割转让，租购并举周转灵活，减轻中小企业资金压力；三是对工业综合体每亩经济贡献分别达到不同层级的，按贡献给予运营管理机构一次性奖励等；四是对符合“工业上楼”的项目提供建设资金扶持、贷款贴息、租金补贴等。另外，在城市更新背景下，“工业上楼”项目符合资产和产业双重标准的，要能通过传统的投融资方式和产业扶持政策得到支持。

(三)形成合理工业楼宇价差能够增加吸引力

“工业上楼”存在明显的首层、中间层和高层，不同的企业对于楼层要求存在偏好，首层由于便捷的运输条件，以及在承重和实用性、安全性方面的优势，普遍更受工业企业欢迎，在售价和租金上相对要高，在大部分厂房售价或租金逐层递减的情况下，对于厂房空间要求较低的企业，可以选择高层以降低成本①，对于适合上楼的产业链上下游企业入驻给予优惠，发挥产业协同效应。另外，参考一些“工业上楼”的实践园区经验做法，工业综合体基础

---

① 亿翰智库：《工业上楼专题研究：实践、机会、与思考》，2021。

设施配套费实行第一层全额征收、第二层减半征收、第三层及以上免征，也是一种有效消除企业顾虑，吸引企业入驻的方式。

(四)以产业空间的实际需求为导向因地制宜

“工业上楼”虽对解决大量优质产业的空间资源限制问题有重大实践意义，区域限制少，适用范围广，可试点推广，但不可简单复制，要结合产业和空间发展需求，一是基于产业符合“上楼”标准的原则，筛选出产业空间紧缺的低效用地用房分布区，或是结合远期预留的产业用地是否符合“向天空”要发展空间的建设条件，进行“工业上楼”规划，明确产业招商方向，实现供需对接；二是高层工业建筑在层高、承重方面设置的标准要适宜，在安全隐患方面要论证分析减少企业担忧；未来高层工业建筑作为历史遗留，在处置方面的问题也要前瞻性谋划；三是解决当前用地瓶颈的同时要考虑高层厂房的长期持续招引项目情况，避免人去楼空现象；四是在城市的中心区域不断向外延伸拓展过程中，高层工业厂房办公化现象值得关注，当“工业上楼”发展到一定阶段，通过城市更新条例，在合适时期依法探索支持工业楼宇转变用途方式，使高层工业建筑在未来有增值空间。

园区巡礼习经验

英国自由港计划分析

黄相宜　周思勰

一、英国自由港简介

在英国步入英欧双边关系谈判的“脱欧”阶段后，英国政府于 2020 年公布了《自由港咨文：促进英国各地的贸易、就业和投资》，宣布将在全国各地设置多达 10 个自由港并拟于 2021 年起投入运营。自由港旨在成为英国进行全球贸易投资的商业枢纽，吸引新企业并鼓励投资、创造就业并促进创新，促进英国成为倡导贸易的开放外向型国家。至今其新自由港建设已取得了初步成效。

表 1　英国自由港计划大事件时间表

时间	事件
2020 年 2 月至 10 月	英国政府在公布了《自由港咨文》后开始向社会公众征求意见和建议，截至 10 月共收到 364 份咨询建议
2020 年 10 月	英国政府在网站上公布了对咨询的回应，且围绕新自由港法案提出了下一步措施和更多的细节
2020 年 11 月 16 日	英国政府在上发布完整的招标说明书。投标者须向现住房和社区发展部(Department for Levelling Up，Housing and Communities，DLUHC)提交标书，以便进行评估
2021 年 2 月 5 日	新自由港招标截止
2021 年 3 月	英国政府公布了 2021 年的预算案，包括东米德兰机场、费利克斯托和哈里奇、亨伯地区、利物浦城市地区、普利茅斯、索伦特、泰晤士河和提赛德这 8 个位于英格兰的中标自由港名单(比政府原先预期的 7 个增加 1 个)。英国政府还表示希望在威尔士、苏格兰和北爱尔兰各建立至少 1 个自由港
2021 年 10 月	2021 年英国政府的秋季预算宣布第一个税收地点将在亨伯河(Humber)、提赛德(Teesside)和泰晤士河(Thames)
2021 年 11 月 19 日	英国第一个新自由港——提赛德(Teesside)自由港正式投入使用

自由港(Freeport)是具有海关特殊监管区域特征的特殊港口。企业可以在一个国家的陆地边界内开展业务，但适用不同的海关安排和税收规则，从而减轻行政负担和关税约束。英国的自由港是提供一系列经济激励措施的特定地区，这些措施包括与税收、海关、商业费率、规划、再生、创新、贸易和投资相关的激励措施。新自由港将因地制宜建设，并包含三个基本的共同地理要素：最大直径可达 45 公里的地理范围(区域内至少包含 1 个海运、空运或铁路港口)、最多 600 公顷的税务地点(最多可分为 3 处)和没有规模或数量限制的海关封关区域。按照已经公布的措施和英国女王的演讲内容，英国的新自由港将简化常规海关管理程序以提升贸易效率，区内相关企业将享受系列关税和税收优惠，新自由港还有机会获得价值高达 1.75 亿英镑的基础设施基金。

二、新自由港政策出台背景

(一)英国"脱欧"的新形势

在 2020 年出台新自由港法案之前，英国曾于 1984—2012 年间在全国设立了 7 个自由港，但设立这些自由港的法例在加入欧盟后并未更新延续，有观点认为，欧盟在国家援助和单一市场等方面的规则限制了英国这些自由港的发展。英国"脱欧"后，重获了完全独立的贸易自主权，决定制定更具雄心的新自由港模式，让全国各地都可以受益于新的贸易良机，同时促进地区发展平衡、创造就业及创新。英国"脱欧"一方面有助于英国与非欧盟国家，尤其是美国和亚洲国家进行贸易并达成双边贸易协定，一方面也让英国失去了几十个欧盟已经生效的自由贸易协定及正在谈判中的自由贸易协定。新形势下英国必须要寻找国际贸易的新窗口和新契机。2021 年 11 月 19 日，英国第一个新自由港——提赛德(Teesside)自由港正式投入使用，许多媒体将其报道为"脱欧"带来的胜利。

(二)约翰逊政府的执政计划

新自由港计划最早由英国前任首相鲍里斯・约翰逊(Boris Johnson)在参加首相竞选期间提出，在成为首相后首次演讲中约翰逊也提到了新自由港，他认为这是"脱欧"给英国带来的机会，将会创造成千上万个工作岗位并提升英国的经济发展。约翰逊政府积极推动新自由港政策落地，这一计划也得到了英国女王的支持和英国港口协会等社会机构的积极回应。英国原国际贸易大臣伊丽莎白・特拉斯(Elizabeth Truss)曾在 2019 年 8 月宣布英国政府组建新自由港专家咨询组，为英国"脱欧"后建立最多达 10 个新自由港提供建议；题为《落实脱欧并释放英国潜力》的《保守党和联盟党 2019 年宣言》也提及执政党希望利用英国"脱欧"的机会在全国各地建设新自由港，并将推动其成为创新中心并惠及各地区。

(三)后疫情时代的经济复苏要求

在新冠疫情蔓延全球的背景下，供应链和价值链都发生了巨大的变化，英国也面临着疫情对制造业、服务业带来的严重冲击。根据英国国家统计局等公布的数据，英国已经错过了2021年快速复苏的窗口期，需要在明年一季度有超预期表现才有可能恢复到疫情前的水平。在这一特殊时期，自由港对于新企业的吸引、带来的贸易投资机遇、为相对落后地区创造的新工作机会和带动周边形成创新产业集群等潜在的利益都是英国大力发展自由港的重要原因。

三、英国新自由港基本政策

(一)政策目标

1. 三大核心目标

英国政府在最初的咨文中提出了对新自由港的三个政策目标：①提升经济开放度：通过促进贸易和投资活动以及创造更多经济活动来强化英国港口经济的影响力，打造全国性**全球贸易中心和投资中心**。②促进地区转型升级：实现重振经济活动和就业，在港口和周边地区创新高技能工作机会，优先发展最贫困地区、**解决地区间发展不均衡的问题**，提升英国经济发展水平，尤其是在后疫情时代加快经济复苏。③强化区域科创能力：打造创新活动的策源地，创造充满活力的商业环境，为新思想提供资本和试验基地，吸引新企业和创新投资，提升**区域创新能力和生产力**。

2. 绿色发展导向

此外，在气候变化问题愈加受到关注的背景下，后疫情时代的**绿色经济、绿色发展**也是自由港经济发展的重要目标。英国希望通过在自由港发展离岸风能等创新产业推动绿色复苏，在提赛德自由港等可以实现经济增长与洁净增长计划的并存发展，以提升英国在新产业领域的影响力和引领国际绿色复苏方面的话语权。

(二)体制机制

1. 自由港的中央管理部门

自由港政策主要由英国政府的财政部和原住房、社区和地方政府部设计，现住房和社区发展部(原住房、社区和地方政府部)主要负责评估投标的工作。国际贸易部，商业、能源和工业战略部以及边境部队等多个部门也将参与其中。英国新的自由港将采用**因地制宜和灵活的模式**，把悉心制定且覆盖全面的税务措施、规划改革、支援服务和融资安排与海关区域结合起来，应对并解决新挑战，以确保所有地方都有机会以最适合当地经济地理的方式建设自由港。

2. 自由港的运营机制

自由港计划采取**多元化合作模式**，两个或以上不同类型的港口可以相互合作，还可以**使用数字技术**将多个港口和现有的企业相联系。自由港运营采取市场化投标的方式，要求投标人提出建立自由港作为合作中心的建议，他们将要在竞标方案中提出如何实现自由港三个重点目标、如何实现公私合营、需要何种以及如何利用政府部门提供的融资、其治理结构如何确保地方政府对支出和管理公共资金负有责任等具体内容，例如和本地政府开展合作的计划、使用创新资金的计划、利用本地现有的条件升级产业的方式、创造就业岗位的途径等。值得注意的是，在招标方案中，每个自由港还需要**侧重发展符合当地资源禀赋特征的产业**：如曼彻斯特聚焦于生物科学产业，提斯河谷(Tees Valley)则主要发展先进制造业。

根据自由港的本地交付方式，英国政府提倡**公私合并的管理方式**。**运营方**由专业化私营开发公司、地方政府、大学等创新利益相关者和其他经济伙伴一同组成，各方平等合作。竞标运营方是实现英国政府将自由港建立成为创新策源地的关键，自由港内部私营部门主导的科技和创新内容也将成为其更新升级的重要部分。自由港税区将建立委员会，有条件地通过获取其他公共资金或通过税收增量融资提供额外的投资。而地方政府也被要求成为联合竞标运营方的一部分，参与编制投标书并提供支持实施地方发展令(LDO)或类似机制的声明，治理机构内的一个或多个地方当局还将对现住房和社区发展部负责公共资金，尤其是自由港的种子资本的支出和管理。

3. 自由港基础设施建设政策

英国政府还根据《国家港口政策声明》阐释了新自由港的**基础设施建设**要求。在政府许可下，港口经营者可以调整机场和海港的布局，企业可以将建筑物用于港务服务及相关活动；英国政府还通过颁发特定类型的开发许可等方式简化流程。而对位于苏格兰、威尔士和北爱尔兰的自由港规划，英国政府也秉持因地制宜的原则和当地政府进行合作，对税收、海关安排和规划等方面进行完善。

4. 自由港绩效评估

自由港**绩效的评估**将主要根据英国政府提出的三个目标开展。“全球贸易和投资的中心”(对外开放度)通过增加的贸易吞吐量和增加的自由港区域内、周边区域及全国范围内的投资总额衡量；“促进再生、创造就业”(促进地区转型升级)通过增加自由港周边贫困地区的工作机会和平均工资，以及高附加值活动的经济专业化程度衡量；“科创策源地”(强化区域科创能力)则通过增加地方对创新研发的参与资助、提高目标地区的生产力与吸收创新的能力来衡量。

此外，**环境影响评估**等也是自由港评估的重要内容，政府在投标提议中表明欢迎能促进英国脱碳和净零的企业，并要求投标者说明其运营计划如何在2050年或更早之前实现净零碳排放。投标之前和运营之后都将进行环境评估，并涉及碳排放、空气和水污染等方面。

(三)特殊政策

1. 海关政策

英国政府新自由港政策的核心是一个雄心勃勃的新海关模式，该模式借鉴了国际优秀案例的做法并结合具体国情适用于英国现有的海关安排。企业可以在自由港免关税进口货物并将其加工成最终产品，然后，或是支付英国关税并在国内市场进行销售，或是直接出口到其他国家。英国政府也将在安排关税优惠政策和保证贸易救济体系、政策等效果两方面寻求平衡。

新自由港计划在选址、海关申报、国内市场货物入港和相关商品税收安排四个方面进行了规定。新自由港的**选址**可以和港口相邻，也可以位于内陆(但运输过程需要获得海关保证作为保险形式)，政府部门会对自由港区域内地点的使用等进行监督和管理。英国政府计划通过库存控制、货物监控系统等**简化海关申报过程**，并加强对自由港运营商的货物抽查和资质审核。在**国内市场货物入港和相关商品税收安排**方面，能在英国自由流通且不受海关管制的国内商品可以被自由港企业带入自由港，更新至自由港管理系统，并用于制造过程(但武器等需要管制的商品在报关时仍要遵循相应的特殊规则)。政府在计划方案中详细说明了海关运作的具体规定，明确投标者和运营方的主体责任。

2. 税收政策

相较于2012年之前的自由港只能提供关税优惠，新自由港计划的**税收优惠涵盖范围更广**。英国政府期望新的税务地点能建立在经济相对不发达的地区，以通过促进投资增长和创造就业岗位的方式挖掘这些地区的经济潜力，促进区域均衡发展。英国政府计划减免自由港内的土地印花税(SDLT)、雇主国民保险费(NICs)税率和商业税率以鼓励私营部门增长。

英国政府的自由港计划中大部分货物享有四个核心税收福利：一是**暂停征税**，即商品在进入英国国内市场后、而不是在自由港交税；二是**关税倒置**，这是指当自由港地区的企业准备让货物进入英国市场前，如果成品的进口关税低于其零部件的进口关税，自由港公司只需支付较低的进口关税后就可以向英国国内市场发货；三是**再出口免税**，进口至自由港并在港内加工制造出口的商品无需缴付英国进口税；四是**海关程序简化**，尽管英国海关仍会对货物的进出口进行跟踪，但与完全进入英国市场相比海关程序更轻松。

另外，英国政府计划对自由港税区内的部分商业场所提供高达100%的**商**

业税减免，并在受益人首次获得减免起 5 年内均适用。符合条件的公司能够向当地政府申请获得这一减免，政府将资助这笔费用。

3. 转型升级政策

相较于 2012 年前仿照欧盟模式的自由港，英国政府认为新的自由港将更突出**定制**的特质，国家、地方当局、港口和国际投资者需要共同参与其中，并确保全国各地均能从中获得经济效益以更好地实现地区平衡和社会公平。英国政府也要求自由港的运营方在创造新就业岗位时需要确保不创造新的失业，鼓励"全新"的经济活动。

英国此次的新自由港计划突出了**基础设施建设的重要性**，英国政府将提供额外的特定用途资金改善自由港区域的基础设施，以推动社区升级及增加就业机会；政府还将继续加强港口的连通性，提升自由港对周边地区的发展带动作用。为了更好地吸引新企业和投资者，英国政府还提供咨询服务并与自由港周边地区合作提供保障住房服务。

4. 科创政策

新自由港政策制定了更加简化的规划程序，强调监管的灵活协作以吸引创新投资、促进再开发和创新，通过税收、种子资金、地方贷款、创新资助、规划环境、良好治理等获得的私人投资也将促进研发创新。计划还规定当地政府和投标者等主体需要关注公私合作与商业化、新技术的开发测试和应用、种子资金的使用等问题。

其创新激励政策主要包括以下方面：一是给予企业**全方位的咨询服务支持**，英国政府邀请当地创新企业、初创公司与自由港的运营商、企业、大学等合作，为自由港运营提供全面的解决方案，涉及安全领域、货物存贮追踪等问题。二是**政府和学界开展合作**，研究提升港口的效率和影响力。三是创建支持**新技术新流程测试的"监管沙箱"**(Regulatory Sandbox)。其原理类似于我国先行示范区、试点开发区，这是英国政府于 2015 年首次提出、为促进金融创新、降低风险并保护金融消费者而创建的一个监管框架，其旨在试点示范新兴金融科技创新，有效消除技术实施的障碍，促进企业测试应用新技术，为科创提供空间。四是政府将**向社会各界征询**促进自由港数据共享、促进区域创新的分析与建议。五是**支持脱碳环保目标**，企业可在自由港内测试绿色技术，并在成功试点后向全国范围推广。

5. 支持政策

英国政府已经通过**数次资金拨款**给予自由港建设多方面支持，如 2020 年 10 月宣布的价值 1.6 亿英镑的绿色能源基金将用于升级港口和基础设施，作为使英国成为世界绿色能源领导者计划的一部分；2020 年 10 月宣布的 2 亿英镑的港口基础设施基金将用于港口在现有的站点上建设新的基础设施，以便处理新的边境运营模式下的海关要求；2020 年 6 月宣布的 9 亿英镑的“获得建设基金”将用于投资现成的住房和基础设施项目，创造就业机会，支持全国各地的经济复苏。

英国政府还通过税收、增强结构和建筑物津贴（SBA），强化资本津贴（ECA）等津贴给予自由港**补贴支持**。这些补贴需要符合英国国内的补贴原则和北爱尔兰的国家援助义务，同时需要符合英国在世贸组织的补贴控制义务、英国与欧盟的贸易与合作协定（TCA）中的补贴原则。政府也将在适当的时候为如何通过补贴支持相对落后地区的发展提出更详细的指导意见。

除资金之外，英国政府还为运营商提供多方面的支持。国际贸易部将和中标者合作，提供可行的贸易投资相关的业务支持。政府部门将向每个自由港提供少量短期资金以帮助和协调其初期运营的地方治理成本。政府还将集中签订一些额外的支持合同以帮助自由港解决开发治理结构等方面的挑战。

6. 其他政策安排

英国政府将借鉴国际经验，加强港口安检，**防止走私洗钱**等港内非法活动发生；加强监督港内高价值商品，**防止和打击避税逃税**等违法行为；打击自由港内侵犯知识产权的行为。此外，英国政府还将有机结合国际标准和国内现实，在进行保障时对商业、大众利益、不同群体之间的公平正义和环保等方面进行综合评估，以实现更好的评价效果和更简化的流程的平衡。

附件一

英国自由港运作的逻辑模型（包括投入、产出和三个重要目标的结果）

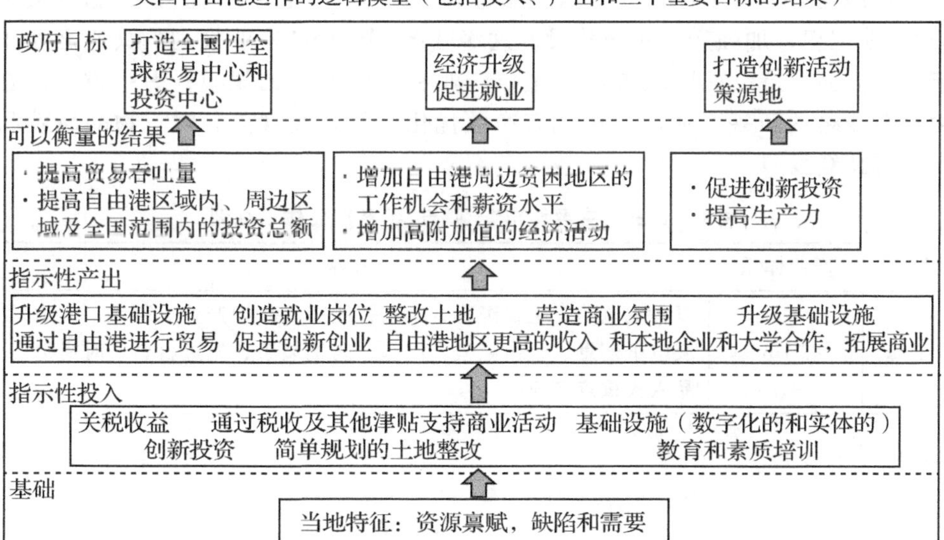

图一 英国自由港运作的逻辑模型

长三角主要城市“十四五”产业规划对比分析

江肖凡　周思勰

2021年，各省市陆续出台“十四五”产业规划。本文选取了长三角地区7个主要城市——上海、江苏南京、江苏苏州、江苏无锡、浙江杭州、浙江宁波、安徽合肥——作为分析对象，对其“十四五”产业规划中重点产业的现状及2025年产业目标规模进行对比分析，预测2025年长三角地区可能形成的产业发展格局。

一、长三角主要城市“十四五”产业规划

长三角各城市形成了“十四五”特色产业体系规划，上海着力打造“3＋6”产业体系，以集成电路、生物医药、人工智能三大先导产业为引领；南京以打造“4＋8＋X”产业格局为主攻方向，做大做强四大支柱产业和8条优势产业链；苏州集中打造十大优势产业链；无锡集中于“4＋6＋5”产业结构，将地标产业、优势产业和未来产业作为重中之重；杭州形成“4＋4”产业体系，目标建设成为长三角高端装备制造业引领区、全国重要的高端装备制造业基地；宁波在深化246万千亿产业集群建设基础上，强化“五个一批”；合肥重点实施2833工程，加强产业集群建设。这些城市“十四五”产业规划的共通之处在于：一方面，持续巩固城市现有主导产业和优势产业的规模；另一方面，着力打造战略性新兴产业，推进现有产业优化升级，实现人、财、物的高效利用和可持续发展。

表1　长三角主要城市“十四五”特色产业体系规划

城市	产业体系	内容
上海	“3＋6”	以集成电路、生物医药、人工智能三大先导产业为引领，大力发展电子信息、生命健康、汽车、高端装备、先进材料、时尚消费品六大重点产业

续表

城市	产业体系	内容
南京	"4＋8＋X"	四大支柱产业：电子信息、汽车、石化、钢铁；8条优势产业链：新医药与生命健康、智能制造装备、集成电路、智能电网、软件和信息服务业、人工智能、新能源汽车、轨道交通；未来新产业：未来网络与通信、基因技术、类脑智能、氢能与储能、第三代半导体、前沿新材料、区块链、量子信息
苏州	集中打造十大优势产业链	主攻生物药、半导体和集成电路、软件和信息服务、智能网联汽车、智能制造装备、高端医疗器械、机器人、光通信、高端纺织、钢铁新材料等十大重点产业链
无锡	"4＋6＋5"	全力打造物联网、集成电路、生物医药及医疗器械(材)、软件与信息技术服务业四大地标产业，建设具有国际影响力和竞争力的产业集群；做大做强高端装备、高端纺织服装、节能环保、特色新材料、新能源、汽车及零部件等六大优势产业，建设全国有影响力的重点产业集群；加快布局人工智能、量子科技、化合物半导体、氢能及储能、深海装备等五大未来产业
杭州	"4＋4"	做大做强现代物流装备、机器人与智能制造装备、节能与新能源汽车及先进交通装备、光伏及新能源装备4个千亿级产业；做优做专高效节能环保装备、现代医疗设备与器械、高端船舶装备、关键基础件4个百亿级产业，建设成为长三角高端装备制造业引领区、全国重要的高端装备制造业基地
宁波	在深化246万千亿产业集群建设基础上，强化"五个一批"	一是做强汽车及零部件、绿色石化、新材料、高端装备等一批优势产业；二是做大新一代信息技术、关键基础件、生物医药、节能环保等一批新兴产业；三是提升时尚纺织服装、智能家电、文体用品等一批传统产业；四是壮大软件和信息服务、智能制造工程服务、技术研发、工业设计、检验检测认证、现代供应链服务等一批制造服务业；五是布局人工智能、深海空天信息、氢能与储能、柔性电子、区块链、基因技术等未来产业
合肥	2833工程	打造新一代信息技术、汽车和智能网联汽车2个五千亿级产业集群，打造家电和智能家居、高端装备制造、节能环保、光伏新能源、生物医药和大健康、新材料、绿色食品、创意文化8个千亿级产业集群，打造3个千亿级龙头企业，培育300个左右专精特新"小巨人"和"冠军"企业

二、长三角主要城市重点产业现有规模对比

根据2021年上海、南京、苏州、无锡、杭州、宁波、合肥7个城市的国民经济和社会发展统计公报，梳理2020年7个城市在生物医药、集成电路、软件和信息服务、人工智能、新能源汽车5个现有重点产业的规模。

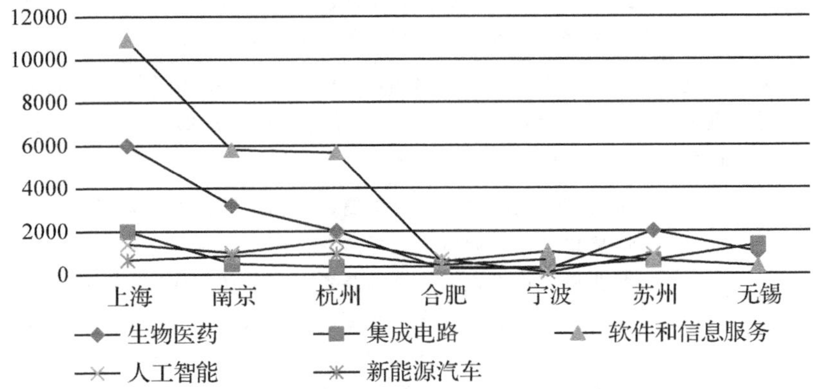

图一　2020年长三角主要城市现有重点产业规模(亿元)

2020年，长三角7个城市**生物医药**产业总规模约为1.5万亿元，**集成电路**产业总规模超过5000亿元，**软件和信息服务**总规模达到2.5万亿元。除去无锡没有人工智能产业数据外，长三角6个城市**人工智能**总规模超过5000亿元。苏州、无锡没有新能源汽车产值数据，其他5个城市**新能源汽车**产业总规模达到3500亿元。

从长三角7个城市在生物医药、集成电路、软件和信息服务、人工智能、新能源汽车5个产业的现有规模来看，**上海**在生物医药、集成电路、软件和信息服务3个产业上具有明显优势，行业规模占比均超过35%；**南京**在生物医药、软件和信息服务、新能源汽车3个产业上处于优势，规模占比均超过20%；**杭州**在软件和信息服务、人工智能、新能源汽车3个产业上具有优势，其中，在人工智能领域规模占比为首位，达到28%；**合肥**在人工智能、新能源汽车产业上的规模占比较其他3个产业要高，而在生物医药、软件和信息服务产业上的占比均仅为2%，在长三角产业现有规模中稍显弱势；**宁波**除了新能源汽车产业规模占比约为20%外，其他产业占比都为个位数，在生物医药、人工智能领域的占比仅为1%；**苏州**在人工智能领域有细微优势，现有规模占比超过15%，软件和信息服务行业规模占比最低，仅为3%；**无锡**在集成电路领域的优势高于其他行业，现有规模占比为25%，排在上海之后，但在软件和信息服务领域规模占比最低，仅为1%。

从5个**产业现有布局**来看，2020年长三角主要城市软件和信息服务产业的总规模最高，达到2.5万亿元，新能源汽车产业规模最低，原因可能有二：一是新能源汽车领域2020年的统计数字只包含了5个城市；二是新能源汽车近年刚形成发展热点，行业仍处在起步阶段。不同城市的产业布局差别较大。**生物医药**产业以上海为龙头，南京、杭州、苏州带动引领行业发展，行业规模均达到千亿级别。软件和信息服务产业城市间规模数值差距最大，上海软件和信息服务业达到万亿级别，无锡目前在软件和信息服务业上规模最低，不到400亿元。**集成电路、人工智能**领域的单极优势不明显，多城市共同进步，其中上海和无锡集成电路产业规模达到千亿，其他城市集成电路产业还处于初级发展阶段。**新能源汽车**产业形成多头竞争的局面，现有规模占比最高的杭州为27%，超过900亿元，合肥最低为11%，城市之间的规模占比较为均匀。

三、长三角主要城市“十四五”产业规划重点产业规模对比

根据上海、南京、苏州、无锡、杭州、宁波、合肥7个城市“十四五”产业规划的内容，将长三角地区主要城市在生物医药、集成电路、软件和信息服务、人工智能、新材料、高端装备制造、新能源汽车7个规划重点产业的目标规模进行对比。

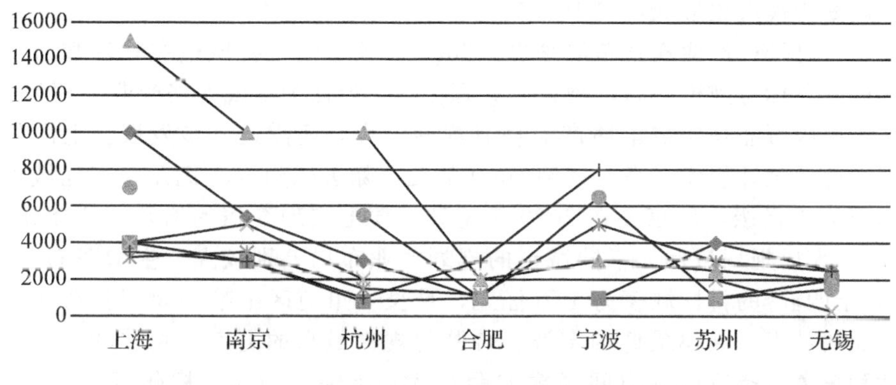

图二 长三角主要城市“十四五”规划重点产业规模(亿元)

“十四五”末，长三角7个城市生物医药产业规划总规模预计达到2.7万亿元，集成电路产业总规模预计突破1.3万亿元，软件和信息服务产业总规模预计达到4.5万亿元，新材料产业总规模预计达到2万亿元。宁波对人工智能产业还未出台明确的发展政策，预计规模不明，其他6个城市“十四五”

末人工智能产业总规模预计突破 1.5 万亿元。南京未明确高端装备制造产业规划产值，其他 6 个城市“十四五”末高端装备制造产业总规模预计达到 2.3 万亿元。除苏州外，其他 6 个城市“十四五”末新能源汽车规模预计突破 2 万亿元。

“十四五”末，**上海**在生物医药、集成电路、软件和信息服务、人工智能 4 个产业上具有明显优势，行业规模占比均超过 30%，且高于第二名规模占比约 10%以上；**南京**人工智能领域的目标规模最高，占比 33%，在生物医药、集成电路、软件和信息服务、新材料 4 个产业中的目标规模在这些城市中排名均为第二位，占比均为 20%左右；**杭州**在软件和信息服务、高端装备制造 2 个产业上具有优势，占总规模的比例均高于 20%，但在集成电路、新材料、新能源汽车 3 个产业上的目标规模占比稍显弱势；**合肥**新能源汽车产业的规模占比较其他 6 个产业要高，超过 10%，占比最低的为高端装备制造产业，仅为 4%；**宁波**新材料、高端装备制造、新能源汽车 3 个产业的规划规模占比均超过 20%，且在新能源汽车领域的规划规模最高，占比 38%，高于第二名上海规划规模的 21%，但生物医药、集成电路、软件和信息服务 3 个产业的规划规模占比均为个位数；**苏州**生物医药、新材料 2 个产业的规划规模占比高于其他产业，均为 15%，在高端装备制造领域的规划规模最低，占比仅为 4%；**无锡**集成电路领域的规划规模占比超过其他行业，为 16%，在人工智能领域规划规模占比最低，仅为 2.5%。

从**“十四五”产业规划布局**来看，2025 年长三角主要城市在软件和信息服务产业的目标总规模最高，预计 4.5 万亿元，最低为集成电路产业，约为 1.3 万亿，原因可能是集成电路产业现有规模不大，还需进一步发展。上海集成电路产业的预计规模最高，达到 4000 亿元，除去杭州 800 亿元，其他城市的目标都为千亿级，南京要在 2020 年基础规模上实现 5 倍的增长，才能在“十四五”末完成规划目标。不同城市的规划产业布局差别较大。**生物医药**产业，上海“十四五”的目标规模为 1 万亿元，是长三角地区中唯一规划打造成万亿级产业的城市。规模最低的宁波、合肥与规模最高的上海，相差 9000 亿元。**软件和信息服务**行业城市间规模差距最大，上海、南京、杭州都预计“十四五”末达到万亿级别。上海目标产业规模达到 1.5 万亿，规模最低的合肥、苏州与规模最高的上海有 1.3 万亿元的差距，无锡距离 2000 亿元的规划目标要在现有规模基础上实现 4 倍的增长。在**人工智能**领域，南京 2025 年目标规模最高为 5000 亿元，为现有基础的 5 倍，除去无锡市规划目标为百亿级别，其他城市目标规模均为千亿。在**新能源汽车**领域，宁波目标规模最高，达到 8000 亿元，在长三角主要城市中占据 38%。杭州的目标规模最低，仅有 1000 亿元。**新材料、高端装备制造**领域，宁波新材料产业的预计规模最高，为

5000 亿元，在长三角主要城市中占据 25%，这将打破上海在产业规模上独占龙头的局面。上海高端装备制造产业目标规模最高为 7000 亿元，在长三角主要城市中占据 31%，宁波紧随其次，目标规模 6500 亿元，将促成长三角地区高端装备制造产业的双城引领局面。

四、长三角主要城市“十四五”重点产业布局预测

对比长三角 7 个主要城市在生物医药、集成电路、软件和信息服务、人工智能、新材料、高端装备制造、新能源汽车七大产业的发展现状及“十四五”目标规模，对 2025 年长三角主要城市间可能形成的产业格局进行预测。

(一)产业规模

1. 长三角主要城市产业发展重点方向

总体来看，在“十四五”末，长三角主要城市在不同产业间将形成交错优势局面。**上海**生物医药、集成电路、软件与信息服务产业发展目标都远超其他城市，这与其制造业高质量发展规划中的 3 大先导产业目标相符。**南京**将以人工智能产业带动绿色智能汽车产业、高端智能装备产业等相关产业发展。**杭州**“十四五”末将在软件和信息服务、高端装备制造 2 个产业上具有优势，与其目标“建设成为长三角高端装备制造业引领区、全国重要的高端装备制造业基地”相符。相较于其他产业，**合肥**新能源汽车产业的目标规模占比最高，符合其打造汽车和智能网联汽车成为五千亿级产业集群的发展规划。**宁波**新材料、高端装备制造、新能源汽车产业的规划规模占比较高，与其 246 万千亿产业集群和“五个一批”规划中做强汽车及零部件、绿色石化、新材料、高端装备等一批优势产业的目标相符。**苏州**在几类产业中的规模占比差距不大，得益于其集中打造十大优势产业链，均衡发展。**无锡**集成电路产业相比其他产业占总规模比例高，在“十四五”末将成为其地标产业之一。

2. 长三角重点产业规模变化

从产业来看，“十四五”规划中各产业发展规模要比现状翻一番，新能源汽车目标总规模为现有规模的 5 倍多，宁波在规划中的节能与新能源汽车规模为现有规模的 12 倍之多。其次为人工智能、集成电路行业，目标规模为现有的 2 倍多，生物医药、软件与信息技术服务行业的目标规模为现有规模的 1 倍多。

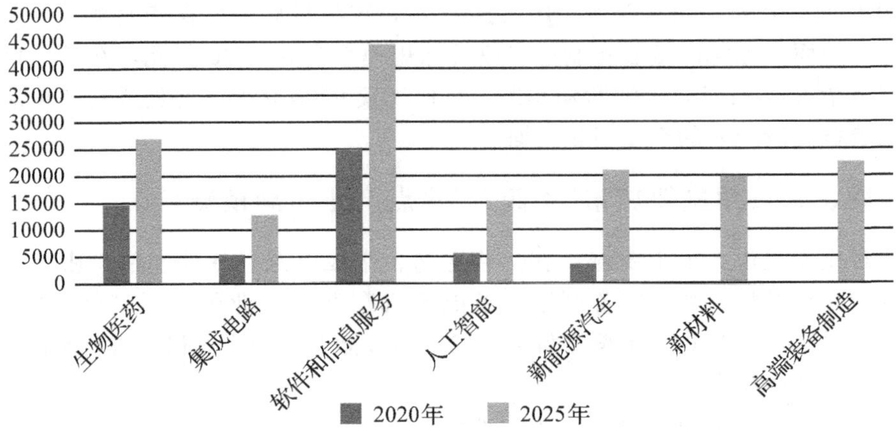

图三 长三角重点产业 2020 年规模与 2025 年目标规模对比(亿元)

注：长三角主要城市的新材料、高端装备制造产业未完整统计 2020 年规模，不参与比较

3. 长三角主要城市在产业规模中的占比变化

将长三角 7 个城市每个行业现有规模占比与“十四五”规划中的目标规模占比作比较：**上海**在人工智能领域的规模占比从 25%上升到 26%，但在生物医药、集成电路、软件和信息服务、新能源汽车行业的占比都有所下降。**南京**在集成电路领域的规模占比从 9%上升到 23%，人工智能领域的规模占比从 18%上升到 33%，两个产业的规模占比均大幅上升。**杭州**在生物医药、集成电路、软件和信息服务、人工智能、新能源汽车行业的规模占比都有所下降，新能源汽车的规模占比从 27%下降到 5%，降幅最大。相反，**合肥**在 5 个行业中的规模占比都得到提高，涨幅均为 2%左右。**宁波**在生物医药、集成电路、软件和信息服务、新能源汽车行业的规模占比得到提高，其中，新能源汽车行业从 19%上升到 38%，涨幅最高，规模占比翻一番。**苏州**在软件和信息服务行业规模占比从 2%上升到 6%，涨幅最高，但在集成电路、人工智能领域的占比都有所下降。**无锡**在集成电路产业规模占比从 25%下降到 16%，而在生物医药、软件和信息服务领域的规模占比都有所提高。

表 2 长三角主要城市产业现状与“十四五”规划占比

城市	产业				
	生物医药	集成电路	软件和信息服务	人工智能	新能源汽车
上海	↘	↘	↘	↗	↘
南京	↘	↗	↘	↗	↘
杭州	↘	↘	↘	↘	↘
合肥	↗	↗	↗	↗	↗

续表

城市	产业				
	生物医药	集成电路	软件和信息服务	人工智能	新能源汽车
宁波	↗	↗	↗	—	↗
苏州	↗	↘	↗	↘	—
无锡	↗	↘	↗	—	—

注：城市"十四五"规划中产业目标规模占长三角主要城市的产业规模高于现有占比，则为提高，反之降低

(二)产业发展特点

从"十四五"产业规划目标发现，长三角地区产业正向着智能化、专业化、高端化进步，到2025年产业发展将具有以下特点。

数字化发展。各城市在规划中都加强了对数字化的重视，让数字为产业赋能。以规划文件为例，《杭州市国民经济和社会发展第十四个五年规划和二〇三五年远景目标纲要》中，"数字"一词出现206次，《南京市国民经济和社会发展第十四个五年规划和二〇三五年远景目标纲要》中，"数字"一词出现71次，《上海市先进制造业发展"十四五"规划》中，"数字"一词出现33次。可见，产业数字化将成为"十四五"产业发展中的重要内容。

智能化发展。人工智能产业的特色在于，除去人工智能核心产业外，还能带动相关产业发展，实现产业规模倍增的局面。从长三角主要城市"十四五"规划的主要产业结构来看，智能化成为产业发展的一大亮点，例如，南京将"智能"融入不同产业，带动汽车、高端装备等产业向着智能化发展，产业出现融合趋势。

链条化、集群化发展。"十四五"规划中各城市更加注重产业链链条发展效应，同时优势产业龙头效应更加突出。苏州"十四五"规划直接将打造十大优势产业链作为产业结构目标，南京着力形成多个千亿级战略性新兴产业集群，宁波深化246万千亿产业集群建设，合肥重点打造数条千亿级产业集群，充分发挥资源高效利用优势。

地区间均衡发展。与2020年不同城市间形成的产业规模相比，2025年产业规模布局将更加均衡，不同城市在产业中的差距有所减小，城市间产业发展互相追赶，形成良性竞争局面。

(三)产业发展路径

根据各城市"十四五"产业规划相关文件，将其发展举措及主要任务进行对比，可看出，长三角主要城市在"十四五"规划中的产业发展重点在数字创新、产业结构优化转型、产业链集群等方面，并从组织领导、产业创新、制度改革、服务质量等着手为产业目标的实现形成有力保障。

表3　长三角主要城市“十四五”规划产业发展任务

城市	发展措施及主要任务
上海	加快产业数字赋能、提高产业创新能力、实施产业基础再造、推进产业链现代化、强化项目投资指引、培育卓越制造企业、促进产业人才汇聚、加快塑造产业名园、推进绿色低碳发展、服务双循环新格局
南京	大力推动传统产业转型升级、加快推进产业链高端化发展、聚力推动产业链重大项目和先进制造业集群发展、深入推进产业数字化赋能、加快实施工业双碳和能耗双控行动、做大做强“南京制造”品牌、着力培育专精特新企业和优质市场主体、提升建设产业重点载体和园区、主动服务双循环新发展格局、全面提升企业本质安全生产水平
杭州	强化高端产业引领，建设具有国际竞争力的现代产业体系。聚焦发展“5＋3”重点产业、推动制造业高质量发展、建设服务经济中心城市
合肥	构建现代产业体系，打造具有国际竞争力的产业集群。提升产业链供应链稳定性和现代化水平、促进产业迈向高端高新、建设长三角现代服务业中心、推进开发园区创新发展
宁波	优化稳定产业链供应链、持续提升工业基础能力、全力推动企业“四上”发展、加快工业互联网创新发展、加速推进产业扩量提质、着力补齐数字经济短板、深入推动服务型制造发展、积极推进全域产业治理、全力打造质量品牌强市、优化完善产业发展生态
苏州	以产业链、供应链融合推动质量联动发展，以数字化、智能化推动质量水平提升，以高标准、优品质丰富质量品牌发展内涵
无锡	实施先进制造业集群培育工程，提升产业链现代化水平；实施自主创新体系构建工程，提升产业创新能力；实施产业基础再造工程，推进产业基础高级化；实施融合发展工程，促进产业数字化服务化转型；实施绿色安全集约发展工程，推动制造业可持续发展；实施内外开放合作工程，加快融入双循环新发展格局

长三角华山论剑，谁才是亩产真英雄？

——长三角主要城市亩均产值比较

周思勰

随着各地的统计公报逐渐出炉，长三角地区 2021 年万亿 GDP 城市俱乐部的名单与 2020 年的基本没有发生变化。上海、苏州、杭州、南京、无锡、宁波、南通、合肥等八城成为 GDP 过万亿的城市，其中苏州以工业总产值过 4 万亿元，成为长三角地区工业经济的领头羊。

进入新时代，新发展理念需要我们在注重经济总体规模和总产出的同时，更加重视经济生产效率，重视“四个论英雄”，即“以亩产论英雄、以效益论英雄、以能耗论英雄、以环境论英雄”，提升经济密度和经济效率。尤其是长三角过万亿 GDP 的城市，都必须走出以经济总量衡量工作成绩的旧思路，更加重视经济密度。如果这些城市进行“华山论剑”的话，比拼亩均工业产出才更为合理，更符合新时代的新发展理念要求。

一、亩产论英雄理念在长三角的传播

亩产论英雄概念最早得益于习近平总书记任浙江省委书记时的“八八战略”，由浙江省首创。2006 年上半年，原绍兴县(现绍兴市柯桥区)为贯彻落实“八八战略”，建立了以亩产效益为考核导向，注重节能减排和集约用地的相关企业准入及考核机制。《人民日报》于 2006 年头版刊登了《以“亩产”论英雄 浙江绍兴县节约集约用地纪实》的文章，向全国介绍相关工作。2013 年起浙江省开始强化“亩产论英雄”的理念，先是在海宁市进行了试点，随后逐渐向受资源要素瓶颈制约的 24 个县(市、区)扩大试点。2015 年，习近平总书记提出新发展理念的命题后，浙江省不断试点并总结经验，2018 年下发《浙江省人民政府关于深化“亩均论英雄”改革的指导意见》，正式标志着浙江省将“亩均论英雄”放在了经济发展的重要位置。

2017 年，根据新发展理念的要求，江苏省于 7 月召开的全省开发区改革创新大会上提出了“一特三提升”的重要命题，其中一个“提升”就是“着力提升土地产出率，树立‘以亩产论英雄’的导向，按投入强度和单位产出水平，对‘低产田’和‘高产田’进行差别化的资源配置和政策支持”。此后江苏省政府发布了《省政府办公厅印发关于开展工业企业资源集约利用综合评价工作指导意见(试行)的通知》，“亩产论英雄”成为江苏省经济发展的重要内涵。

2018 年 5 月，按照中央经济高质量发展的要求，上海新任市委书记在金山区调研时提出“以环境论英雄、亩产论英雄”，在当月召开的市委常委会上再次明确。

2018 年底，上海市政府印发了《关于本市促进资源高效率配置推动产业高质量发展的若干意见》，文件中正式提出了“以亩产论英雄、以效益论英雄、以能耗论英雄、以环境论英雄”，即“四个论英雄”。

随着长三角一体化的深入推进，新发展理念和经济高质量发展思路在长三角传播，安徽省于 2021 年 11 月也正式发布了《关于推广亩均效益评价工作的意见》，正式将“亩均论英雄”以省级法规的形式予以推广。至此，长三角三省一市完成了“亩均论英雄”的地方性立法工作，使之成为长三角经济发展的共识。

经济高质量发展的实践从浙江省的“亩产论英雄”逐渐深化为“四个论英雄”的过程，这一理念从浙江省一地逐渐向长三角三省一市传播的过程，既是新发展理念的指引，也是主要领导不断推动的结果，同样也是长三角为经济高质量发展做出的生动示范。

二、长三角主要城市亩均产出情况

根据长三角 2020 年主要城市的统计年鉴数据和已有的相关数据，在过万亿 GDP 的城市中，以上海、苏州、杭州、南京、无锡、宁波为例分析比较几个城市的工业规模和亩均产出，通过“华山论剑”的方式，比较以下哪座城市才是长三角经济高质量发展的榜首。

表 1　长三角主要城市 2020 年各项经济数据

	GDP（亿元）	工业总产值（亿元）	工业增加值（亿元）	工业增加值占 GDP 比重（%）
上海	38700.58	37052.59	9656.51	24.95
苏州	20170.50	35342.55*	8511.95	42.20
杭州	16105.83	11236.00	4221.00	26.21
南京	14817.95	12241.06*	5215.00	35.19
无锡	12370.48	17831.18*	3968.80	32.08
宁波	12408.66	18152.90	5045.60	40.66

注：带 * 的为规上工业总产值

从规模来看，尽管 2021 年苏州工业总产值以过四万亿的规模超过了上海，但是在 2020 年上海仍然是长三角工业总产值的龙头。近几年沪苏两城在工业规模上一直处于这种互有胜负、你追我赶的态势，但是从工业增加值占 GDP 的比重看，苏州市在 2020 年以 42.20%的比例一骑绝尘，成为了长三角当之无愧的工业大市，生动诠释了工业在城市经济发展中的重要地位。同时宁波以 40.66%的比重紧随其后，展示出了工业经济发展的韧性，其工业总产值和增加值超过了杭州，展示了作为浙江第一工业强市的实力。

从产业用地规模上看，上述代表城市的产业用地规模和发展策略有所不同，其中 2020 年的产业用地面积及规划产业用地面积见表 2。

表 2　长三角主要城市 2020 年产业用地面积及规划面积

城市	总面积（平方公里）	2020 年产业用地面积（平方公里）	产业用地面积占比（%）	规划产业用地面积（平方公里）	备注
上海	6341	486	7.7	320—440（至 2035 年左右）	根据上海市城市总体规划（2017—2035 年），上海市产业用地面积在 2020 年末应当为 550 平方公里左右，但是根据《上海市产业园区转型升级“十四五”规划》中的数据倒推，上海当前产业用地面积应当为 490 平方公里左右
苏州	8657	808	9.3	675（保护红线面积）	根据《苏州市产业用地更新“双百”行动工作方案》，苏州市初步形成 101.2 万亩的工业和生产性研发用地保障线划定成果
杭州	16850	—	1.8（以规划面积代替现状面积计算）	300（至 2025 年）	杭州市尚无 2020 年的产业用地相关数据，根据《杭州市规划和自然资源局关于进一步强化工业用地有效保障的通知》，杭州市“确保‘十四五’全市工业用地总规模不少于 300 平方公里”

续表

城市	总面积（平方公里）	2020年产业用地面积（平方公里）	产业用地面积占比（%）	规划产业用地面积（平方公里）	备注
南京	6587	—	5.2（以规划面积代替现状面积计算）	340（至2025年）	南京市尚无2020年的产业用地相关数据，根据《南京市“十四五”国土空间和自然资源保护利用规划》，“十四五”末保证300平方公里工业用地和40平方公里科研用地的产业用地
无锡	4627	480	10.4	400（至2035年）	根据《无锡市国土空间规划（2021—2035）》，无锡市保证2035年产业用地不少于60万亩，630平方公里产业区保护线
宁波	9816	490	5.0	—	宁波市尚无有关产业用地面积的规划

从各主要城市看，无锡市的产业用地面积占城市总体面积的比例最高，紧随其后的是苏州和上海，可见沪苏锡三城的工业传统。从总面积看，苏州市以808平方公里的现状面积领先长三角各主要城市。在产业用地保护和规划上，沪苏宁杭锡都公布了自身对于产业用地的规划或保护红线，宁波市由于尚未公布自身的国土空间规划，具体数据尚不可得知。从各地对产业用地的使用程度和保护力度上来看，沪苏锡最为重视，尽管采取了产业用地减量化的措施，但是其对于产业用地红线的保护和总体面积的控制仍然视野超前，保障了大部分产业用地，奠定了日后产业发展的基础。而宁杭作为苏浙两省的省会城市，其产业用地无论在占比上还是规划上仍然较弱，这为两城做强省会城市的目标造成了一定的困难。

进一步分析沪苏杭宁锡甬的亩均产值。

表3　长三角重点城市2020年单位产值

城市	单位工业总产值（亿元/平方公里）	单位工业增加值（亿元/平方公里）	备注
上海	76.24	19.87	—
苏州	43.74	10.53	以规上工业总产值代替工业总产值
杭州	37.45	14.07	以规划面积代替现状面积

续表

城市	单位工业总产值（亿元/平方公里）	单位工业增加值（亿元/平方公里）	备注
南京	36.00	15.34	以规上工业总产值代替工业总产值，以规划面积代替现状面积
无锡	37.15	8.27	以规上工业总产值代替工业总产值
宁波	37.05	10.30	—

注：以城市工业总产值和增加值的数据除以产业用地面积所得，即假设长三角所有城市均落实了合规用地要求

从“亩产论英雄”的角度来看，上海是这场华山论剑中当之无愧的“大英雄”，尽管沪苏两城在工业总产值上互有胜负，但是从“亩产”角度看，上海当仁不让，以高工业能级引领全长三角，除苏州外，其余主要城市的单位工业总产值均只有上海的一半左右，充分展示了上海作为全国产业强市的能级与深厚基础。宁波、杭州两城由于缺少2020年现状产业用地面积，以规划产业用地面积计算得出其单位产值和增加值，在长三角产业用地减量化的大背景下，其现状产业用地面积应当比规划面积大，其真实的单位产值应当比表中的低。无锡、宁波两城的单位工业总产值相近，苏州、宁波两城的单位工业增加值相近，反映了苏锡甬三城在工业方面的相似产业能级。

三、结语

“四个论英雄”和“亩产论英雄”起源于长三角，同时在长三角开花结果，见证了长三角特有的经济发展模式和理念萌发、传播与普及的整个过程。从“亩产论英雄”角度看，上海仍然代表着长三角最为先进的生产力，是长三角乃至全国产业发展的榜样。

因城施策　争做长三角亩产英雄

——长三角主要城市提升亩均产值策略

周思勰

根据前文《长三角华山论剑，谁才是亩产真英雄？——长三角主要城市亩产产值比较》的研究，长三角重要城市的单位工业总产值的水平相当，多数城市在 36 亿元/平方公里左右，这证明了长三角重要城市的产业能级相似。除了上海和苏州这两个亩产论英雄的“优等生”外，其他城市都需要找到适合自身的亩产提升办法，找准自身问题，争取跳出 36 亿元/平方公里的大部队。礼森智库就长三角的重要城市提出“一城一策”，希望各城市能够“因城施策”。

一、宁杭两城大力提高产业用地面积

南京和杭州作为苏浙两省的省会，都面临着省会城市“首位度”不高的问题，南京市无论是 GDP 还是工业总产值方面都落后于苏州，杭州市尽管 GDP 高于宁波，但是其作为互联网经济大城，制造业发展仍然落后于宁波，工业总产值仅为宁波的 60%左右。

宁杭两城要想在省内发挥更大的作用，既要做大产业的总体规模，也要做大亩产。而从总体战略上说，宁杭两城首先要做大产业规模，从具体战术上说，要做大产业用地面积。如前文所述，南京市的规划产业用地面积为 340 平方公里，不足苏州现有 808 平方公里产业用地面积的一半，甚至少于无锡市规划的 400 平方公里产业用地面积。杭州市的规划产业用地面积为 300 平方公里，少于宁波现有的 490 平方公里。宁杭两城的规划产业面积占全市市域面积比重也较低，分别为 5.2%和 1.8%。

产业用地的短缺将给宁杭两城未来的发展造成极大的障碍。亩产论英雄的本质是在取得了一定的规模优势后，经过不断筛选甄别，调整提升，把产业能级做强。在没有足够的总量优势下，简单地谈亩产论英雄是没有意义的。长三角的上海和苏州都是以极强的产业总体规模为前提，再提升亩产效率的。**缺少产业用地一是会造成重大产业无法引入**，重大产业的产业链配套要求高，以新能源整车厂为例，其对各类零配件和配套企业的本地化供应要求很高，缺少产业用地就无法完成对重大产业整体产业链的引入，从而造成重大产业和龙头企业引入困难。**二是会造成无法完成新兴产业和新兴企业的全生命周**

期服务，众多新兴产业和新兴企业在初创阶段的产业能级都不高，需要给予它们“试错”的空间，只有给这些企业在初创期以产业空间才能分享它们成长壮大之后的红利。“育引”结合已经成为共识，但是培育到长成过程中的“青壮年”时期需要产业资源和土地资源，这就使得产业用地的总量对这些企业变得很重要。

宁杭两城要提高产业用地面积有如下几个策略。**第一，大力发展“县域经济”，保证每个区县都有自己的产业平台和集聚区。**无论是苏州的县域经济理念还是上海的“五大新城”策略，都说明城市不能只靠中心城区发展，需要大力发展郊区县。宁杭两城要向沪苏看齐。南京虽然已经没有代管县，但是其下属的江宁区、江北新区、溧水区、高淳区等都属于面积大、可以单独成为经济区域的重要市辖区，可以力推主要郊区整合区内各类产业资源，推进集体建设用地高效列入开发区开发平台管理，促进更多“边角料”产业用地纳入管理。杭州代管的县市中建德、富阳两市，市辖区中的萧山、临安两区都是可以做强“县域经济”的区域，另外是在钱塘区成立后，杭州经开区托管面积加大，可以进一步做大产业用地。**第二，严格克制产业用地“二转三”的冲动，将属于产业的还给产业。**南京在江北新区成立后，产城融合进程不断加快，在江北新区纳入南京化工区等区域后，南京市要克制江北新区以园区更新为由推进优质工业用地转性的冲动，同时要进一步做好产业用地保护工作，在集中连片开发中，要求强化产业用地的保障意识，留足产业发展空间。由于众所周知的原因，杭州市互联网经济走过了一段无序扩张的阶段，众多产业园实质上是走上了以研发和工业用地大搞虚拟经济的歧路，杭州市亟须遏制部分互联网资本无序扩张获取产业用地的趋势，坚决制止部分互联网资本通过不法手段要求土地规划转性的要求，坚决清退部分互联网资本非法用地，坚决依法收回部分互联网资本的闲置用地，坚决防止各类企业通过“擦边球”的形式以工业用地行商办用地之实。

二、无锡市要提升产业附加值

无锡市在长三角重要城市中属于产业用地最为薄弱的城市。其总面积较小，尤其是考虑到其管理的太湖水域面积后，其陆域面积更不占优。但是其发展产业，保护产业用地的决心却是最大的。其规划产业用地面积较现状产业用地面积在长三角城市内减量最少，产业用地面积占市域面积占比最大。这一小一大，充分证明了无锡市保障产业用地的决心。

无锡市要提高亩产需要从提高产业附加值上下大力气。无锡市的单位工业总产值在37.15亿元/平方公里左右，但是其单位工业增加值仅仅为8.27亿元/平方公里，单位工业增加值较低，证明了其产业附加值需要进一步提升。从产业结构上看，在《无锡市“十四五”制造业高质量发展规划》中，无锡市明确了做大物联网、集成电路、生物医药及医疗器械(材)、软件与信息技术服务业等地标性产业的决心，未来导入这些高附加值产业，保障无锡市亩产的提升。

在具体做法上，无锡市需要强化开发区平台功能，强调开发区功能作用。长三角经济发展的经验本质上是“开发区模式”的体现。高附加值的产业，需要高水平的园区服务，“村长”服务世界五百强企业的时代已经过去了。但是无锡市作为长三角和全国重要的工业城市，其开发区的发展水平却尚未达到全国前列。无论是国家级经开区还是国家级高新区，无锡市的开发区都没有在全国排名中取得好名次，无锡市作为与苏州市地理位置相邻、工业发展水平相近的城市，其头号园区——无锡高新区，没有在全国取得和苏州头号园区“苏州工业园区”同样的地位。这就需要无锡市加强开发区作为经济发展的重要平台功能作用。第一，加快依托无锡国家级和省级园区，整合提升村镇园区，进一步提升村镇园区的服务能力。第二，强化开发区能力建设，重点培养一大批懂经济、懂招商、懂服务的干部，提升开发区整体产业服务能级。第三，加快开发区市场化运作工作，用好市场手段，将资本、技术、数据等要素同土地资源更好地结合起来，提升整体能级。

三、宁波市要聚焦强企提规工作

宁波市在长三角重要城市中属于底子好的城市。无论从城市能级还是工业基础上说，宁波市是最有潜力冲出单位土地工业总产值 36 亿元/平方公里梯队的城市。

宁波市的问题在于，民营中小企业、中小型乡镇企业占比太大。宁波市整体的单位土地工业增加值为 10.30 亿元/平方公里，但是从《宁波市制造业高质量发展“十四五”规划》的相关数据中可以换算得出，其规上单位土地工业增加值为 21.78 亿元/平方公里，高出整体的单位工业增加值整整一倍。充分展现了宁波市产业存在的“二八效应”，规上企业规模大，数量少，但是规下企业能级非常低，同时数量也众多。从产业用地上看，宁波市现状产业用地总面积为 490 平方公里，但是规上工业企业产业用地面积为 185.58 平方公里，即大量的规下工业企业占据了 300 多平方公里的产业用地，就是这些企业造成了产业用地的低效使用。

所以对宁波市来说，其提升亩产的要诀就在“强企提规”，即增强企业能级，提升企业规模，争取将广大民营中小企业提升成规模以上工业企业。这就需要宁波市、下属各县和各重要的开发区功能平台强化工作。一是要做好扶持工作，对有技术、有市场前景和有能力的中小企业扶一把。二是要做好腾笼换鸟工作，找准那些占着资源不生产，想着获得土地增值收益的企业，做好制度设计，坚决清退这些企业。

四、肥、通两市做强县域经济

合肥和南通两座城市作为长三角“万亿 GDP 俱乐部”的新入会成员，发展劲头十足，发展潜力可期。尽管这两座城市没有公布相关的亩产数据以及全市工业用地数据，但是仍然可以从一些数据中给这两座城市提出提升亩产的建议。

如果从合肥市和南通市两市城区的亩产来看，其已经达到了和其他长三角“万亿 GDP 俱乐部”亩产相近的水平。合肥市城区内单位土地工业增加值为 14.62 亿元/平方公里，南通市城区内单位土地工业增加值为 24.04 亿元/平方公里。如果参照苏州市城区的单位土地工业增加值(28.27 亿元/平方公里)，南通市城区内单位土地工业增加值已经接近苏州的水平，而合肥市城区内的单位土地工业增加值达到了与苏州全市相近的水平。但是肥、通两市的 2020 年工业总产值都没有超过一万亿元(合肥市按照工业企业营收计算为 8497.24 亿元，南通市为 8568.60 亿元)。这两座城市的增长空间仍然很大。这需要肥、通两城做大县域经济。在城区内的亩产已经达到较高水平的条件下，肥、通两市代管的县市是未来两座城市做大经济总量、提升亩产的发展空间。

五、结语

“四个论英雄”和“亩产论英雄”已经成为长三角重要城市发展产业的指导性战略。长三角各城需要因城施策，一城一策，仔细对标对表，提升单位土地产出水平。

特色产业园区和“链长制”园区两种模式产业发展的对比分析

管锡清

产业集群理论由迈克尔·波特创立，他于1990年在《国家竞争优势》中提出，“国家竞争优势的获得，关键在于产业的竞争，而产业的发展往往是在国内几个区域内形成有竞争力的产业集群”，后经过不断地发展和实践，成为区域经济发展最主要的指导理论之一。上海市特色产业园区与浙江省“链长制”是开发区(产业园区)运用产业集群理论促进产业“集群式发展”的两种模式，经过两年的实践，对我国各省、市的产业发展产生了巨大的影响，山东省等二十多个省、市出台了“链长制”相关工作制度，广东省等十几个省、市开展了特色产业园区的认定工作。本文分析对比两种模式之间的异同之处，与大家共同讨论园区产业发展的途径，以期促进区域经济的发展。

一、两种模式出台背景与现实需求分析

(一)两种模式共同的出台背景

当今世界正经历百年未有之大变局，人类面临着全球气候问题、难民问题、贸易保护主义抬头、联合国机构改革、逆全球化、新冠疫情等许多前所未有的挑战。动荡变革对我国经济发展产生了巨大的影响，特朗普时代美国对华为进行制裁，如今以美国为代表的国家以价值观为标准进行选边站队，与我国进行所谓的“对抗性竞争”，致使我国产业链、供应链遭受冲击，同时我国高端产业、战略性产业、重要原材料生产受对抗性竞争而出现的短板问题日益显现。

产业链是各个产业部门之间基于一定的技术经济关联，并依据特定的逻辑关系和时空布局关系客观形成的链条式关联关系形态。产业链是产业集群的具体体现，包含了价值链、企业链、供需链和空间链四个维度，这四个维度在相互对接的均衡过程中形成了产业链。随着我国经济受到外部“断供”的影响，中央多次研究提出，要依托我国超大规模市场和完备的产业体系，提升产业基础能力和产业链水平，打造具有战略性和全局性的产业链，增强产业链的韧性，提升产业链的水平。政府部门在产业链的补链固链与强链中具有不可替代的作用，推动现代经济体系优化升级，完善布局优势互补、高质

量发展的区域经济，打造具有区域特色的产业链，提升产业链的现代化水平。

(二)两种模式各自的现实需求

上海市特色产业园区的推出主要有以下几点现实需求：一是国家对上海提出的任务与要求，上海需要代表我国参加全球中心城市与产业高端化竞争，因此必然需要大力发展具有战略性、先导性、重要性的产业，提升产业现代化水平。二是提升经济密度的客观要求，作为国际化大都市，上海的经济密度还有大幅提升的空间，在产业用地非常有限的前提下，通过产业集群发展，提升产业竞争力是增加产业附加值的必然选择。三是产业招商的现实需求，上海作为我国制造业实力最强的城市，产业用地有限，亟须大力发展高端制造业，形成具有更大竞争力的产业链，因此需要面向全球进行招商，希望越来越多像特斯拉一样的企业落户中国、落户上海。

浙江省"链长制"一是应对中美经贸摩擦的有效机制，浙江省是一个出口大省，受经贸摩擦影响巨大，为防止出现省政府提出的"六个被"风险，提升经贸抗风险能力，创建了开发区"链长制"。二是浙江区域经济发展的必然逻辑，浙江省提出着力打造产业集群竞争力，聚力打造传统特色优势产业链、标志性未来产业链和世界级现代产业集群。三是开发区整合提升、制度创新的必然产物，开发区是浙江省经济最重要的区域，开发区的经济规模占浙江省全省的近70%，开发区的经济发展逐渐从块状经济向资源集聚的区域经济转型，在转型过程中迫切需要制度创新以实现开发区资源有机整合、产业有序整合，提升有效的"产业竞争力"。

二、两种模式的实施与创新分析

(一)上海市特色产业园区的实施与创新分析

2020年3月31日，上海市重大产业项目集中签约暨特色产业园区推介活动在上海展览中心举行，正式发布首批26个特色园区。2021年4月7日，在上海全球投资促进大会上，第二批14个特色产业园区正式对外发布，截至2021年末，上海共有40个特色产业园区，园区产业集中于集成电路等七大核心产业领域。

特色产业园区创新之处在于：一是全球招商，提出"五好五不缺"。2020年5月15日，上海市人民政府办公厅发布了《关于加快特色产业园区建设 促进产业投资的若干政策措施》，将特色产业园区建设作为促进产业投资的重要载体，从此开始向全球进行招商，提出"好项目不缺土地、好产业不缺空间、好应用不缺场景、好创意不缺人才、好团队不缺资源"，让全球看到上海重视制造业的决心，对上海经济社会发展推动效应明显。二是坚持特色发展，聚焦关键领域。为适应新形势和任务，进一步发挥开发区改革试验田和开放排头兵的作用，支撑上海落实国家产业战略，强化高端产业引领功能，形成新的集聚效应和增长动力，上海市瞄准科技前沿和产业高端，以高品质园区建设推动高质量产业发展，着力打造优势更优、强项更强、特色更特的园区经济。在重要企业、关键技术、高端产品、集群生态、专业化服务等方面形成特色优势，支撑重点产业持续攻关提升能级，培育具有独特竞争优势和行业影响力的产业集群。三是针对现实所需，有针对性地推出特色产业园区。以先导产业——新型显示产业为例，推出新型显示产业园，围绕面板生产龙头企业，集聚上游面板材料及设备制造企业、下游面板应用企业、产业研究院和产业基金，打造自主创新技术主导的产业链。四是特色产业园区产业集聚效果明显，高质量发展前沿阵地作用逐步显现。2021 年上海市特色产业园区新增投资额不低于 2000 万的项目数超过 650 项，新增七大领域产业项目投资额近 2400 亿元，新增企业注册资本金超过 1000 亿元，特色产业园区高新技术企业集聚，每万人拥有发明专利超 200 件。

(二)浙江省“链长制”的实施与创新分析

2019 年 9 月浙江省商务厅印发《关于开展开发区产业链“链长制”试点 进一步推进开发区创新提升的意见》(浙商务开发函〔2019〕2 号)，正式启动开发区“链长制”试点工作，推出专门破解产业链难题的“链长制”。2020 年浙江省商务厅印发《关于公布浙江省开发区产业链“链长制”试点示范和试点单位的通知》(浙商务发〔2020〕36 号)，公布浙江省开发区的“链长制”试点创建情况。

浙江省“链长制”的创新之处在于：第一，“链”就是产业链，“长”就是地方党政主要领导，“制”就是“九个一”工作机制，核心制度设计是明确链长的职责。“链长制”是由各地主要领导挂帅，每人负责一条产业链，利用综合协调优势，在更高层面上统筹内、外部资源，集中力量在产业链薄弱环节进行重点突破，保障各个产业链的稳定和发展，加速构建完整的产业链，尽快推动“建链、补链、强链、延链”取得实质性进展。第二，核心工作内容是将开发区产业发展需要的各方面工作整合成“九个一”工作机制(一个产业链发展规划，一套产业链发展支持政策、一个产业链发展空间平台、一批产业链龙头企业培育、一个产业链共性技术支持平台，一支产业链专业招商队伍、一名产业链发展指导专员、一个产业链发展分工责任机制、一个产业链年度工作计划)，形成开发区产业链供应链的补链、固链、强链有效工作机制。第三，提高开发区促进产业集聚的工作能力，通过“链长制”加强产业研究能力，发掘产业链优势环节及发展短板，对产业链全生命周期需求进行深入研究，并在此基础上制定针对性产业发展策略，帮助园区对产业发展精准施策。增加招商引资的精准度与有效性，增强龙头企业的带动作用。加快建设由产业链上下游、政府、科研院所、第三方服务机构等构成的产业生态，加快生态圈的影响力。

三、两种模式的核心要素对比分析

(一)推出的形式对比

上海市特色产业园区是通过2020年上海市重大产业项目集中签约暨特色产业园区推介活动和2021年全球招商推介会向社会公布的。而浙江省开发区"链长制"是由浙江省商务厅正式出台文件实施的。从推出的形式看，两种模式执行的硬性要求是有巨大差异的，上海的特色产业园区只是认定授牌，没有提出具体的工作要求；而浙江省开发区"链长制"是全省开发区必须执行的工作，而且必须很好地完成。

(二)产业集聚的内涵差异

上海特色产业园区明确规定所发展的产业必须具有战略性、先导性、重点性，集中在集成电路、人工智能、生物医药、航空航天、新材料、智能制造、在线新经济七大核心产业领域。特色产业园区在龙头企业、技术、产品、科创机构、企业、领军人才、研发团队等具有优势，发展前景大，将使上海市在这七大行业中占领行业发展制高点，形成产业先发优势。浙江省开发区"链长制"是开发区选择一个独特、主导的产业来打造完整的产业链，既有芯智造、集成电路等高端产业，也有水饮料、五金制造等传统优势产业，"链长制"应用的产业范围广泛，产业成熟，具有强大的市场竞争力。

(三)产业要素集聚平台分析

上海特色产业园区与原有产业园区(开发区)的空间关系存在多种情况，在40个特色产业园区中，两者完全重叠的只有5个，部分重叠的有10个，特色园区包含产业园区或相反包含的共有21个，体现了特色产业园区与产业园区既有关联，又有较大差异。特色产业园区是以精而美的产业园区为基本载体，产业集聚度高，产业链形成可能性与影响力更大。"链长制"产业要素集聚的平台是浙江省各级各类开发区，一个开发区一个"链长制"，是开发区主导产业优中选优的结果。在"链长制"的工作机制下将加快产业链所需产业要素的集聚。

(四)产业集聚与导入功效分析

上海特色产业园区主要是通过全球推介后市场资源配置促进产业的集聚和导入，其命名就充满了前瞻性与招商性，例如人工智能产业中"信息飞鱼"园区现虽然处于园区前期开发之中，但园区从空中俯看形似飞鱼，而"信息"代表集聚人工智能产业，两者结合充满招商吸引力。朴实无华的"上海电子化学品专区"位于全国化工类园区第一的上海化学工业经济技术开发区内，"专区"更彰显其在国内电子化学品产业中的独特竞争优势。特色产业园区着眼于产业链的龙头引领作用，着眼于全球产业招商，引进未来具有巨大发展潜力的企业，引领未来新产业。“链长制”则是通过“九个一”工作机制推进，叠加市场资源配置促进开发区产业集聚与产业导入，着眼于开发区产业链已经形成的独特的主导产业，进一步促进产业高质量发展，指导企业进一步发展，做大做强优势产业。

（五）产业高质量发展作用影响分析

上海市特色产业园区是一种招商策略，产业集聚策略，工作要求力度偏弱，主要通过产业整体环境影响企业落户，短期见效慢，长期产业链更稳定。浙江省开发区“链长制”是一种硬性要求，工作力度大，短期见效果，长期产业链稳定性相对弱。

（六）两种模式产业集聚机制差异

上海特色产业园区都有独立的运营主体，较少有管委会，实现公司化管理，主要通过聚焦特色产业、市场化运营园区。“链长制”充分发挥制度优势，由开发区所在地主要领导为链长，是地方经济治理的制度设计，是一种责任机制和要素保障机制。

四、两种模式应用实践的建议

从上海特色产业园区与浙江省“链长制”两种园区产业发展模式分析得出，工作的聚焦性具有强大的影响力。特色产业园区聚焦招商引资，发挥市场配置作用，促进特色产业的长期集聚发展。“链长制”聚焦工作机制，发挥制度优势，较快产生效果。从实践应用角度建议特色产业园区以地级市为区域，一个地级市推出一群特色产业园区，聚焦区域发展的三到五种具有战略性、先导性和重点性的产业，进行产业聚焦，实现特色招商和产业集群发展，打造产业生态。链长制在尊重市场配置在产业集群发展中基础性作用的前提下，发挥制度优势，寻找制约集群发展的因素，着手加以改进，以促进产业链的健康发展。

广东省和江苏省“十四五”制造业发展对比分析
——基于“十四五”制造业发展规划

范媛媛

根据中国工程院战略咨询中心、中国机械科学研究总院集团有限公司、国家工业信息安全发展研究中心发布的《2021 中国制造强国发展指数报告》，从 2015 年起，我国制造强国发展指数由 105.78 增长到 116.02，总体趋势稳中向好。在与美国、德国、日本等 8 个国家的对比中，我国虽仍处于全球制造业第三阵列，但与第一、二阵列差距不断缩小，追赶步伐持续加快。以制造业为主的第二产业是实业兴国的核心与根基，加快制造业的高质量发展才能不断增强我国的综合竞争力。“十四五”时期，推动制造业高质量发展更加迫切，各省市纷纷发布“十四五”制造业发展规划，本文选取我国制造业冠亚军①——广东省和江苏省，解读其“十四五”制造业发展规划，以期了解我国制造业未来的发展趋势及方向。

一、广东省和江苏省制造业发展现状对比

从产业规模来看，广东省 2020 年规模以上制造业增加值为 3.01 万亿元，规模以上制造业企业数量超过 5 万家，均居全国第一。江苏省制造业增加值 3.5 万亿元，规模约占全国的 1/8。广东省和江苏省不愧是我国制造业发展冠亚军。

从科技创新来看，广东省 2019 年规模以上制造业研发经费支出占规模以上制造业营业收入比重为 1.67%，相比 2015 年增长 23.7%。江苏省 2020 年规上工业企业研发经费投入强度达 2%左右，较“十二五”末翻一番，两省在“十三五”期间均非常重视科技创新，不断加大研发投入。2020 年广东省拥有国家级高新技术企业 5.3 万家，江苏省高新技术企业数量超过 3.2 万家。创新是企业发展的根本动力，被认定为高新技术企业是企业核心竞争力的体现。从高新技术企业数量来看，广东省更胜一筹。2020 年，广东省和江苏省分别拥有 2 家国家级制造业创新中心，合计占全国接近 1/4，两省为推动我国从制

① 中国电子信息产业发展研究院：《制造业高质量发展白皮书(2021)》。

造大国向制造强国迈进提供了重要的战略支撑。

从龙头企业来看，广东省 2020 年营业收入超百亿元、千亿元制造业企业数量分别达 106 家、9 家；江苏省营业收入超百亿元工业企业 148 家、其中超千亿元企业 12 家。从单个企业的角度出发，江苏省头部企业更强。

二、广东省和江苏省“十四五”制造业发展定位及目标对比

广东省和江苏省均在 2021 年第三季度发布了制造业“十四五”发展规划。从名称来看，两省均为“制造业高质量发展”，强调了“十四五”时期的重点基调“高质量”；从发文单位来看，广东省为人民政府，而江苏省则为人民政府办公厅，广东省发文效力更高。从发展定位来看，广东省作为我国制造业第一强省，主要从全球的角度，提出要达到制造业世界先进水平、创新聚集地、开放合作先行地，同时特别提出要打造国际一流的营商环境。从整体发展目标来看，两省均提出，到 2025 年，制造业水平能在国际上达到先进，具有一定的竞争力，展望远期；到 2035 年，广东省制造业要达到国际领先水平，江苏省则是不断提高制造业国际竞争力，支撑率先基本实现现代化。可以看出，广东省作为我国制造业冠军，期望领衔我国制造业从国际先进到国际领先，江苏省则更为强调制造业对全省社会经济发展的支撑作用。

从具体指标来看，江苏省制造业相对规模更强，制造业增加值占 GDP 的比重在 2020 年就达到 34.5%。在产业转型升级的过程中，制造业仍然是立国之本、兴国之器、强国之基，江苏省极为重视制造业发展，“十四五”期间制造业增加值占比仍要基本保持稳定。广东省也提出，“十四五”末制造业增加值占 GDP 比重要达到 30%以上。高技术制造业是制造业发展方向的引领，对比“十四五”时期两省高技术制造业的发展目标，广东省高技术制造业增加值占规模以上工业增加值的比重增长 6.11%，江苏省高技术产业产值占规模以上工业比重增长 4.30%，两省都在不断提升制造业中高技术制造业的比重。针对科技创新方面来讲，科研投入强度作为反映核心竞争力的一项指标，广东省和江苏省仍与世界制造业领先国家有一定的差距。在“十四五”规划提出的目标中，两省也设置了自身的特色指标，广东省作为全国外贸第一大省，对制造业的出口额、实际使用外资、对外投资额的占比均提出了相应的目标，而江苏省针对两化融合提出了更高的要求。

表 1　广东省和江苏省“十四五”制造业发展规划重点指标

	广东			江苏		
	指标值	2020 年	2025 年	指标值	2020 年	2025 年
相同或相似指标	制造业增加值占GDP比重	—	＞30%	制造业增加值占GDP比	34.50%	基本保持稳定
	高技术制造业增加值占规模以上工业增加值的比重	31.10%	33%	高技术产业产值占规模以上工业比重	46.50%	48.50%
	规模以上制造业企业研发经费占营业收入比重	1.67%（2019 年）	2.30%	规模以上工业企业研发投入强度	2%左右	＞2%
	规模以上制造业有效发明专利数	—	23 万件	规模以上企业有效发明专利拥有量增长	—	12%
	规模以上制造业全员劳动生产率	23.9 万元/人	30 万元/人	制造业全员劳动生产率增长	—	高于制造业增加值年均增速
	规模以上工业企业单位增加值能耗	—	逐年下降	单位工业增加值能耗比 2020 年降低	—	17%
不同指标	应用工业互联网实施数字化转型的规模以上工业企业	1.5 万家	5 万家	战略性新兴产业占规模以上工业比重	37.80%	42.00%
	制造业产品质量合格率	—	＞94%	两化融合发展水平指数	63.2	70
	累计获得中国质量奖或提名奖	12 家次	20 家次	规模以上工业企业关键工序数控化率	—	65%
	高新技术产品出口额占全省外贸出口额比重	—	＞35%	数字经济核心产业增加值占地区生产总值比重	—	＞10%
	制造业实际使用外商直接投资额占全省实际使用外商直接投资额的比重	—	＞20%	单位工业增加值二氧化碳排放比 2020 年降低	—	20%
	制造业对外投资额占全省对外投资额的比重	—	＞10%	营业收入超百亿元工业企业	148 家	160 家
	—			省级以上专精特新“小巨人”企业数量	1487 家	3000 家

三、广东省和江苏省“十四五”制造业发展重点领域对比

广东省提出巩固提升十大战略性支柱产业，前瞻布局十大战略性新兴产业，谋划发展一系列未来产业；江苏省提出围绕 16 个先进制造业集群和 64 个细分产业领域，全力打造 1 个综合实力国际领先、5 个综合实力国际先进的先进制造业集群，培育 10 个综合实力国内领先的先进制造业集群。

从两省制造业发展的重点领域来看，广东省偏向于轻工业，新一代电子信息、智能家电、现代软件与信息服务等作为支柱产业非常强势，而江苏省在重工业上更加具有优势，侧重于能源和电力装备、机械制造、船舶和海洋工程装备等领域。两省同时也在寻求加快产业转型升级的未来发展方向，前瞻布局战略性新兴产业领域，一是促进传统产业高端化发展，比如促进纺织业向现代纺织、高端纺织发展，提升产品的附加值，向产业链高端迈进；二是大力发展新能源、集成电路、数字经济等关键产业和新兴产业。

表 2　广东省和江苏省“十四五”制造业发展重点领域

省份	重点领域
广东	巩固提升战略性支柱产业：新一代电子信息、绿色石化、智能家电、汽车、先进材料、现代轻工纺织、软件与信息服务、超高清视频显示、生物医药与健康、现代农业与食品； 前瞻布局战略性新兴产业：半导体及集成电路、高端装备制造、智能机器人、区块链与量子信息、前沿新材料、新能源、激光与增材制造、数字创意、安全应急与环保、精密仪器设备； 谋划发展未来产业：积极谋划培育卫星互联网、光通信与太赫兹、干细胞、超材料、天然气水合物、可控核聚变—人造太阳等若干未来产业领域
江苏	全力打造 6 个综合实力国际领先或国际先进的先进制造业集群，培育 10 个综合实力国内领先的先进制造业集群： (一)新型电力和新能源装备集群；(二)工程机械与农业机械集群；(三)物联网集群；(四)高端新材料集群；(五)高端纺织集群；(六)生物医药集群；(七)新型医疗器械集群；(八)集成电路与新型显示集群；(九)信息通信集群；(十)新能源(智能网联)汽车集群；(十一)高端装备集群；(十二)高技术船舶和海洋工程装备集群；(十三)节能环保集群；(十四)绿色食品集群；(十五)核心软件集群；(十六)新兴数字产业集群

四、广东省和江苏省“十四五”制造业发展路径对比

为促进“十四五”时期制造业的高质量发展，两省根据自身的发展定位和发展目标，为未来五年制造业发展提出了需要落实的重大工程。主要分为以

下几大方面：一是推动产业高端化发展。以提升产业链竞争力为核心，推动制造业迈向全球价值链的中高端。其中，最为重要的就是推动产业不断进行科技创新，加大研发资金投入，不断深入创新研究，突破关键技术，向产业链高端延伸，提高产品的科技含量与产品附加值，实现制造业整体的提质增效与转型升级；二是加快传统制造业数字化转型。随着数字经济时代的到来，推动传统制造企业数字化转型是实现制造业高质量发展的必要途径，通过新一代数字技术(云计算、5G、大数据等)对制造业的传统生产运营、业务模式、商业模式等进行改造提升，实现企业及产业的智能化发展，提高传统制造业企业竞争力；三是推动传统产业绿色低碳发展。在碳达峰碳中和的大背景下，“十四五”时期将大力发展绿色低碳这一新兴产业。通过强化能效约束，敦促相关企业技术升级改造，淘汰落后产能，不断推行高效能源体系，实现节能减排与资源循环化发展；四是打造制造业发展环境高地。良好的发展营商环境有利于激发市场活力，推动企业高质量发展。两省均十分重视营商环境的打造，从便利企业的角度出发，不断完善公平竞争的市场环境，提高政府服务能力，打造营商环境高地。

制造业发展重大工程的实施离不开组织、制度、人才等的保障，广东省特别强调了治理机制的重要性，提出创新产业集群治理机制，推动构建“企业+政府+中介组织+配套服务”通力合作的新型产业集群治理机制，以机制促发展；江苏省则持续推行“人才强企”，提出编制人才图谱和需求目录、探索设立制造业人才发展基金，制定实施产才融合三年行动计划等人才扶持计划，以高质量的人才推动制造业的高端化发展。

沪粤特色产业园区比较与借鉴

龙　涛

为贯彻落实省委、省政府关于推动制造业高质量发展、培育发展战略性支柱产业集群和战略性新兴产业集群的有关工作部署，广东省制定了《关于组织申报省产业园和特色产业园的工作方案》(以下简称《方案》)，并于 2021 年依据《方案》评审并正式公布了 19 个特色产业园区。上海市自 2020 年 4 月至 2022 年 6 月份共发布了三批 53 家特色产业园区，但目前仍未出台相关的管理办法；广东省的《方案》对于上海市特色产业园区的建设和管理具有较强的借鉴意义。

一、广东省特色产业园区建设情况

2021 年，按照《广东省制造强省建设领导小组办公室印发〈关于组织申报省产业园和特色产业园的工作方案〉的通知》(粤工信园区函〔2020〕952 号)有关要求，广东省工业和信息化厅会同省有关部门组织开展了首批特色产业园区的申报评审工作，共评审出 19 个特色产业园区。

表 1　广东省特色产业园区名称及产业门类

行政区	特色产业园区名称	产业门类
广州市	广州花都经济开发区	汽车
	广州南沙经济技术开发区	汽车
	广州琶洲人工智能与数字经济试验区	数字创意
深圳市	深圳湾科技园区	信息技术应用创新
珠海市	珠海南屏科技工业园	智能家电
	珠海三灶科技工业园	生物医药与健康
	珠海高新技术产业开发区	信息技术应用创新
汕头市	汕头市潮南区纺织印染环保综合处理中心	现代纺织印染
佛山市	佛山高新技术产业开发区南海园	生物药与医疗器械
	佛山市三水区西南食品饮料产业集群升级示范区	食品饮料

续表

行政区	特色产业园区名称	产业门类
河源市	深圳(河源)产业转移工业园	移动智能终端
梅州市	梅州经济开发区	电子电路制造
惠州市	惠州仲恺高新技术产业开发区	超高清视频显示
中山市	中山火炬高技术产业开发区	生物医药
江门市	江门蓬江产业转移工业园	健康食品
湛江市	湛江廉江高新技术产业开发区	小家电
茂名市	高州产业转移工业园	饲料
肇庆市	肇庆大旺产业转移工业园	智能网联新能源汽车
云浮市	佛山顺德(云浮新兴新成)产业转移工业园	金属制品

从广东省19家特色产业园区所在行政区的情况来看，广州市和珠海市最多，均为3家，其次是佛山市2家，深圳市、汕头市、河源市、梅州市、惠州市、中山市、江门市、湛江市、茂名市、肇庆市、云浮市11个市各有1家，其余7个市目前尚没有特色产业园区。

从产业门类上看，19家特色产业园区产业门类覆盖汽车、数字创意、信息技术应用创新、智能家电、生物医药与健康、现代纺织印染、生物药与医疗器械、食品饮料、移动智能终端、电子电路制造、超高清视频显示、生物医药、健康食品、小家电、饲料、智能网联新能源汽车、金属制品等产业。

二、广东省特色产业园区申报要求及与上海市的对比

(一)申报对象

从申报对象上来看，广东省特色产业园区要求园区地理范围清晰、管理主体明确，申报对象原则上为省级以上政府认定的经济(技术)开发区、高新技术产业开发区、自由贸易试验区、海关特殊监管区域等各类开发区；对于产业特色鲜明的，可适当放宽到省级以上主管部门认定的各类园区。而上海市特色产业园区的申报主体包括国家公告开发区、区级产业园、产业基地、产业社区和零星工业点，以及创意产业集聚区、生产性服务业功能区、软件园区、科技企业孵化器、商务类园区、大学科技园、科研院所等各类园区载体。

广东省特色产业园区的申报对象主要集中在各类省级以上公告开发区，而上海市特色产业园区的申报对象更加灵活，涵盖范围更广。

(二)基础条件

从基础条件上来看，广东省特色产业园区要求园区主导产业符合战略性产业空间布局，具有一定的产业规模、产业集中度，且仍有进一步集聚发展的潜力；引进相关行业龙头企业，产业链配套相对完善；园区具备承载战略性产业集聚发展的基础和条件等。而上海市特色产业园区要求园区有明确的产业定位，符合上海“3＋6”新型产业体系，产业特色鲜明，产业集聚度较高；围绕主导产业，初步集聚一批产业链上相关企业，形成某一产业链或主要产业链环节企业集群。

广东省特色产业园区与上海市特色产业园区在申报的基础条件上较为类似，都对产业门类提出了要求，都对产业集聚度和产业链方面提出了要求。

(三)发展保障

从发展保障上来看，广东省特色产业园区要求申报特色产业园区所在地政府应注重对园区及特色产业的培育建设，建立相应的统筹协调机制，并配套专项政策。而上海市特色产业园区目前尚未有公开文件对申报特色产业园区所在区政府提出具体的培育建设和专项政策要求，但上海部分区已出台了相关的支持政策。

三、广东省特色产业园区对上海市特色产业园区的借鉴

(一)产业门类可更加灵活

广东省特色产业园区产业门类主要围绕十大战略性支柱产业集群和十大战略性新兴产业集群进行选择，即聚焦新一代电子信息、绿色石化、智能家电、汽车产业、先进材料、现代轻工纺织、软件与信息服务、超高清视频显示、生物医药与健康、现代农业与食品等十大战略性支柱产业集群和半导体与集成电路、高端装备制造、智能机器人、区块链与量子信息、前沿新材料、新能源、激光与增材制造、数字创意、安全应急与环保、精密仪器设备等十大战略性新兴产业集群。上海市53家特色产业园区产业门类基本与“3＋6”新型产业体系吻合，产业门类分别为集成电路、生物医药、人工智能、先进材料、电子信息、汽车、高端装备、在线新经济、时尚消费品、新兴领域。

总体上看，广东省特色产业园区产业门类更加丰富和灵活，产业特色更加鲜明，而上海市特色产业园区产业门类主要以大类为主，尤其是“新兴领域”内的产业园区，将部分特色鲜明的产业门类(如元宇宙、氢能、碳中和等)统一归类于“新兴领域”，不利于体现产业特色。建议上海市特色产业园区产业门类不必拘泥于“3＋6”新型产业体系，可围绕“3＋6”新型产业体系进一步细分，进一步突出产业特色。

(二)重视地方政府对特色产业园区的支撑

广东省特色产业园区在申报条件中就已经明确要求所在地政府建立相应的统筹协调机制，并配套专项政策。在特色产业园推荐书中，也要求推荐意见中包含本地区支撑特色产业发展的资源条件、基础条件、政策条件等，这说明了广东省特色产业园区十分注重地方政府对于特色产业园区所能提供的支撑。建议上海市特色产业园区在未来申报条件中，加强所在区对特色产业园区的支持力度的考察，便于建立市、区两级推进管理体系，为特色产业园区发展提供双引擎，共同促进特色产业园区高质量和可持续发展。

(三)设立重点培育名单

广东省对于各地级以上市推荐但未达到特色产业园区条件的园区或其他特色产业发展潜力较大的园区，综合考虑战略性产业空间布局、地区资源禀赋、产业特色、招商引资等情况，由省工业和信息化厅公布特色产业园区重点培育名单，进行重点培育，在具备条件后，按程序授予特色产业园区牌子。上海市目前特色产业园区的评审竞争非常激烈，因名额有限和自身发展尚不成熟等原因，一些园区积极参与评选却不能入围。建议上海市在特色产业园区评审后，对于一些有较大潜力的园区，纳入"特色产业园重点培育名单"，由园区所在区为主导，加强重点培育和指导。

(四)实行动态管理

广东省工业和信息化厅定期对特色产业园开展监测、评估，根据园区产业规模及发展情况，对特色产业园区实行"有进有出"的动态管理。对于园区规划布局或产业发展发生重大调整的，视情况调整或撤销特色产业园区。上海市在《上海市先进制造业发展"十四五"规划》中提出"十四五"期间，培育50个左右的市级特色产业园区，目前上海市特色产业园区总量已达到53个，剩余名额已寥寥无几。建议上海市借鉴广东省的做法，采取"综合评价，有进有出"的动态管理模式，一方面为未来可能出现的更加优秀的园区留出名额；另一方面也能加强对特色园区的监督管理，提高特色产业园区建设的积极性，打造更加高质量的特色产业园区。

江苏省特色创新(产业)示范园区建设情况分析

龙　涛

江苏省特色创新(产业)示范园区评选始于2018年，旨在推动开发区按照高质量发展要求，紧紧围绕特色产业链，加大力度打造具有较强国际竞争力的特色创新产业集群，提高核心技术自主研发能力和产业化应用水平，全面提升核心竞争力。同时，特色创新(产业)示范园区将充分发挥示范作用，形成可复制推广的经验，以点带面发挥引领作用，成为推动江苏开发区高质量发展的重要载体。

一、江苏省特色创新(产业)示范园区概况

自2018年9月第一批特色创新(产业)示范园区公示开始，至2021年12月28日，江苏省公布了四批共计72家特色创新(产业)示范园区，每批园区的数量为18家，共涉及了58个产业细分领域，产业细分领域十分广泛。

表1　江苏省特色创新(产业)示范园区数量统计

批次	数量(家)	公示时间
第一批	18	2018年9月28日
第二批	18	2019年9月30日
第三批	18	2021年1月5日
第四批	18	2021年12月28日
总计	72	—

从江苏省特色创新(产业)示范园区所在市的情况来看，无锡市和常州市最多，均为11家，其次是苏州市9家和南京市7家，淮安市最少，仅有2家。

表2　江苏省各市特色创新(产业)示范园区数量统计

序号	所在市	数量(家)	占比(%)
1	无锡市	11	15.28

续表

序号	所在市	数量(家)	占比(%)
2	常州市	11	15.28
3	苏州市	9	12.50
4	南京市	7	9.72
5	泰州市	5	6.94
6	盐城市	4	5.56
7	连云港市	4	5.56
8	南通市	4	5.56
9	宿迁市	4	5.56
10	徐州市	4	5.56
11	镇江市	4	5.56
12	扬州市	3	4.17
13	淮安市	2	2.78
总计		72	100

二、江苏省特色创新(产业)示范园区申报要求及评审要点

(一)江苏省特色创新(产业)示范园区申报要求与上海市特色产业园区申报要求的区别

从江苏省商务厅发布的工作通知中可以看出，江苏省商务厅从申报对象和范围、规划和选址要求、产业特色和门类、创新和保障体系、体制机制、绿色集约等方面提出了对江苏省特色创新(产业)示范园区的申报要求。

从申报对象和范围的要求来看，江苏省特色创新(产业)示范园区的申报对象为江苏省国家级、省级开发区(不含筹建)，所申报的“特色创新(产业)示范园区”的范围须为所在开发区的区中园。

从规划和选址要求方面来看，园区的设立需要符合所在开发区经济和社会发展规划，园区选址需要符合土地利用总体规划和城市总体规划，并优先支持开展区域评估工作成效显著的申报对象。

从产业特色和门类要求上看，园区需要在某一产业领域的特色发展上保持较高水平，各项相关指标在全省处于领先位置，经济社会贡献突出，有可复制推广的发展经验总结，并优先支持符合《省政府关于加快培育先进制造业集群的指导意见》(苏政发〔2018〕86 号)所列 13 类先进制造业发展方向的申报

对象。

从创新和保障体系要求上看，园区需要有较高的创新发展水平，较好的载体建设，引进、培养人才的政策保障。除此以外，园区需要促进体系完善。

从体制机制要求上看，园区体制机制改革需成效明显，创新建设运营模式，有较高市场化、社会化水平。

从绿色集约方面的要求上看，园区需要绿色生态建设水平领先，集聚集约发展成效突出。

江苏省特色创新(产业)示范园区与上海市 2020 年开始建设的“特色产业园区”较为相似，虽然上海市尚未公布“特色产业园区”的申报要求，但从已认定的特色产业园区的现状上看，两者在申报方面存在以下不同：

管理园区申报的主体不同，江苏省特色创新(产业)示范园区由江苏省商务厅组织申报，而上海市特色产业园区由上海市经济和信息化委员会组织申报。

申报的对象和范围不同，江苏省特色创新(产业)示范园区的申报对象为江苏省国家级、省级开发区(不含筹建)，而上海市特色产业园区申报对象多为园区平台公司；同时，前者所申报的“特色创新(产业)示范园区”须为所在开发区的区中园，而后者却没有这方面的要求，不仅包括国家级、省级开发区中的区中园，还包括各类区镇级产业园区、各类产业区块等等。

对园区申报面积的要求不同，江苏省特色创新(产业)示范园区对申报面积没有提出具体的要求，而上海市特色产业园区申报后平均面积为 3—5 平方公里。

申报的产业门类不同，从已纳入江苏省特色创新(产业)示范园区的名录上看，江苏省特色创新(产业)示范园区产业门类极为丰富，涉及 58 个产业细分领域，产业细分领域多而细，如“宿迁经济技术开发区酿造产业园”“苏州高新技术产业开发区医疗器械产业园”等。从上海市公布的前两批 40 家特色产业园区看，上海市特色产业园区产业门类集中在集成电路、生物医药、人工智能、新材料、航空航天、智能制造、在线新经济七大领域，第三批 13 家特色产业园区主要聚焦于数字经济、绿色低碳、元宇宙等新兴业态领域，产业细分领域主要按照大类进行了细分，相对于江苏省特色创新(产业)示范园区要少很多。

(二)江苏省特色创新(产业)示范园区创建评审要点

江苏省特色创新(产业)示范园区创建评审要点分为 3 个维度，共计 17 个要点，数据来源于税务、金融、商务、工信、国土、科技等各部门及综合考核评价。

发展基础维度分为 5 个要点，分别评审园区的规划和选址、产业集聚度；

产业方向、产业链；园区的发展目标、创建思路、规划和路径；园区的被重视程度、服务管理机构和政策扶持体系；园区的生态建设和循环化改造情况。

产业水平维度分为6个要点，分别评审园区的销售收入和亩均销售收入；园区的税收和亩均税收；园区的上市企业数量；园区的跨国公司地区总部和功能性机构数量；园区的智能车间数量；园区的工业用地面积。

创新水平维度分为6个要点，分别从高新技术企业数量、研发机构数量、孵化器和众创空间数量及规模、相关领军人才数、"四上"企业R&D经费支出、年度发明专利授权量和年度PCT国际专利申请量。

表3　江苏省特色创新(产业)示范园区创建评审要点

维度	要点	数据来源
发展基础	1. 特色产业园区的设立符合所在开发区的经济和社会发展规划，园区选址符合土地利用总体规划和城市总体规划，所在开发区推进区域评估工作成效显著，特色产业主要企业在园区集聚度高	—
	2. 特色产业为省政府明确培育的13类先进制造业之一，发展水平处于全省前列，产业链较为完整，实力雄厚、贡献突出，创新能力强，能够成为所在开发区创新发展的主要载体	—
	3. 特色产业发展目标明确，致力于打造具有世界一流水平的产业高地和创新集群，培育创建的思路、规划和路径清晰	—
	4. 所在开发区高度重视特色产业园区发展，有专门的管理服务机构，建立较为完备的政策扶持体系	—
	5. 所在开发区获批省级以上生态工业园区，积极开展循环化改造	—
产业水平	1. 三年来相关规上企业开票销售收入及占开发区比重，单位工业用地面积(每亩)开票销售收入	税务部门
	2. 三年来相关税收及占比，单位工业用地面积(每亩)税收	税务部门
	3. 相关上市企业数量	金融部门
	4. 相关跨国公司地区总部和功能性机构数量	商务部门
	5. 相关省级以上示范智能车间数量	工信部门
	6. 相关工业用地面积(基础数据，不计分)	国土部门

续表

维度	要点	数据来源
创新水平	1. 相关高新技术企业数量	科技部门
	2. 相关省级以上研发机构数量	综合考核评价
	3. 相关孵化器、众创空间数量及规模	综合考核评价
	4. 相关领军人才数	综合考核评价
	5."四上"企业 R&D 经费支出	综合考核评价
	6. 相关年度发明专利授权量，年度 PCT 国际专利申请量	知识产权部门

浅谈浙江省国家级经开区"区区合一"与整合提升

——以杭州经开区与宁波经开区为例

范媛媛

杭州经济技术开发区与宁波经济技术开发区均是浙江省数一数二的国家级经济技术开发区，近两年来，两个国家级经开区均经历了较为重大的调整。杭州经开区先是整合扩区，再是与行政区深度融合；宁波经开区早在2002年就与行政区融合发展，而在去年又进行了整合提升。本文梳理两个国家级经开区的发展情况，对其"区区合一"与整合提升后的发展路径提出几点建议。

一、杭州经开区与宁波经开区"区区合一"与整合提升的起源

(一)杭州经开区发展概况

杭州经济技术开发区于1993年4月4日经国务院正式批准设立，是全国首批国家级经开区之一。杭州大江东产业集聚区是2010年经浙江省政府批准的全省15个省级产业集聚区之一。2019年4月2日，浙江省人民政府批复设立杭州钱塘新区，包括原杭州经济技术开发区与原大江东产业集聚区，总面积531.7平方公里。2021年3月11日，浙江省人民政府发布《关于调整杭州市部分行政区划的通知》，设立杭州市钱塘区，自此，作为经济功能区的钱塘新区和作为行政区的钱塘区共同存在。杭州经开区实行"一个平台、一个主体、一套班子、多块牌子"的管理体制架构，拥有杭州经济技术开发区、杭州综合保税区、临江高新技术产业开发区、中国浙江自由贸易试验区杭州片区钱塘区块4块国家级牌了。

(二)宁波经开区发展概况

宁波经济技术开发区是1984年经国务院批准设立的首批14个国家级经济技术开发区之一。2002年11月18日，宁波市委、市政府发文，批准宁波经济技术开发区和北仑区合并，实行"一套班子，两块牌子"新的管理体制。2021年5月31日，宁波市人民政府印发《宁波市开发区(园区)整合提升总体方案》，整合设立新的宁波经济技术开发区，挂大榭开发区、宁波保税区、北仑港综合保税区、梅山综合保税区、宁波梅山先进制造高新技术产业园区和浙江自贸区宁波片区牌子，总规划面积约615平方公里。宁波经开区与北仑

行政区实现深度融合。

二、杭州经开区与宁波经开区发展对比

杭州经开区与宁波经开区规划面积接近，并且均与行政区深度融合，下面对两个经开区发展情况进行对比。

(一)经济发展对比

2022 年 1—6 月，杭州经开区(钱塘区)地区生产总值为 570.19 亿元，其中，工业增加值 372.73 亿元。由于杭州经开区整合大江东产业集聚区，而大江东产业集聚区还处于产业发展初级阶段，整合后的杭州经开区 GDP 增长并不明显。1—6 月，宁波经开区(北仑区)地区生产总值为 1219.22 亿元，其中，工业增加值 586.69 亿元，宁波经开区的新一轮整合包括了宁波保税区、宁波大榭开发区等成熟开发区，GDP 总量在原先基础上基本翻一番。

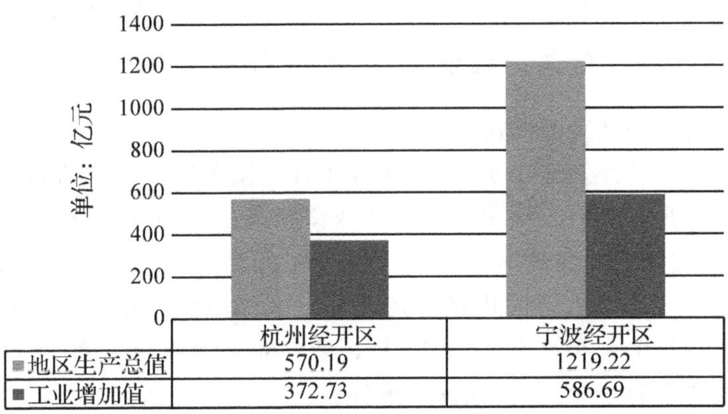

图一　杭州经开区与宁波经开区 2022 年 1—6 月经济发展情况

对比杭州经开区与宁波经开区，从经济总量看，2022 年上半年，整合后的宁波经开区经济体量是杭州经开区的 2 倍多；从经济结构看，杭州经开区工业增加值占 GDP 比重为 65.37%，宁波经开区工业增加值占 GDP 比重为 48.12%，杭州经开区工业更为发达；从区域带动看，杭州经开区 GDP 占杭州市 GDP 的 6.33%，宁波经开区 GDP 占宁波市 GDP 的 16.79%，宁波经开区成为带动宁波市经济发展的重要力量，而杭州还有余杭经开区、萧山经开区、富阳经开区等多个国家级经开区，单个开发区的区域带动引领作用显小。

(二)产业发展对比

近两年，浙江开发区产业链“链长制”已形成了一块金字招牌。对比杭州经开区与宁波经开区产业链“链长制”的发展。杭州经开区目前有 3 条产业链，

分别是芯智造产业链、生物医药产业链和汽车产业链。宁波经开区则是 2 条产业链，分别是集成电路产业链和化工聚氨酯产业链，其中，化工聚氨酯产业链为原宁波大榭开发区所申请。

杭州经开区与宁波经开区均在集成电路领域形成了一条产业链。2021 年，杭州经开区以产业功能平台——杭州钱塘芯谷为主导，集聚了以杭州中欣晶圆半导体股份有限公司、杭州士兰集成电路有限公司、杭州拓尔微电子有限公司等为龙头的 96 家集成电路上下游企业，覆盖半导体原材料、设备、IC 设计、晶圆制造、封装测试及终端产品等多个领域，实现产值近 440 亿元，同比增长 12%。2021 年，宁波经开区以产业功能平台——芯港小镇为核心，集聚了以中芯集成电路(宁波)有限公司、浙江金瑞泓科技股份有限公司、宁波南大光电材料股份有限公司为龙头的集成电路上下游企业，实现产值约 160 亿元。除此以外，杭州经开区另在生物医药和汽车领域形成了产业链"链长制"。在生物医药领域，以杭州医药港为核心平台，聚焦生物制药、医疗器械、生命医学工程、医疗大数据等多个领域，汇聚了 1500 多家生物医药企业，2021 年实现营业收入 450 亿元；在汽车产业领域，以杭州前进智造园为核心平台，实现工业总产值约 600 亿元。宁波经开区化工聚氨酯产业链聚集了万华化学(宁波)有限公司等企业，2021 年实现工业总产值近 300 亿元。

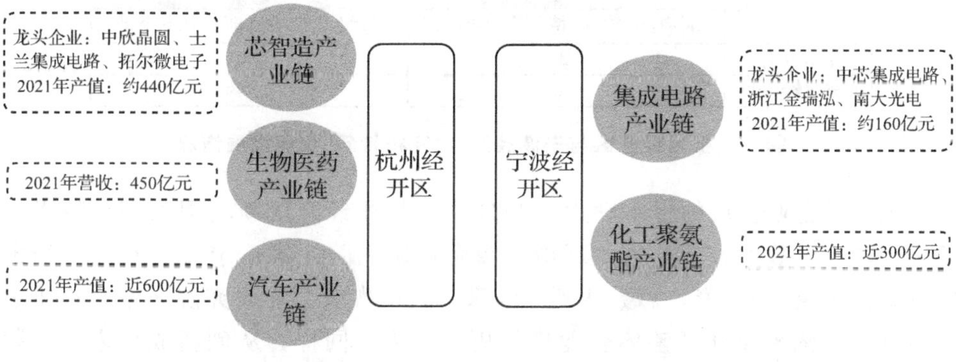

图二　杭州经开区与宁波经开区产业链"链长制"发展情况

由此可见，宁波经开区的两条产业链相比经开区整体工业总产值而言还较小，而杭州经开区三条产业链产业规模更大，产业集聚效应更为明显。不仅如此，杭州经开区集成电路、生物医药和汽车产业作为产业链"链长制"试点，与其主导产业相契合，而宁波经开区在整合后，其产业链"链长制"试点需要与其原有的主导产业进一步融合。

(三)科技创新对比

“专精特新”企业是未来产业链的重要支撑，是强链补链的主力军，是解决“卡脖子”问题的关键力量。截至2022年8月，杭州经开区有国家级“专精特新”小巨人企业2家，宁波经开区有国家级“专精特新”小巨人企业30家。根据浙江省经信厅公布的2021年度浙江省“专精特新”中小企业名单可知，杭州经开区有省级“专精特新”中小企业30家，宁波经开区有34家。无论是从国家级还是省级“专精特新”企业来看，宁波经开区均胜杭州经开区一筹，尤其在国家级“专精特新”小巨人企业方面，宁波经开区排头兵企业数量优势更明显。

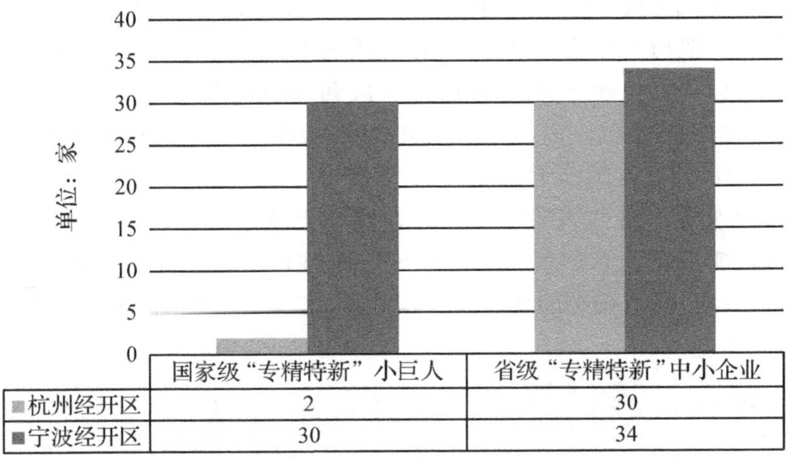

图三　杭州经井区与宁波经开区“专精特新”企业发展情况

创新是企业发展的根本动力。2021年，杭州经开区新增国家高新技术企业205家，总数突破800家，新增省级企业研究院8家；宁波经开区新增国家高新技术企业68家，总数达到323家，新增省级企业研究院3家。相比宁波经开区，杭州经开区整体企业创新更具活力。同样，从创新成果来看，截至2021年，杭州经开区拥有有效发明专利11824件，宁波经开区为2741件，杭州经开区科技创新成果远远高于宁波经开区。

表1　杭州经开区与宁波经开区2021年科技创新成果情况

	新增国家高新技术企业数	国家高新技术企业总数	新增省级企业研究院数量	有效发明专利数量
杭州经开区	205	＞800	8	11824
宁波经开区	68	323	3	2741

三、结论与建议

由此可见，杭州经开区与宁波经开区经过“区区合一”与整合提升后各具优势——杭州经开区在特色产业发展和科技创新成果方面优势突出，而宁波经开区则在经济体量和龙头企业方面更胜一筹。

如今，杭州经开区与宁波经开区通过“区区合一”与整合提升的方式已经进入了新发展阶段：一是从“区区合一”来看，杭州经开区与钱塘区深度融合，宁波经开区与北仑区深度融合，随着当前经开区政策优势逐渐减弱、改革红利释放殆尽，开发区进入转折期，需要整合资源以实现转型升级。杭州经开区与宁波经开区均选择了与行政区融合发展，实现开发区“二次创业”，以完成开发区体制机制再度创新和功能开发。在这一过程中，两个经开区虽然都实行了“一套班子、多块牌子”的管理模式，但仍需将经济管理职能和社会管理职能适当分离，由此更高效地发挥经开区的经济发展功能。二是从区域整合来看，杭州经开区整合了高新区、保税区、自贸区，宁波经开区整合了经开区和保税区，但这不单单是产业规模和经济体量的简单相加。对于经开区来说，发展空间扩大更加有利于统一规划布局、资源进一步整合、产业统筹布局以及深入进行开发区产业结构调整和转型升级。通过这些方式，经开区最终形成“1＋1＞2”的产业格局，并得以带动行政区整体的发展。

同时，在杭州经开区和宁波经开区整合的过程中，区内创新资源和创新平台增多，一是需要促进原不同区域的融合发展，形成交错相融且优势互补的创新体系；二是需要统筹布局创新资源，以先发地区带动目前发展相对缓慢的地区。对杭州经开区而言，需要以原杭州经开区块带动原大江东产业集聚区，利用原杭州经开区丰富的高等院校、创新平台、科技园等科技创新资源，推动原大江东产业集聚区的高速发展。对于宁波经开区而言，由于整合的均是发展较成熟的园区，各园区均已形成相对较完善的创新体系，因此需要打破界限，整合创新资源，形成一体化科技创新管理体制机制，带来有效科技创新合力。

经开区最重要的职能就是发展经济。在当下开发区进入存量发展的时代，由于杭州经开区与宁波经开区均是与行政区深度融合发展，管理主体在履行经济管理职能时尤其要注重服务，用专业高效的服务留住企业、吸引企业。如杭州经开区，杭州钱塘新区管理委员会出资设立杭州钱塘新区产业发展集团有限公司，杭州钱塘新区产业发展集团有限公司投资设立杭州和达高科技发展集团有限公司，针对区内的科技创新，构建了从创业苗圃、项目孵化器、产业加速器到产业化基地的产业生态链及创新创业服务体系，为区内企业的创新创业提供了一条龙服务；而宁波经开区的开发公司——宁波经济技术开发区控股有限公司，旗下的企业涉及领域为园区开发、水务、园林工程等，尚未有明显提供专业服务的公司，在服务领域相较杭州经开区略有欠缺。在后续的发展中，两大经开区需要加大设立专业服务公司或引入第三方专业服务公司的力度，在经开区整合提升的过程中，以服务促进园区整合，继而提升园区发展质量。

张江高新区和苏州工业园区生物医药产业谁问鼎？

——从上市企业角度看生物医药产业园区发展

周思勰

在2021中国生物技术创新大会上，国家科技部生物技术发展中心重磅发布《2021中国生物医药产业园区竞争力评价及分析报告》。苏州工业园区生物医药产业综合竞争力位列全国第一，张江高新区位列第三；而据上观新闻报道，张江药谷生物医药产业综合实力居全国第一。尽管相关排名在生物医药产业界及产业园区行业界引起热烈讨论，但是张江高新区和苏州工业园区在生物医药产业方面的巨大优势和引领全国生物医药产业园区发展的地位是毋庸置疑的。从两个园区的上市生物医药企业分析，可以了解两个产业园区生物医药产业的发展路径选择和策略方向的异同，同时也可以为其他生物医药园区的发展提供借鉴。

一、张江高新区和苏州工业园区生物医药产业速写

张江高新区自建区伊始，生物医药产业就是其重点发展的方向，张江高新区的生物医药产业起步于1994年第一家跨国药企罗氏的入驻，彼时张江高新区才刚刚成立两年。2020年张江“一区22园”生物医药工业总产值约1100亿元，截至2021年，张江高新区核心区内生物医药产业规模达658.17亿元。而苏州工业园区的生物医药产业发展则有“后来居上”的趋势。苏州工业园区2006年起才布局生物医药产业，彼时苏州工业园区已经开发建设有十余年。但是在产业规划的战略指引下，苏州工业园区生物医药产业发展趋势强劲，连续几年保持超过20%的增幅，2021年产值达到1177亿元。

从园区开发角度上说，张江高新区和苏州工业园区都采取了生物医药专业化园区开发的路线，通过打造专业化园区集聚生物医药产业“朋友圈”。被冠以“张江药谷”之称的张江生物医药基地，由国家科技部、国家卫生部、国家食品药品监督管理局、中国科学院和上海市人民政府共建，张江集团旗下上海张江生物医药基地开发有限公司负责开发和建设运营，目前已开发基地一期、二期地块(总面积约3平方公里)。此外张江集团还通过整合提升等方式继续发展上海国际医学园区(约11.79平方公里)等专业化生物医药园区。张江集团近期开发建设的张江创新药产业基地(约3.1平方公里)也成为上海

第一批特色园区。苏州工业园区则打造了“BioBay”这一生物医药园区品牌(规划总占地面积约86.5公顷),目前已经完成了三期建设,正在推进第四期、第五期和第六期的建设。

从生物医药产业发展目标看,张江集团和苏州工业园区都为自身制定了宏大的目标,都喊出要建设“中国药谷”的目标。张江提高站位,在其“一区22园”的总体规划中,明确了以张江科学城为引领,以临港园、奉贤园、闵行园、金山园、宝山园为支撑的“1+5+X”空间布局,力争“十四五”期间生物医药制造业产值年均增速达到8%左右。苏州工业园区则制定了更具“野心”的目标,到2025年,生物医药上市企业突破40家,产业规模突破2000亿元,苏州工业园区产业竞争力保持全国第一,成为全球知名的生物医药产业基地。两个生物医药园区相互竞争的态势十分明显,以新药申报这一重要指标来看,苏州工业园区瞄准张江,目标在2025年累计上市新药30个,而张江集团截至2021年底研发并申报17个一类新药,在2021年当年完成5个一类新药的申报。

二、生物医药上市企业

从园区产业生态看,世界500强企业和上市公司组成了园区产业的龙头企业集群,是园区产业生态的最重要组成者。而由于历史的原因,在众多园区中,500强企业以招引为主,上市公司则是以培育为主,尤其是注册在园区内的上市公司则可以被视为园区成功培育产业生态的“军功章”。分析张江高新区和苏州工业园区生物医药上市企业,可以分析两个园区的生物医药产业发展策略与路径。

表1 张江高新区生物医药上市企业名单及情况 (单位:亿元)

企业名称	2021营业收入	注册资本	市值(2022年8月8日)	上市时间	交易所
益方生物科技(上海)股份有限公司	0	4.6	81.08	2022-7-25	上海证券交易所科创板
上海仁度生物科技股份有限公司	2.92	0.4	23.32	2022-3-30	上海证券交易所科创板
和元生物技术(上海)股份有限公司	2.55	4.93	151.46	2022-3-22	上海证券交易所科创板
迈威(上海)生物科技股份有限公司	0.16	4	65.81	2022-1-18	上海证券交易所科创板

续表

企业名称	2021 营业收入	注册资本	市值(2022 年 8 月 8 日)	上市时间	交易所
上海百心安生物技术股份有限公司	0.0031	2.44	147.65	2021-12-23	香港证券交易所主板
上海皓元医药股份有限公司	9.69	0.74	171.89	2021-6-8	上海证券交易所科创板
上海之江生物科技股份有限公司	20.19	1.95	94.53	2021-1-18	上海证券交易所科创板
上海艾力斯医药科技股份有限公司	5.30	4.5	86.04	2020-12-2	上海证券交易所科创板
三生国健药业(上海)股份有限公司	9.29	6.16	87.95	2020-7-22	上海证券交易所科创板
上海君实生物医药科技股份有限公司	40.25	9.11	540.44	2018-12-24	香港证券交易所主板、上海证券交易所科创板
上海复旦张江生物医药股份有限公司	11.4	1.03	103.41	2002-8-13	香港证券交易所主板、上海证券交易所科创板
上海美迪西生物医药股份有限公司	11.67	0.62	318.98	2019-11-5	上海证券交易所科创板
上海医药集团股份有限公司	2158.24	28.42	630.24	1994-3-24	上海证券交易所主板、香港证券交易所主板
华领医药技术(上海)有限公司	0.12	7.77	34.62	2018-9-14	香港证券交易所主板
上海凯利泰医疗科技股份有限公司	12.69	7.2	55.16	2012-6-13	深圳证券交易所创业板
上海奕瑞光电子科技股份有限公司	11.87	0.73	364.92	2020-9-18	上海证券交易所科创板
上海现代制药股份有限公司	139.45	10.56	93.15	2004-6-16	上海证券交易所主板
上海复宏汉霖生物技术股份有限公司	16.83	5.43	71.32	2019-9-25	香港证券交易所主板

续表

企业名称	2021 营业收入	注册资本	市值(2022 年 8 月 8 日)	上市时间	交易所
上海微创医疗机器人(集团)股份有限公司	0.022	9.59	273.6	2021-11-2	香港证券交易所主板
上海微创心脉医疗科技(集团)股份有限公司	6.85	0.72	108.79	2019-7-22	上海证券交易所科创板
微创心通医疗科技有限公司	2.01	14.7	49.97	2021-2-4	香港证券交易所主板
微创神通医疗科技(上海)有限公司(原微创脑科学)	3.83	0.8	109.93	2022-7-15	香港证券交易所主板
上海透景生命科技股份有限公司	6.55	1.64	35.06	2017-4-21	深圳证券交易所创业板
合富(中国)医疗科技股份有限公司	11.91	2.99	49.08	2022-2-16	上海证券交易所主板
上海南方模式生物科技股份有限公司	2.75	0.78	47.14	2021-12-28	上海证券交易所科创板
上海凯赛生物技术股份有限公司	21.97	4.17	504.44	2020-8-12	上海证券交易所科创板
和铂医药(上海)有限责任公司	0.29	5.40	22.17	2020-12-10	香港证券交易所主板
上海和誉生物医药科技有限公司	0.23	8	24.18	2021-10-13	香港证券交易所主板
上海药明巨诺生物科技有限公司	0.31	2.74	24.61	2020-11-3	香港证券交易所主板
嘉和生物药业有限公司	0	8.31	14.03	2020-10-7	香港证券交易所主板
再鼎医药(上海)有限公司	9.73	24.79	297.75	2017-9-20	美国纳斯达克、香港证券交易所主板

注：这一张江范围为张江核心区(即张江高科与国际医学园区相关企业)，企业为注册在张江范围内的相关企业，名单统计截止时间为 2022 年 8 月 1 日。企业在境内外两个交易所上市的，以首次上市时间为准，相关市值以境内市值为准，汇率以 2022 年 8 月 8 日外汇中间价计算

表 2　苏州工业园区生物医药上市企业名单及情况(单位：亿元)

企业名称	2021 营业收入	注册资本	市值(2022 年 8 月 8 日)	上市时间	交易所
苏州艾隆科技股份有限公司	3.89	0.77	30.66	2021-3-29	上海证券交易所科创板
苏州贝康医疗股份有限公司	1.10	2.74	9.28	2021-2-8	香港证券交易所主板
江苏康众数字医疗科技股份有限公司	3.42	0.88	26.84	2021-2-1	上海证券交易所科创板
江苏浩欧博生物医药股份有限公司	3.18	0.63	24.14	2021-1-13	上海证券交易所科创板
天臣国际医疗科技股份有限公司	2.14	0.80	16.88	2020-9-28	上海证券交易所科创板
博瑞生物医药(苏州)股份有限公司	10.52	4.1	94.38	2019-11-8	上海证券交易所科创板
基石药业(苏州)有限公司	2.44	1.98	43.7	2019-2-26	香港证券交易所主板
苏州麦迪斯顿医疗科技股份有限公司	3.54	1.65	57.22	2016-12-8	上海证券交易所主板
信达生物制药(苏州)有限公司	42.61	10.29	464.84	2018-10-31	香港证券交易所主板
江苏吴中医药发展股份有限公司	17.75	7.12	55.71	1999-4-1	上海证券交易所主板
江苏亚盛医药开发有限公司	0.28	0.84	38.11	2019-10-28	香港证券交易所主板
苏州康宁杰瑞生物科技有限公司	1.46	0.57	397.65	2019-12-12	香港证券交易所主板

注：名单企业为注册在苏州工业园区内的企业，名单统计截止时间为 2022 年 8 月 1 日，汇率以 2022 年 8 月 8 日外汇中间价计算

从企业数量上看，张江生物医药上市企业数量为 31 家，苏州工业园区为 12 家[①]。从板块上看，张江生物医药科创板上市企业为 15 家，苏州工业园区

① 尽管苏州工业园区在宣传中统计有 16 家生物医药企业上市，但是部分并不是注册在苏州工业园区内的企业。

为5家。从2021年的营收上看，张江生物医药上市企业2021年总营收为2519.08亿元，苏州工业园区为92.33亿元。从市值上看，张江生物医药上市企业的总市值为4682.72亿元，苏州工业园区为1259.41亿元。总体来看，张江生物医药上市企业数量为苏州工业园区的2.6倍，其中张江生物医药科创板上市企业为苏州工业园区的3倍，生物医药上市企业营收为苏州工业园区的27.3倍，上市企业总市值为3.7倍。如果从上市公司角度分析，在生物医药产业领域，张江对苏州工业园区仍存在着巨大优势，苏州工业园区追赶张江的道路还比较漫长。

从两个园区主要上市生物医药企业的特点来看，可以发现沪苏两地的生物医药产业已经呈现出了在长三角范围内跨区域布局和产业链上下游分区域布局的特点。比如创立于2016年的上海天境生物在2020年1月17日于美国纳斯达克上市，是一家聚焦肿瘤免疫和自身免疫疾病治疗的生物新药研发公司，全球总部位于上海前滩，其研发中心位于上海张江，而其GMP生产基地则位于杭州经开区。再例如亘喜生物科技公司致力于发现和开发突破性的细胞疗法，其虽然注册于开曼群岛，但其实是成长于苏州工业园区的生物医药企业，总部位于苏州，同时在上海漕河泾开发区注册有分支机构。此外，如百济神州注册于海外，有张江投资，在苏州工业园区建立生产基地，由张江和苏州工业园区共同提供优质的服务。

三、张江高新区和苏州工业园区生物医药产业的启示

在张江高新区和苏州工业园区发展生物医药产业的路程上，有几点值得各生物医药园区尤其是长三角生物医药产业园区学习和借鉴。

一是要做好规划，坚定不移落实规划。尽管"一张蓝图绘到底"已经是各园区老生常谈的话题，但是张江高新区和苏州工业园区在生物医药产业上坚定不移的投入无一不是规划引领下的结果。尤其是苏州工业园区在2006年从无到有，及时布局生物医药产业，给广大园区从业人员展示了产业从无到有规划布局的成功案例。

二是要用好政策，注重科创板等工具。科创板的设立不仅仅是为在沪科创企业服务的，更是为长三角各类科技型产业服务的，张江高新区和苏州工业园区充分利用科创板对于生物医药企业和产业的优先支持，在科创板上市企业方面取得了明显的成果。

三是要做好宣传，提升园区总体溢价。从上市企业业绩和市值上看，苏州工业园区的生物医药上市企业营收和市值的比例远远小于张江高新区，说明资本市场给了苏州工业园区内的上市生物医药企业更多的估值"溢价"，从另一个角度说也是资本市场对苏州工业园区生物医药产业的发展持有更为积

极和乐观的态度。在这一点上苏州工业园区长期以来对自身生物医药产业的宣传和推广起到了巨大作用。尤其是在 BioBay 的园区品牌打响之后，生物医药产业界将其亲切地称为“B 村”，极大地提升了苏州工业园区在产业界和资本市场的能见度。这种宣传在招商引资方面为苏州工业园区带来了直接好处的同时，帮助区内的生物医药企业获得更多的关注，有效促进了企业成长。

四是要找准差异，强化长三角合作联动。从张江高新区和苏州工业园区两地的生物医药产业来看，两者的合作关系大于竞争关系，尤其是从龙头企业在两个园区的布局来看，已经逐渐形成了总部布局全球化、研发基地在张江和生产中试在苏州工业园区的格局。由于张江特殊的地理条件和上海的资源限制，张江可供使用的产业用地将会越来越稀缺，这就不得不使得众多生物医药企业强化在长三角区域的生产和中试布局。同时，由于上海拥有极强的临床资源和研发人才优势，生物医药企业也倾向于将研发总部布局在张江。从资本市场上看，苏州工业园区参投的区内生物医药企业积极在科创板上市的同时，也会在张江和上海其他区域布局相应的功能性分支机构，而张江参投的生物医药龙头企业也会向苏州工业园区这样的区域强化生产性基地的布局。可见张江和苏州工业园区的合作大于竞争，两个园区在开放的背景下参与生物医药产业链的全球化布局，成为生物医药产业链不可或缺的部分。这也给了其他园区以启示，站在全球化的角度下，从市场的观点出发，找准自身与其他园区的差异，强化长三角园区的合作联动，发挥自身优势，做大生物医药产业。

沪上名园风采现

2021年上海产业园区社会经济发展成效与2022年趋势分析

管锡清

一、2021年上海市产业园区社会经济发展成效

(一)上海市产业园区2021年全方面实现较快发展，取得“十四五”开门红

经济总量持续扩大：2021年上海市产业园区经济总量持续扩大，预计将超过12.5万亿元，同比增长20%以上，经济总量从2016年6.5万亿元增长近1倍。陆家嘴金融贸易区和中国(上海)自由贸易试验区营业总收入均超过2.5万亿元，6个园区超5000亿元。**工业生产可比两位数增长**：2021年上海市产业园区将实现规上工业总产值超3.1万亿元。其中，临港产业区和上海金桥经济技术开发区双双超过2500亿元规模，超千亿元的13个园区共有11个园区实现正增长，最高增幅超过7%。工业生产在新常态下实现两位数增长，创2011年以来最高增速。**社会投资**：1—11月上海市实现全社会固定资产投资增长8.7%，产业园区完成全社会固定资产投资增速远高于全市平均水平，预计全年将接近3000亿元，其中工业固定投资1300亿元左右。**招商引资**：产业园区1—11月合同外资规模达到250亿美元，全年超280亿美元，产业园区内资企业注册资本金全年接近5500亿元规模，内外资都将实现较高增长。**上缴税金**：上海市开发区继续执行国家减税降费政策，2021年上缴税金将达到6000亿元以上，同比实现了较大增长。**工业出口**：在中美贸易竞争不断升级和疫情大流行的背景下，上海市开发区2021年工业出口交货值实现小幅增长，全年完成出口交货值达到7200亿元，成为近几年一个高峰。

(二)重点区域与园区成为上海市产业园区2021年较快发展的基石

1. 临港新片区高速发展引领上海市产业园区

中国(上海)自由贸易试验区临港新片区于2019年末成立，逐渐成为上海市、浦东新区和上海市产业园区经济发展的最重要一极。临港产业区是临港新片区最重要的产业园区。2021年临港产业区实现4700亿元的营业收入，增长超过150%；规上工业产值超2500亿元，增幅超70%，临港产业区成为2021年上海市产业园区经济发展的龙头。

2. 张江科学城稳定增长促进上海市产业园区经济规模增加

张江科学城以张江高科技园区为核心，包括上海浦东康桥工业园区、上海国际医学园区、上海浦东合庆工业园区和新场工业园区，是上海市产业园区科技创新的核心区域。张江科学城各产业园区 2021 年营业收入接近 1 万亿元，增长超 20%，其中张江高科技园区营业收入超过 6800 亿元，实现规上产值接近 3200 亿元，成为上海市产业园区最大的工业生产区域。

3. 国家级开发区成为上海市产业园区稳增长的园区集群

2021 年上海市国家级开发区实现营业收入近 8 万亿元，占全市产业园区的比重超过 63%。其实现了增长 16%以上，规上产值近 1.2 万亿元，可比增长接近 10%，得以成为上海市产业园区稳增长的重要园区集群。

(三)重点行业实现快速增长保证产业园区工业生产较好发展

2021 **年上海市产业园区规上工业总产值将超** 3.1 **万亿元**，可比增长超 10%，汽车制造业，计算机、通信和其他电子设备制造业，化学原料和化学制品制造业等十大行业将实现规上产值达到 2.57 万亿元的壮举，可比增幅超全市开发区平均水平。其中，汽车制造业规模接近 7000 亿元，增长超 20%，特别是新能源汽车快速增长，已成为上海市工业生产强劲增长的动力来源。汽车制造业规模逐渐拉大了与计算机、通信和其他电子设备制造业之间的距离，稳坐上海市产业园区工业生产第一名。2021 年生产增长较大的还有装备制造业中的“三强”行业，分别是电气机械和器材制造业、专用设备制造业、通用设备制造业，其中电气机械和器材制造业增幅预计达到 23%以上，是十大行业中增长最快的行业。**从营业收入看**，十大行业只有计算机、通信和其他电子设备制造业的营业收入同比下降，其他九大行业都同比增长，其中黑色金属冶炼和压延加工业，石油、煤炭及其他燃料加工业，化学原料和化学制品制造业等资源品与基础原料受通胀影响，同比大幅增长。**从出口交货值分析**，汽车制造业，石油、煤炭及其他燃料加工业，化学原料和化学制品制造业三个行业可比增长位居前三，其中汽车制造业出口交货值增长超过 100%，体现上海市产业园区贯彻落实国内大循环为主体、国内国际双循环相互促进的新发展格局。

2021 年上海市战略性新兴产业完成工业总产值将超过 15000 亿元，产业园区内战略性新兴产业产值达到 13700 亿元以上，占全市战新产值的比重超 90%。新能源汽车、数字创意、新能源、高端装备、生物、节能环保增速均高于规上工业平均水平。新经济新动能对上海工业的引领作用于是得到进一步体现，新产品产量保持快速增长，新能源汽车、工业机器人、笔记本计算机、3D 打印设备、集成电路产量分别保持较快同比增长，预计 2022 年将增长 30%以上。

二、2022 年上海产业园区经济发展面临机遇多于挑战

世界经济出现复苏的态势。2022 年，全球疫情仍在持续，主要经济体通胀升温，经济体将进入加息周期，资源品价格快速上升，这些都将对复苏进程产生影响。但《区域全面经济伙伴关系协定》(Regional Comprehensive Economic Partnership，RCEP)于 2022 年 1 月 1 日正式生效，创建世界上涵盖人口最多、成员构成最多元、发展最具活力的自由贸易区。该自由贸易区将对包括中国在内相关国家的贸易产生重要推动作用，促进经济发展。

中美关系在竞争中前行。中国在第一个百年期间成为世界第二大经济体，实力进一步提升，世界秩序新机制正缓慢形成。政治上，美国以价值观为导向进行对抗；经济上，中美之间进行“激烈的竞争”，冲突将永远存在，但双方经贸关系稳中有升，特别是贸易量跟着增加，世界最大的两个经济体将在竞争中继续前行。

国内经济发展以稳为主。2022 年我国宏观政策将以稳为主，适当加大力度扩大内需。通过国家减税降费政策进一步深入、货币政策与财政政策保持相对宽松、地方政府专项债券规模适度增加等举措，保证国内大循环稳定。但需要防范美联储货币政策转向风险，保持人民币汇率在合理水平双向波动，为经济发展提供良好的金融支撑。

关键性产业和新产业双重推动。2021 年全球产业的关键词是“缺芯”“缺锂”，这些基础性关键性产业将在 2022 年持续扩张，满足新能源汽车、新能源和数字产业快速发展的需求。绿色低碳、生物医药、AI、无人驾驶、元宇宙等新兴产业引领作用将进一步增强。

三、2022 年上海产业园区社会经济发展趋势分析

(一)上海市产业发展趋势分析

1.“3＋6”产业体系和特色产业园区引领园区产业蓬勃发展

上海市“十四五”期间将构建“3＋6”新型产业体系，发挥集成电路、生物医药、人工智能等三大先导产业的引领作用，打造电子信息、生命健康、汽车、高端装备、先进材料、时尚消费品等六大高端产业集群。上海市目前的 40 个特色产业园区，产业集中于集成电路、人工智能、生物医药、航空航天、新材料、智能制造、在线新经济等七大核心产业领域。在“十四五”期间，上海将继续建设一批代表上海参与全球产业竞争的特色产业园区。“3＋6”新型产业体系和特色产业园区所聚焦的特色产业将共同引领上海市产业发展方向。

2. 以新能源汽车为重点的汽车制造业将大力发展

新能源汽车、智能网联汽车是汽车制造业未来的发展趋势。上海新能源

汽车具有全球竞争优势：特斯拉、蔚来、威马是领先的新能源汽车制造商；上海汽车及子公司上海大众、上海通用三家整车企业逐渐转型新能源汽车；百度、吉利等巨头企业在上海成立集度汽车有限公司；造车新势力哪吒汽车也在上海投资布局。由此可见，上海正加快创新转型，推进构建新能源汽车和智能网联汽车高端制造产业集群。新企业纷纷入驻，原有企业持续扩大新能源汽车生产销售规模，相关配套企业集聚，上海市产业园区 2022 年汽车制造业蓬勃发展。

3. 电子信息产业将持续“研”强“制”弱的趋势

电子信息产业是上海最重要的产业之一，上海涉及电子信息产业的服务业与制造业都排名前列。但随着制造业的内迁与外移，上海市电子信息制造业规模逐渐趋小，产业引领力趋弱，电子信息制造业产值从 2015 年的 6285 亿元下降到 2021 年(预计)的 6090 亿元。而电子信息服务业将在以张江科学城为龙头的产业园区的带领下，呈现向上发展的良好态势。

4. 以数字经济为代表的新经济初现端倪

上海将布局数字经济、绿色低碳、元宇宙等新赛道，紧扣城市数字化转型，加快数商产业、5G 产业、位置产业、开源产业、信创产业、安全产业、场景产业等新经济产业发展。

(二)上海市产业园区产业发展趋势分析

1. 上海市产业园区 2022 年经济规模将持续扩大，工业生产实现 5%的增长

2022 年上海市产业园区经济总量将持续扩大，预计达到 14 万亿元以上，增长超过 12%，特别是与上海市特色产业园区有重叠的 36 个产业园区经济总量将有明显增长。工业生产将呈现前低后高的走势，可比增长在开门红后呈现向下走势，但在三季度将出现拐点向上，全年实现正增长，规上工业总产值达到 3.25 万元。2022 年，园区的数字化转型将拉动园区新基建投资，企业的数字化转型增加工业投资，产业园区的工业投资和基础设施投资将呈现双增长。其中，特色产业园区的开发建设及其全球招商带来新增企业的投资将促进上海市产业园区投资更上一个台阶。

2. 上海市产业园区制造业重点行业呈现“三强两弱”态势

一是新能源汽车增长助力汽车制造业正增长。2022 年上海产业园区的汽车制造业“缺芯”“缺锂”现象将明显缓解，新能源汽车制造能力将进一步提升，传统燃油汽车销量将继续下降，新能源汽车销量将增长 20%以上，左右上海市产业园区汽车制造业发展趋势。二是电子信息制造业增长压力大。电子信息制造业是上海市产业园区外向度最高的产业，产品有近 80%外销，受出口目的国关税影响较大，美国、欧盟、日本等作为上海市出口的主要目的地，竞争在不断加大，这将给电子信息制造业出口带来巨大压力，2022 年上海市

产业园区电子信息制造业承压扩大。三是生物医药制造业继续保持较快增长。上海在高端生物医药领域已经具备较强的先发优势，形成以张江高科技园区为代表的生物医药产业园，在研发实力、创新人才、生产工艺、应用场景、医疗机构等方面全国领先，产业链完备，竞争力极强，特别是研发实力处于全球一流水平。2022 年预计生物医药制造业仍将保持较快增长，行业规模产值将迈过 1000 亿元大关，呈现研发、生产、应用的良性循环。四是高端装备制造业生产将保持增长。上海市 40 个特色产业园区中有 12 个是智能制造领域的园区，占比 30%，远远超过其他六大特色产业。特色产业园区快速发展，再加上上海市高端装备制造业以国内市场为主，将受益于国内基建投资扩大的影响，2022 年电气机械和器材制造业、专用设备制造业、通用设备制造业将保持增长。五是资源品行业将出现调整。2022 年国际资源品和原油价格受货币紧缩政策及经济复苏速度的影响从 2021 年高位呈现逐渐下降趋势，特别是资源品价格下降幅度将明显高于原油降幅。因此黑色金属冶炼和压延加工业，石油、煤炭及其他燃料加工业两个重要行业将承压，特别是销售收入将出现负增长。

3. 上海市产业园区上缴税金增长压力明显

2022 年是国家减税降费政策进一步深化的一年，部分税收优惠政策将延续，营商环境将持续改善，与税费相关的营商环境将进一步提升，相关减税降费政策将全年严格执行。另一方面，由于经济发展速度相比 2021 年有所下降，外贸出口承压较大。因此，2022 年上海市产业园区上缴税金增长压力较大。

2022 年上海市开发区社会经济发展总体较 2021 年增幅预测下降，工业生产与上缴税金两方面承压较大，但园区经济规模将持续增加，新产业新动能逐渐集聚，发展基础将越来越坚实。

上海开发区智慧园区建设浅析

亓书理　赵　岚

一、智慧园区发展概况

智慧园区的本质是信息化、工业化、城镇化的高度融合。从技术角度看，智慧园区是基于信息化建设的云网端，是宽带园区、感知园区、数字园区、智能园区的结合体，实现人与人、人与技术以及技术和技术之间的相互融合。从业务角度看，智慧园区是实现园区产业全要素、全产业链、全价值链连接的关键支撑，是开发区转型升级的核心载体和重要抓手。

(一)智慧园区建设与发展的背景

智慧园区是成熟园区的升级版，也是新兴园区的规划起点，随着5G、移动互联网、云计算等信息技术的迅速发展和深入应用，以智慧化提升园区竞争力已成大势所趋。全面推进城市数字化转型，是上海"十四五"发展规划的主攻方向之一。按照**"中心辐射、两翼齐飞、新城发力、南北转型"**的发展定位，加快空间格局重塑，充分发挥品牌园区运营基础，实施特色产业园区"高峰引领"计划，产业园区正逐步成为驱动数字经济发展的重要载体。

从国家层面看，2014年，国家发改委、工信部等八部委印发了关于《促进智慧城市健康发展的指导意见的通知》，要求科学制定智慧城市建设顶层设计，到2020年建成一批特色鲜明的智慧城市。强调指出"科学制定智慧城市建设顶层设计"。其中在建立现代化产业发展体系方面，要积极培育发展工业互联网等新兴业态。

此外，国务院办公厅《关于支持浦东新区高水平改革开放打造社会主义现代化建设引领区的意见》，明确了浦东新区等重点区域加快建设智慧城市、提高城市治理现代化水平的建设目标。

从上海市层面看，上海市提出全面推进城市数字化转型要坚持整体性转变、全方位赋能、革命性重塑，全力打造具有世界影响力的国际数字之都，同时对全面推进城市数字化转型明确了方向和任务。2020年底，市委、市政府印发《关于全面推进上海城市数字化转型的意见》，提出如下目标："到2025年，上海全面推进城市数字化转型取得显著成效，国际数字之都建设形成基本框架。到2035年，成为具有世界影响力的国际数字之都。"2021年，市城市数字化转型工作领导小组办公室印发《推进上海经济数字化转型 赋能高质量发展行动方案(2021—2023年)》，提出了“到2023年，将上海打造成为世界级的创新型产业集聚区、数字经济与实体经济融合发展示范区、经济数字化转型生态建设引领区，成为数字经济国际创新合作典范之城”的转型目标。市发改委印发《上海市促进城市数字化转型的若干政策措施》，提出了“到2025年，推动上海数字经济核心产业增加值进一步提高，着力形成上海城市数字化转型的制度框架体系，取得一批具有重要影响力的制度性成果，在国内外的数字规则话语权显著增强，为加快建设具有世界影响力的国际数字之都提供重要支撑”的总体要求。市政府办公厅印发《上海市全面推进城市数字化转型“十四五”规划》等，提出了“到2025年，上海全面推进城市数字化转型取得显著成效，对标打造国内一流、国际领先的数字化标杆城市，国际数字之都建设形成基本框架，为2035年建成具有世界影响力的国际数字之都奠定坚实基础”的主要目标。对上海全面推进城市数字化转型明确了方向和任务。

从区级层面看，2021年2月以来，各区全面落实国家和市委市政府提出的战略部署。**杨浦区**制定了《打造上海市数字化转型示范区全面推进杨浦区城市数字化转型行动方案(2021—2023年)》，提出：到2023年，以“长阳秀带”在线新经济生态园建设为引领，打造杨浦滨江在线新经济总部集聚区，大创智—五角场数字化生活新地标，城区数字治理精细化水平持续提升，数字化服务水平继续优化，构建若干数字化特色场景链，形成数字化双创生态链，打造上海市数字化转型示范区。**金山区**制定了《关于全面推进金山城市数字化转型的实施意见》，提出：通过构建数据驱动的数字城市基本框架，引导全社会共建共治共享，推动经济、生活、治理全面数字化转型。**宝山区**编制了《宝山区推进城市数字化转型三年行动计划(2021—2023)》，提出：着力构建“四个一”总体建设框架；从领导机制、推进机制、督促检查、资金保障、形成氛围等五大方面形成全方位保障机制，将城市作为有机生命体，全面、系统、主动地推动城市数字化转型建设；打造数字化转型“双核五圈”示范生态圈。**静安区**制定了《静安区智慧城区建设“十四五”规划》，提出：提升“云网一体、高效便捷”的基础设施支撑体系；打造“一数一源、一源多用”的数据共享开放体系；深化“1大脑＋N平台”的跨领域融合应用体系；完善“自主可靠、制度完善”的信息安全保障体系。**嘉定区**编制了《嘉定区城市数字化转型行动方案(2021—2023年)》，提出：构建一个数字底座，夯实“端、网、数、安”基础能力；聚焦三大转型领域，形成相互协同、互为赋能的生态格局；打造两大转型示范样板，探索未来城市发展方向；建立两大转型推进机制，营造共建共享生态环境。**闵行区**编制了《闵行区数字化转型“十四五”规划》，提出：到2025年，以“南北联动、双核辐射”空间发展战略为牵引，以提高城市科学化、精细化、智能化管理水平为抓手，聚焦政务服务“一网通办”、城市运行“一网统管”，统筹推进城市经济、生活、治理全面数字化转型，加强闵行区城市治理制度创新、模式创新、手段创新，实现数字经济活力迸发，新模式新业态创新发展。

从园区层面看，虹桥商务区、临港新片区、张江科学城、上海化学工业区、虹桥临空经济园区等，认真贯彻市委市政府提出的相关要求，全面落实智慧园区建设和推进数字化转型，不断提升产业园区数字化转型核心竞争力。**张江科学城**提出了坚持绿色智慧发展理念，加快推进数字化转型，打造居住安心、服务完善、出行便捷、环境优美、充满活力的国际都市示范区的发展目标，明确了要提升数字化、智能化发展水平，加快建设数字张江，服务于浦东打造社会主义现代化建设引领区。**临港新片区**提出了将建设临港特色城市治理“两张网”，以智慧城市、宜居城市建设为机遇，打造临港特色城市治理和服务新模式，到2035年，建成高质量社会服务体系“临港样板”。**虹桥商务区**提出到2022年，将建成国家级新型智慧城市“5G＋AI”示范区，形成城市运营中心、进博会保障服务平台、数字贸易公共服务平台三大特色平台和智慧交通、智慧会展、智慧商务、智慧生活四大功能体系的建设目标。**上海化学工业区**提出了要把全面推进数字化转型作为园区塑造未来核心竞争力的关键举措。

(二)国内外智慧园区发展概况

随着城市化加速发展，国外智慧园区的发展经历了自主集聚—要素驱动—市场驱动—创新驱动的过程。

美国、德国、荷兰等国家将智慧城市建设作为刺激经济发展和建立长期竞争优势的重要战略，在智慧城市这一先行概念的引导下，“智慧园区”作为智慧城市的重要表现形态，其体系结构与发展模式已成为智慧城市在一个小区域范围内的缩影，既反映了智慧城市的主要体系模式与发展特征，又具备了不同于智慧城市的发展模式的独特性。

2018年，美国出台《先进制造业美国领导力战略》，将智能和数字制造、先进工业机器人以及人工智能基础设施建设列为三大目标之一——“开发和转化新的制造技术”的优先计划。提出了将大数据分析和先进的传感和控制技术应用于大量制造活动，从而促进制造业的数字化转型；在先进的制造环境中更广泛地采用机器人技术；制定人工智能的新标准并确定最佳实践，以在行业内和跨行业提供一致的可用性，可访问性和制造数据效用。美国大型园区在智慧园区建设过程中通常首先关注基础设施领域。中小园区偏重于某个应用系统智慧化，如智慧运维系统、智慧储运系统等，且非常重视大数据的积累和应用，并能够通过数据来提高管理效率，促进园区创新发展。

2013年，德国政府提出“工业4.0”，以充分挖掘信息技术促进工业发展的潜力，抢抓新工业革命先机。2016年3月，德国出台“数字化战略2025”，提出10项措施。其中包括巩固“智能化联网”在经济基础中的核心地位，将数字化技术的科研、开发和创新带入顶尖水平，实现各阶段的数字化教学全覆盖，以信息技术为基础建立智能工厂、智能交通、智慧城市和智能家居等一系列数字化系统。通过“数字化战略2025”的实施，首先将信息化技术运用到园区的安全生产和管理环节，随后再扩展至安防、仓储、物流等其他环节，逐步促进园区智能化升级。

荷兰政府非常重视智慧园区建设方案的可复制性，因此前期调研和制定方案过程的时间较为漫长，论证也相对充分。荷兰各园区借助埃因霍温高新技术园区中的新一代信息技术研究成果，纷纷合作布局智慧园区项目建设，在安全生产、应急救援、环境保护、节能减排、空间管理、运营管理等领域实现了内外资源的整合，将各类信息有机串联起来，通过多个系统的有效协作，为园区提出合理的解决方案，以最大限度地确保园区高效运营。

在国内，在国家宏观政策引导、叠加园区发展趋势的双重因素影响下，未来我国园区智慧化建设需求将继续高速增长。目前，各地不同类型的园区根据自身的发展定位与市场竞争情况制定了各自的发展规划，不断加强园区智慧化投资建设力度。以信息化建设为例，园区信息化费用所占比重约为园区投资开发成本的10％～15％。

此外，发达国家工业园区积极运用物联网等新技术实现资源能源高效利用、废弃物和污染物“零排放”的发展模式，创建改造型、全新规划型以及虚拟生态型等不同模式的生态工业园区。其中，虚拟生态型工业园区以信息技术为载体，建立不同生产者之间的物质、能量和信息交换系统，更大范围地整合了关联产业，从而突破了产业链和循环链的地域限制。

二、上海智慧园区建设成效

(一)上海智慧园区建设历程

2011年以来，市经济信息化委不断推进园区智慧化和数字化建设工作。前期，以“数字园区”建设为重点，上海临港产业区等6家园区为代表园区。2014—2016年，上海市作为智慧园区建设的先行地区，从政策规划、技术标准和行业组织等层面进行了大量探索，在全市相继建成了一批“智慧园区”试点园区(共30家)分别为：

第一批(12家)试点单位是：临港产业区、康桥产业区、松江经济技术开发区、浦东软件园、漕河泾新兴技术开发区、市北高新技术服务业园区、越界创意区、“800秀”创意产业集聚区、上海多媒体谷、上海国际旅游度假区、上海世博园、虹桥商务区。

第二批(10 家)试点单位是：上海虹桥临空经济园区、莘庄工业区、金山第二工业区、上海市工业综合开发区、上海宝山工业园区、中国北斗产业技术创新西虹桥基地、上海财大虹口科技园、复旦大学国家大学科技园、中广国际广告创意产业园、宏慧盟智园。

第三批(8 家)试点单位是：八号桥、前滩国际商务区、上海金山工业区、上海天地软件创业园区、华鑫科技园区、上海明珠创意产业园、上海 e 通世界商务园、复景国际科技中心。

2021 年，“全面推进城市数字化转型”被列为上海市“十四五”发展规划确定的重大战略之一。市政府进一步明确把“推进园区数字化转型”作为园区营造高质量发展环境的五大任务之一。**产业园区智慧化建设进入“数字化转型”新阶段。**

(二)智慧园区试点浅析

对三批 30 家“智慧园区”试点园区进行分析，**从园区类别看，**市级开发区、特色产业园区和四新基地、文创园区相对较多，分别为 8 家、8 家和 6 家。

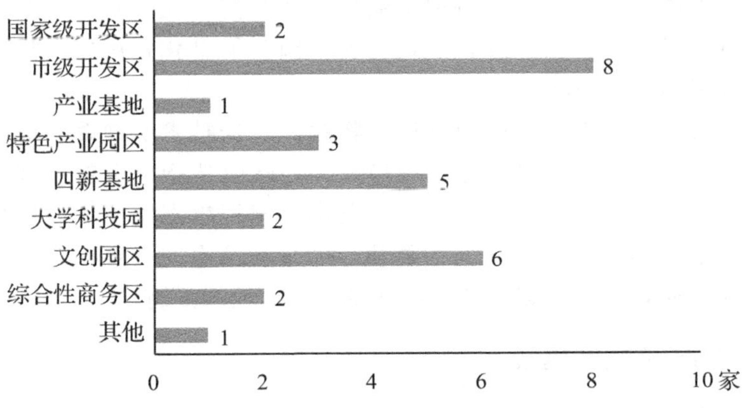

图一　上海 30 家智慧园区试点单位分布情况

从产业领域看，涉及电子信息制造领域的有 10 家，高端制造领域的有 13 家，健康与医药、信息服务领域的分别有 7 家，新材料领域的有 6 家。其中，有 14 家园区涉及基础电信服务、软件和信息服务、电子信息制造、互联网服务等领域；有 6 家园区涉及人工智能、区块链、云计算、大数据、5G 等领域。这些园区主要分布在国家级和市级开发区、产业基地、特色产业园区和四新基地。**综上，国家级与市级开发区、特色产业园区和四新基地等已成为上海开发区推进智慧园区建设和数字化转型的主阵地。**

(三)智慧园区试点建设与应用重点

2013年，市经济信息化委制定出台了《关于加快推进上海市智慧园区建设的指导意见》，提出了智慧园区“围绕一个目标、聚焦四个重点、促进二个转变”的推进思路。起草制定了国内首个智慧园区地方标准《智慧园区建设与管理通用规范》，率先提出包括设施、管理、服务、产业等在内的完整的智慧园区总体框架，创新性地对工业区、商务园、科技园、创意园等不同类型园区提出了差异化建设内容。此外，出台了《上海市智慧园区建设指南(试行)》，从信息基础设施、园区管理、产业服务、生活服务、生态环保等五个方面对智慧园区建设内容提出要求。在园区建设中体现产城融合发展理念，以产业发展基础较好、城市服务功能完善、边界相对明晰的城市综合功能区为发展目标。

1. 智慧园区信息基础设施建设

主要是通过光纤宽带网、无线局域网、移动通信网络、下一代广播电视网(NGB)、集约化通信机房、数据中心等建设，增强信息网络综合承载能力和信息通信集聚辐射能力，提升信息基础设施硬件服务能力和综合服务水平。

2. 智慧园区重点应用领域

在园区管理方面，加快办公自动化、招商服务、应急安防、综合物业等重点领域的信息系统集成应用，以园区管理云的方式统一接入各类应用系统和集中业务管理平台，实现园区运营管理的联动感知、智能决策和协同响应，有效提高园区运营管理效能和服务经济发展水平。

在产业服务方面，面向企业及产业需求，依托互联网和物联网基础设施，自建或引入各类公共服务信息平台，促进园区内外共性技术、专业服务等资源的汇聚整合，提升企业服务能力和水平，加强产业集群、产业链企业间协作。

在生活服务方面，构建以信息技术应用为支撑的园区员工生活服务体系，提供各类生活服务信息资讯，为员工营造便捷、舒适、高效、安全的工作生活环境。

在生态环保方面，注重能源管理、环境监控和循环经济，深化物联网、大数据等信息技术应用，提高园区节能减排和环境保护的能力和水平，促进低碳、可持续园区发展模式形成。

2021年7月，市政府出台《关于促进上海市高新技术产业开发区高质量发展的实施意见》，**明确了“推进园区数字化转型”的建设重点：**推进数字技术赋能园区建设，通过场景再造、业务再造、管理再造、服务再造，建设智慧园区。支持园区在基础设施、运营管理、产业服务等方面加强数字资源整合，提升数字化水平。鼓励各类主体在园区投资建设第五代移动通信、工业互联网、大数据中心等新型基础设施，推进大数据、人工智能、物联网等新一代信息技术在园区实现融合应用。

2021年10月，《上海市全面推进城市数字化转型“十四五”规划》将转型标杆示范工程列为六大重点工程之一，提出了五个新城聚焦主导产业方向，引导企业建设数字化车间和智能化工厂；促进新城场景应用赋能，鼓励企业加大场景开放力度，发展场景驱动型产业；推动数字化转型特色功能区域建设，推动张江数字生态园、杨浦“长阳秀带”等区域建设数字经济特色集聚区；推动临港数字孪生城市建设，打造面向国际的创新转型先导区；聚焦虹桥国际开放枢纽、长三角生态绿色一体化发展示范区、G60科创走廊、G50数字干线等重点区域，建设数字长三角实践引领区等重点任务。

(四)上海智慧园区发展成效

在设施建设方面，产业园区基本实现了宽带光纤到桌面，公共区域和重点场所免费无线Wi-Fi全覆盖，域内网络管道、综合布线、桥架管路和通信网络等通信基础设施不断完善；“光网园区”“无线园区”建设逐步推进，“一套云基础、一张高速网络、一组基础数据、一层支撑平台、一套安全体系、N类智慧应用”全面实现水、电、气、热、照明等市政基础设施智能化管理。

在“多规合一”方面，通过园区公共服务平台的大数据功能，以及各类规划动态信息，建立“多规合一”信息互通机制，实现了各部门之间规划动态跟踪和对接系统，信息联动及业务协同，大数据平台下的智慧规划信息管理，以及在规划引导下的精准实施。

在运营管理方面，园区协同办公、资源库管理基本实现，公文流转与督办处理、协同管理、审批管理、通知中心、个人信息管理等功能，知识管理、公务管理、系统管理等功能不断完善。园区基础库、企业库、项目库、行业库、专家库等园区资源数据库体系逐步建立。产业分析、项目管理、能耗管理、环保管理、安全生产管理、应急管理等功能进一步完善。

在企业服务方面，面向企业的园区信息发布、政务窗口与服务、公共服务、金融服务、党建服务以及物业管理等方面的智慧化建设不断推进，建立园区门户网站，推动网络公共服务向基础服务延伸，建立了“一站式”基层服务点，实现户口、住房、社保的企业“一次性办结”服务。设置了便民服务App，通过提供手机App等移动互联网服务，通过下载智慧园区手机客户端提供交通出行路况查询、医院挂号预约、水电生活费缴纳、机票酒店预订等各种推送式服务。探索建立园区“信息化环境通达、数据资源共享、社区工作协同、公共服务泛在”，园区道路和重点区域全天候监控，园区环境、运行状态等的智能识别和立体感知等智能化服务。

在招商服务方面，园区初步实现了招商要素资源图、引资项目流转库、重点企业信息库、招商政策智能配套、招商项目绩效评价、营商服务全生命周期评估等功能，实现招商全过程管理，园区协同创新体系智能化水平进一步提升，践行了产业链协作、产能共享、物流协同新模式。

综上，上海市智慧园区建设有两个重点方向：**一是智慧园区注重低碳生态化发展。**融合人与设施、人与建筑、人与空间、人与产业、人与生活，园区智慧化转型将实现多代智慧叠加，实现可进化的有机生命体。**二是智慧园区实现智慧化运营管理。**对园区运营管理、精准招商、企业服务、环境能耗等数据，实现大数据整合分析、共享利用，发布信息、问题导向和快速反应，为政府决策、园区管理、精准服务提供数据支撑。

(五)园区推进数字化转型发展成效

在信息基础设施建设方面，2019—2021 年，市经济信息化委先后发布了三批新建的互联网数据中心项目。项目共计 28 个，其中有 18 个项目在上海市产业园区(见附表)。

在数据资源利用方面，临港新片区企业上研智联智能出行科技(上海)有限公司开发建设的自动驾驶全链条测试数据资产管理平台已在临港新片区智能交通体系落地应用。接入了临港新片区红绿灯信息、公交车定位、滴水湖地铁站实时出站等数据，为智能公交试点应用提供关键交通信息，提高了智能公交运营通行效率。临港新片区国际数据港建设项目启动，其目标是打造国家数据跨境流动试验示范区。

在数字经济发展方面，市经济信息化委发布的 2020 年度上海市工业互联网平台和专业服务商推荐目录中，在 11 家工业互联网平台中，集中在上海市产业园区(基地)有 7 家；在 28 家专业服务商中，集中在上海市产业园区(基地)有 17 家。张江科学城、临港新片区、金桥开发区等优势人工智能产业集聚区建设正在稳步推进。2019 年，临港新片区、徐汇滨江、闵行马桥等人工智能产业创新重点集聚区建设正式启动，西岸智慧谷人工智能集聚成长空间正在优化建设中，马桥人工智能创新试验区正在加快建设。以发展智慧生活、大数据、智能机器人、无人驾驶等人工智能为特色的园区载体正在集聚建设。市北高新园区数智生态园、张江高科技园区“张江在线”、“长阳秀带”、虹桥临空数字经济产业园等一批特色产业园区积极推进在线新经济发展。

三、智慧园区建设基本特点和展望

(一)智慧园区建设与运营基本特点

综上，本市产业园区经过几年的智慧化建设和创新实践，以物联网、云计算、大数据、空间地理信息等新一代信息通信技术为依托，以数字化、智慧化、信息化为手段，积累了不同特点的经验做法。

1. 以规划为依据，确定智慧园区建设目标

总体规划是开展智慧园区建设各项工作的依据。其关键是立足园区全局，确定智慧园区的建设目标、主要任务和重点工程，坚持了需求导向、质量第一、实用有效、可控可管的原则，力求实现与园区发展高度一致，更加突出服务产业、服务企业和服务社区，从政策、组织、资金、技术、人才和管理机制等进行合理安排和统一布局，基本实现智慧园区建设规划与园区主体功能区规划、重点产业发展规划、城市总体规划和土地利用规划、区域环评规划相衔接。同时，进一步明确了投资主体、建设主体、运营主体，合理规划建设与运营模式，落实组织管理措施，确保智慧园区建设阶段与运营阶段的有效衔接。

2. 以设计为手段，制定顶层要素统筹方案

园区智慧化顶层设计强调了技术定位上的精准、结构上不断优化、功能上的相互协调、资源上的优化配置，已普遍应用于政治、经济、社会、文化和智慧开发等多个领域，重点对整个智慧园区大系统建设确定技术框架、技术路径和总体结构方案。按照系统工程原理，从工程项目全流程管理的角度，对智慧园区工程项目的实施进行整体部署和统筹优化，从而优化信息资源综合利用与整合共享，充分发挥业务系统应用潜能，最大程度地避免因建设标准、技术体系、数据接口等多元主体导致的信息孤岛化，保障园区健康稳定发展。

3. 以信息化为举措，实现高效管理建设重点

园区智慧化建设的出发点和落脚点在于充分运用信息化手段，即以信息技术应用为主线，在数字化、网络化、智能化的基础上驱动园区智慧化升级和数字化转型，实现全面感知、全面数字、全面互联。重点建设任务主要包括三个方面：

一是推进园区信息基础设施智慧化。按照构建宽带、融合、安全、泛在的下一代信息基础设施高标准要求，实现互联网技术、传感器技术、智能信息处理等信息技术高度集成，通过监测、分析、整合以及智慧应急响应的方式，将园区中分散、各自为政的物理基础设施、信息基础设施、社会基础设施和商业基础设施相连接，不断增强信息网络综合承载能力和信息通信集聚辐射能力。

二是推进园区运营管理和综合服务信息化。通过信息技术、工业技术和管理技术的“三元融合”，实现园区管理更加扁平、机构设置更加精简、管理流程更加优化、专业分工更加合理，重点加强前期规划、开发建设、园区事务、环境监测、智能交通、资源能耗、安全生产、微电网络、智慧安防、物流网络、楼宇自控、地下设施、会展培训、服务外包等信息化管理，构建基

于“互联网”的一站式园区管理服务模式。

三是推进园区企业和产业数字化， 按照园区产业转型升级的需求，加强企业服务应用门户集成、应用服务集成、业务流程集成，实现接口无缝对接管理，加强企业科技创新和制造执行系统(MES)、供应链管理(SCM)、商业智能(BI)等的集成应用，促进物联网、云计算、大数据等和3D打印、工业机器人等新技术与制造业的融合创新。

(二)园区推进智慧化建设和数字化转型展望

针对产业园区科学技术创新、经济快速发展、提供优质服务、社会环境治理、城市运行稳定的需求，加快推进全市产业园区高效能数字化转型，推动产业园区率先符合时代特征的、上海特色城市数字化转型先行区建设。

1. 发展目标

以习近平新时代中国特色社会主义思想为指导，全面贯彻党的十九大和十九届二中、三中、四中、五中全会精神，深入贯彻习近平总书记考察上海重要讲话和在浦东开发开放30周年庆祝大会上的重要讲话精神，按照整体性转变、全方位赋能、革命性重塑总体要求，将推进数字化转型作为产业园区推动高质量发展、经济健康稳定增长的重要抓手，聚焦“数智赋能”的基础建设、“高效协同”的高效管理，着力将产业园区建设成为：推动经济数字化转型，助力高质量发展的引领区；推动生活数字化转型，创造高品质生活的试验区；推动治理数字化转型，实现高效能治理的示范区。

2. 发展重点

一是科学制定智慧园区建设发展规划。 结合产业园区未来发展战略，根据园区类型和产业发展特点，高标准、高起点进行智慧园区建设顶层设计和制定规划，对园区所处前期规划、开发建设、运营管理等不同发展阶段，确定切合自身特点和需求的数字化建设及功能性应用目标、策略、重点任务。在统一规划的引导下，集中资源确定重点工程和系统部署，通过新一代的感知、大数据处理、智能化等手段，将土地、产业、商业、招商、运输、通信、能源和环境等核心信息系统集成，以“智慧”方式统一运营。

二是加快建设园区信息化基础设施。 在园区统一规划下，配套电力、燃气、供热、供水、通信、道路、消防、安防、治污等技术设施建设，不断完善园区驻地网、移动通信网、无线区域网、通信中心、园区信息化管理中心等智慧园区基础设施，全方位为园区企业提供创新创业生态发展环境。

三是不断提升园区服务与管理水平。 加快多功能、数字化智能管理平台建设，包括园区企业信息管理、办公自动化系统、环境监控管理、智能交通管理、资源能源管理、规划建设管理、电子商务管理、电子物流服务、人才资源管理、园区综合管理等。对招商服务、政策更新、停车用餐以及消防安全、二次装修、公共交通、应急响应等共性问题开展数字化改进。针对生物医药(大健康)、人工智能、新材料、电子信息等重点产业领域，制定个性化问题的智慧化应用方案。实现数据资源跨部门、跨业务、跨系统的共享、共用、交换互通格局。

四是完善智慧园区技术标准和规范。在国家和地方以及行业信息化相关技术标准规范的基础上，梳理智慧园区信息化应用、网络信息安全生物技术标准和规范。同时结合不同类型产业园区的特征和发展需求，开展智慧园区管理标准、应用标准、网络基础设施标准、信息安全标准的规范性修订以及各类云平台和智慧领域的技术标准和规范制定，加强智慧园区标准化体系建设，完善智慧园区发展水平评价标准，规范园区智慧化建设和运营。

五是创新智慧园区投融资运营模式。针对智慧园区建设和试点中的多种开发建设模式，探索投资多元化、技术更新化、运营高效化的模式，全面构建以天使投资、风险投资、股权投资为主体的创投体系，促进信息技术与资本、管理、人才等要素集成，在产业园区这一载体空间中，推动智慧技术孵化与新兴产业培育，探索在政府引导和支持下的智慧园区合作开发新路径，引导金融资本有效支撑产业园区数字化转型，推进设立数字化转型相关基金。提升产业园区数字素养，广泛开展数字化转型技能培训，面向园区管理人员等推广数字化培训。

四、探索园区数字化转型新路径

(一)张江高科技园区：积极打造“业务数字化”“数字业务化”

为全面落实《国家“十四五”规划和2035年远景目标》和上海市委市政府《关于全面推进上海城市数字化转型的意见》相关文件精神，上海张江高科技园区开发股份有限公司(以下简称“张江高科”)提出了打造张江高科“业务数字化，数字业务化”的管理新要求，明确了“全面提升数字化管理水平，实现数字化转型”的发展目标。

1. 制定数字化转型升级三年行动方案和路线图

第一步是数据优化，即通过张江高科数据中台项目处理日益增多的业务数据，整合原有独立业务系统，建立统一数据库，以数据挖掘、数据清洗等技术优化信息化管理工作。第二步是平台搭建，即通过市场化运作，建设张江高科智慧园区平台，形成“一大脑、二中心、三平台”的核心管理架构，并在整体架构系统体系中建立各个应用模块，为园区管理数字化转型夯实基础。同时进一步开发利用园区日常运营产生的大量数据，形成数据资产。第三步是生态积淀，即通过产业导入形成应用场景的开发能力，利用App/小程序等移动端应用，打造优秀的2B2C园区管理服务生态。提供涵盖“吃、穿、住、行、用”等各项服务，为园区企业赋能。实现园区级“一网统管，一网通办”，提升张江科学城功能。通过一定时期运行，积累业务数据，经过运行、试错、升级、迭代等过程，逐步形成智慧园区的自适应生态，并具备针对智慧园区数据资产开发的产业能力。第四步是业务拓展，即形成商业价值和品牌效应，逐步复制推广至上海及全国其他园区。

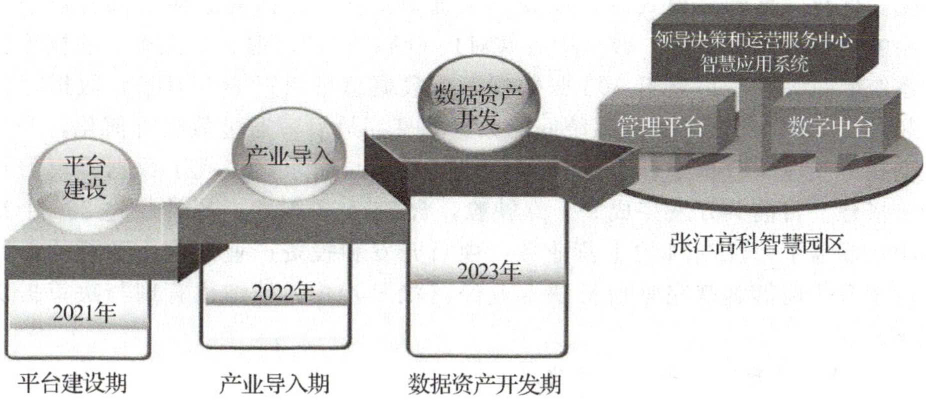

图二　张江高科数字化转型升级三年行动方案和路线图

2. 编制智慧园区碳服务相关规划

张江高科以习近平总书记提出的“四个革命、一个合作”能源战略为指导，积极落实国家“碳达峰、碳中和”要求，编制了综合智慧能源改造规划，通过理念创新、技术创新、模式创新，构建“绿色低碳、安全高效、开放共享、智慧韧性”的可持续发展综合能源系统，为园区提供“安全、高效、智慧、低碳、一流”能源供应。逐步实现节省初期投资、增加空间利用效益、优化运营和能耗费用、提供便利化的物业管理、提高建筑安全性、改善城市环境、减缓城市热岛效应、削峰填谷提高电网效率、节水节能减碳等功能。围绕“提高集成调度、远程操作、高效运行、智能运维水平，强化能源资产资源规划、建设和运营全周期运营管控能力”的双碳规划目标，通过市场化手段促进园区能源结构转型和能源供给侧改革。加强对低碳节能技术的应用，结合先进智慧能源管理平台，对标国内外先进商务区，探索同时满足能源供给方经营需求与能源消耗方节能降费要求的创新商业模式，助力园区招商引资。以张江科学城为基础，与智慧园区建设相结合，通过各个项目的建设、运营、迭代、升级这一过程，参与行业标准制定，提升复制推广能力，深度服务国家碳经济发展，为园区寻求新的产业增长点。

3. 稳步推进企业数字化转型升级工作

发展企业数字化转型建设的前期基础是梳理数据问题、统一数据规范、归集数据资源，形成企业独有的数据资产。2020 年，张江高科启动数据中台项目，已取得如下成效：通过数据标准化，强化数据沟通效率。张江高科业务多元化，跨部门协作量大，数据标准缺失导致企业内部存在“数据歧义”“多台账”等问题。数据中台项目启动后，首先通过统一部门之间的数据标识与指标口径，并且设立数据专员，解决了数据不规范的问题。其次，通过数据统筹化，优化数据管理模式。各业务子系统相互独立、孤岛纵横是推进数字化转型的主要障碍。目前，数据中台共对接 OA、资产、财务、人事、股权等五大系统，每日同步更新近 500 张数据表，数据总量超过 800 万条，数据存储量超过 11GB，实现了信息系统间的数据共享。最后，通过数据价值化，升级数据核心支撑。数据中台小组针对各部门痛点与需求，完成了数据建模与驾驶舱搭建。目前共开发完成 9 个驾驶舱，含 26 个子模块，累计超过 220 个指标项，涵盖了张江高科的主营业务、项目开发和投资产业三大主要板块。通过数据分析能够客观完整地反映企业经营状况，并为精细化管理与决策提供支撑。

4. 努力提升园区平台数字化水平

在推进园区项目建设的过程中，针对企业内部问题与短板，信息化团队主动对接，以“一对一”调研和辅导的形式，协同各部门，多维思考、多路并行、多点保障，为推进数字化转型奠定基础。首先，持续推进填报数据的线上化工作。针对园区企业内部存在的诸多无系统支撑、依靠人工长期维护数据的问题，逐步实现线上填报和线上统一规范管理。已开发完成 29 个填报功能，共涉及 8 个部门。其次，持续推进各业务流程再升级。针对业务线上的数据尚未形成闭环，难以追溯项目全生命周期的问题，努力实现跨部门数据闭环。通过制定标准完善驾驶舱，权限者可通过数据中台获取最新的具有统一标准的有效数据，为精细化管理提供支撑。此外，利用好平台反哺数字化转型。针对平台对数据质量与规范较敏感、实施构建过程中的业务数据使用、业务系统设计缺陷等问题，数据中台协同业务部门与系统供应商及时修改错录、漏录数据，加强系统数据完整性与准确性，促进业务系统向更贴近实际需求的方向迭代。最后，持续推进档案资产体系重构。目前已完成档案管理制度和业务规范梳理、线上历史档案数字化。已实现电子文件归档、全文检索和数字化管理，突破了档案“重藏轻用”的传统思维，化解各业务部门“信息孤岛”的僵局，实现了档案资产全过程管理与全流程监督。

(二)上海自贸试验区临港新片区：数字孪生打造“融合生长的未来之城”

为深入贯彻习近平总书记五个重要指示精神、数字中国战略部署，践行“人民城市人民建、人民城市为人民”重要理念，巩固提升城市能级和核心竞争力，构筑上海未来新的战略优势，坚持整体性转变，推动“经济、生活、治理”全面数字化转型。临港新片区作为五大新城之一，打响“数联智造”品牌，以数字赋能为引领，以智能制造为特色，推进数据便捷联通，聚焦硬核科技产业、高端前沿产业，大力发展集成电路、人工智能、生物医药、航空航天等重点产业，打造面向未来的特色产业集群。探索构建“数字孪生城市”，打造集原创技术、应用技术和开发实体为一体的数字孪生城市，实现产城融合自循环，打造上海城市数字化转型的先行示范。

1. 以推进数字化转型为抓手，提升临港新片区核心竞争力

以创新改革为动力，以促进临港新片区智能工厂建设为重点，为打造“临港智造”世界级先进制造业集群新优势、构建“临港特色”在线新经济形态及实现制造业高质量发展奠定坚实基础。配合《临港新片区 2021—2025 城市数字化发展规划》，面向临港新片区内“东方芯港”“生命蓝湾”“大飞机园”“海洋创新园”“信息飞鱼”等特色园区及其他相关产业园区，持续开展“智造焕新”建设行动，全面推进重点行业的数字化、网络化、智能化升级，推动打造标杆性智能工厂，培育智能工厂系统解决方案服务商。全面推动数字新基建能级提升，构建智能制造产业生态，突破一批智能制造核心关键技术。

2. 以工业互联网为重点，推动产业数字化和数字产业化

工业互联网对临港新片区实体经济带动效能显著，建成具有国际影响力、国内领先的工业互联网示范基地。重点聚焦“生命蓝湾”“东方芯港”“大飞机园”“海洋创新园”“信息飞鱼”等相关特色产业园区，持续开展“工赋创新”行动，全面推进重点行业的工业互联网应用创新，推动建设工业互联网示范场景，打造具有行业影响力的工业互联网标杆企业，培育工业互联网示范园区，培育工业互联网解决方案服务商。全面推动新基建能级提升，突破一系列关键核心技术，构建工业互联网产业生态。

集聚临港新片区的科技力量，汇聚创新资源，采用“揭榜挂帅”形式，突破边缘计算、工业智能、建模分析、知识图谱等关键技术瓶颈，推进工业互联网技术创新，全面增强工业互联网技术底座。

支持企业利用 5G、窄带物联网(NB-IoT)等新型网络技术，推进企业内部网络改造和建设部署。支持园区和企业建设 5G＋MEC 虚拟专网、云边协同的立体网络体系，推动协同设计、智能制造、远程服务等新模式应用，打造 5G＋工业互联网创新示范场景。

启动布局工业互联网标识解析国际枢纽节点，建设基于标识解析的综合型产业平台；建成工业互联网标识解析二级节点，提供面向工业的标识注册、解析、查询、搜索、备案、认证等服务能力，推动标识解析体系向产业链上下游延展。

3. 以人工智能为核心，创新运营管理服务新模式

临港新片区以构建“融合生长的未来之城”为目标，按照“1+1+1+N”的数字孪生城建设架构(1个城市基础底座、1个城市智能中枢、1个城市运行规范和N个特色应用)，打造集原创技术、应用技术和开发实体为一体的数字孪生城市，实现产城融合自循环。

在智慧园区建设中强调数字孪生，打造面向未来的数字孪生园区，率先实现数字孪生技术在园区建设与运维中的应用，依托BIM、CIM、物联感知、绿色能源等技术，构建全面感知、实时反馈、便捷高效、绿色低碳的园区运营管理体系，探索将虚拟园区作为园区展示、数字产品和服务交易、数字体验的平台。从园区管理需求出发，将地块、产业、人才、资金、物流等要素进行深度叠加和挖掘，建设“数字孪生园区”创新试验区，实现园区规划可观可控，工程建设、管理及运维与数字孪生同步推进。

聚焦国际创新协同区、现代服务业开放区建设数字孪生平台，加快推进“创新晶体”“创新魔坊”首批试点，推动基于“数字孪生”的智能交通、智慧能源、智慧楼宇等场景创新性应用，为重点园区精细管理和科学决策提供“数字仿真平台”。在重点核心园区建设数字孪生园区底座，基于园区智能制造、智慧楼宇、智慧能源等相关应用，打造具有开放架构的数字孪生平台，模拟园区运行状态，提升运营水平，构建数字孪生园区服务体系，配合数字孪生城建设，对标国际最高标准、最高水平，统筹推进5G、光纤宽带、工业互联网、物联网、数据中心及边缘计算等通信基础设施规划建设。

4. 以数字之都建设为特色，建设创新协同“国际数据港”

按照“一园一方案”，赋能导向。国际创新协同区作为临港新片区建设的主战场和核心区、上海“国际数据港”项目的核心承载区、上海数字之都建设的重要抓手。其中车路协同体系作为园区数字化转型中车联网建设的重要一环，用于构建车与X(车、路、人、云端等)之间的智能信息交换、共享，且具备复杂环境感知、智能决策、协同控制等功能，逐步实现安全、高效、舒适、节能行驶，为车联网产业、无人驾驶加速落地提供了核心的技术基础设施条件。在国际创新协同区，全面引入eMMB场景，有效承载内物联网、车联网等业务优先接入需求；在交通线路沿线及无人系统综合示范区按需引入uRLLC和mMTC场景，有效承载自动驾驶、智慧交通等低时延、大连接业务需求。将车路协同数据接入国际创新协同区的数字孪生平台，为数字化园区提供底层感知数据和交通信号控制数据。

海洋高新园区作为园区更新项目，将BIM、GIS、AIoT物联网、人工智能、机器学习等先进技术相结合，打造全新数字孪生智慧建造平台，实现对现场施工人员、设备、物资的实时定位，有效获取人员、机械设备、物资位

置信息、时间信息、轨迹信息、工作数据等，及时发现遗漏异常行为，实现自动化监管设施联合动作，提高应急响应速度和事件的处置速度，形成人管、技管、物管、联管、安管“五管合一”的立体化管控格局，变被动式管理为主动式智能化管理，有效提高施工现场的管理水平和管理效率，实现经济和社会效益的最大化。“工地大脑”通过AI算法，具备了自主决策的能力，对画面进行行为分析、智能派单等，实现数字孪生智慧建造全生命周期管理。

(三)上海市市北高新技术服务业园区：建设数字经济产业发展新范式，打造数字化转型新标杆

“全面推进城市数字化转型”是上海市“十四五”发展规划确定的重大战略，作为静安和全市的科创产业高地，市北高新园区以“数据智能”高质量发展为指引，充分发挥产业特色和经济能级优势，着力建设数字经济产业发展新范式，打造市北高新数字化转型新标杆。

1. 充分发挥园区产业、政策、创新环境优势

从产业发展与集聚看，市北高新园区历经了“云一数一智一链”的产业更迭，已集聚了400多家数据智能类企业；陆续落成了市政府大数据中心、上海大数据股份有限公司、上海数据交易中心、上海市大数据联盟等一批重要数据要素资源平台，以及聚能湾国家级孵化器、大数据流通与交易技术国家工程实验室等重点平台。以云计算和大数据为底层支撑，向人工智能、区块链、超高清视频、5G等领域辐射发散的“数智”产业格局在园区初具规模。

从政策支撑看，市北高新园区得到了市区两级政府和相关部门的高度关注和有力支持。园区被市经信委先后授予唯一的“上海市云计算产业基地”、唯一的“上海市大数据产业基地”、首批“上海市超高清产业示范基地”、首个“上海区块链生态谷”等称号。

从园区管理看，市北高新园区于2010年搭建智慧园区综合管理平台，近年来积极响应上海“两张网”建设，采用“大数据＋物联网＋GIS＋BIM”的技术融合，不断开发升级了17个子管理系统，在智慧交通、智能安防、环境监测、设施养护等方面构建起10余个物联感知监测和预警机制，基本实现了“数据可视化、技术高端化、管理科学化”，初步形成了“全覆盖、智能化、成体系”的智慧园区运营模式。

从创新氛围看，除了国家级和市级功能性平台以外，园区还有企业级研发平台30多个，包括：卡斯柯、珍岛信息、合合信息、中译语通、华院数据、格尔软件等，以关键技术和市场开发为核心，推动应用场景项目落地。园区连续多年承办了上海市开放数据创新应用大赛和上海静安国际大数据论坛等峰会活动，形成浓厚的创新氛围。打造上海开放数据创新应用孵化器、亚马逊AWS联合创新中心、中航联创上海创新中心、静安大数据加速器等一

批特色鲜明的众创空间，依托聚能湾国家级孵化器构建“苗圃＋孵化器＋加速器”的全孵化体系，提供“政策＋空间＋系统＋投资＋生态”的全方位服务，形成“开放数据＋创新项目＋VC 资本＋入孵培育”的闭环生态，以“基地＋基金”“投资＋孵化”的运营理念不断强化产业投资。

2. 明确园区推动数字化转型的主要方向

首先，服务“双循环”，对标“五型经济”。在“双循环”发展格局中，重点关注数据要素国内交易、跨境流通等的安全性和稳定性。遵循数字经济发展规律，积极探索数据要素的流通、确权、定价与交易等重要环节，从项目统管、智慧园区、政企服务等角度入手，全面推动“数智”赋能成效显现。发展“五型经济”，对标创新型、服务型、总部型经济的前提下，继续在流量型和开放型经济上下功夫，推动数据流、物流、人流、资金流、企业流在园区充分汇聚融合，实现企业数量和质量的双提升。

其次，以数字化转型“盘活”大数据产业。将数字化转型作为大数据开启新一轮高质量发展的重要突破口，更深层次、更大规模地激发大数据产业的内生活力。

最后，以数字化转型加速寻找大数据之都的内核所在。明确园区推动自身数字化转型“不仅是为了加快助力静安和整个城市数字化转型进程，也是为了自身服务数字化、管理数字化、运营数字化的智慧升级，更是为了找准新时代大数据产业之都的发展内核”的定位，有效挖掘数据链上效能转化率表现最强劲的某些应用环节，并以此为基础扩大产业集聚，形成新的产业发展方向。

3. “产业发展数字化”“园区运营数字化”两手抓

首先，多元化推动数智产业发展。在大数据领域，充分发挥上海市大数据中心等一批功能平台资源优势，积极承办静安国际大数据论坛和上海 SODA 开放数据应用大赛等活动，夯实资源层、瞄准技术层、拓展应用层。在区块链领域，聚焦“数字金融、数据交易、跨境贸易”等重点方向，建设区块链感知和应用展示中心、上海市区块链技术研发和产业转化功能性平台、上海市北区块链生态谷关键技术研发与重大行业示范应用平台、区块链应用联盟等功能性平台与行业组织，集聚“领军型、总部型、龙头型”的区块链重点企业，打造区块链特色产业发展的新高地。在 5G 领域，大力培育 5G＋智慧城市、金融科技、智能医疗、工业互联网等新兴产业，推出一系列具有突破性创新和引领性示范的应用场景。建设静安数字经济先导区，打造工业互联网研发中心、市北人工智能数据驱动创新中心、华院数据认知智能研究中心等。在 8K 超高清视频领域，着力推动“5G＋8K 超高清视频”为智慧城市建设创新赋能，引进及培育具有行业竞争力的超高清视频企业，建立起涵盖超高清产业核心层、服务层、应用层全产业链的功能平台。

其次，深层次探索智慧园区运营，创新园区数字化运营、数字化服务、数字化治理的新模式。以“智慧园区管理平台(toC)+企业全生命周期数字服务系统(toB)”构建数字园区运营体系。智慧园区管理平台要做的是：基于园区已有的综合管理功能模块基础上，增设形成“全终端、全连接、一平台”的格局体系。在“数字底座”方面，形成“全终端”与“全连接”智慧化布局，完善数据采集、感知、上传功能；在“数据中台”方面，打造一个以新ICT技术(信息通信技术)为基础的“沃土数字平台”，按业务板块完成综合数据计算处理。

最后，在智慧园区综合管理的基础上，搭建企业全生命周期数字服务系统，对园区产业发展、企业服务、经营模式等进行数字赋能。对于产业链招商形成智慧赋能效应，实现精准化招商、“补链”式招商，实时了解和掌握企业动向与风险，提供精准化服务和投资，最终实现SaaS化，向全国的园区进行复制推广。发挥资源整合及市场协调的纽带作用，为园区400家大数据企业搭建数字化转型应用场景展示撮合交易平台。以数字身份体系为核心打通数字园区积分服务，建立面向企业的市北高新数字园区数字身份体系，为已入驻和拟入驻的企业提供更便捷、更丰富的园区数字服务，优化营商环境。

(四)上海化学工业区：以“数字蝶变”引发“园区蝶变”

上海化学工业区于2017年全面启动智慧园区建设。“十三五”期间，上海化工区积极贯彻国家“中国制造2025”“互联网+”战略以及上海智慧城市建设总体要求，把智慧园区建设作为推进高质量发展、提升核心竞争力、构筑发展比较优势的重要战略举措。通过模式创新、方法创新、政策创新、管理创新，运用云计算、大数据、人工智能等新一代信息技术，再造一个实时动态呈现的网上“上海化工区”。先后荣获“上海市工业互联网创新实践基地”“中国智慧化工园区试点示范单位”称号。

开展顶层设计。编制《上海化学工业区智慧园区建设总体规划纲要(2016—2030)》《上海化学工业区推进智慧园区建设“十三五”行动计划(2016—2020)》，确定“1136”智慧应用体系。统一园区各信息系统建设标准，发布《智慧政务信息系统资源交换接口标准》《智慧政务信息资源目录体系规范》。

创新推进模式。针对智慧化项目特点，积极探索轻资产模式，通过购买服务的方式将建设成果为园区所用。与中国电信、中国移动、仪电集团、华虹集团签署战略合作协议。2019年12月，上海化工区智慧园区产业联盟成立。联盟由参与或准备参与化工区智慧园区开发、建设、投资、运营、管理、服务的企业及其他相关机构组成。至2020年，成员扩大至34家，成立了6个工作组输出专业能力。产业联盟以“一体系三平台”为工作抓手，不断推进组织运营体系、能力输出、资源共享、交流孵化平台等方面工作，充分发挥社会力量在智慧园区建设中的支撑作用。

形成推进合力。聚焦“智慧业务、智慧政务、智慧服务”三大领域，实施推进智慧公安、智慧医疗、智慧边检、智慧消防、智慧应急、智慧海事等一批智慧化项目并建成投用。量身定制具有化工区特点的《智慧园区建设专项支持实施办法》，面向符合条件的智慧项目给予相当分量的资金扶持。赛科、科思创、赢创、巴斯夫、汉高等生产型企业全面开展智能工厂建设。大数据云计算中心、智慧决策平台建成投用，初步实现“一屏观天下、一网治全区”的工作目标。

2021年4月，上海化工区发布《关于全面推进数字化转型的实施意见》。到2025年，基本建成“国际数字之都”先导园区，实现治理数字化能力全面跃升、经济数字化发展全国领先、服务数字化水平行业一流，安全环保达到新高度、营商环境成为新典范，形成区域产业集群高质量发展新范式，引领化工园区数字经济新跑道；到2035年，将成为具有世界影响力的国际数字化工园区。

上海化工区通过制定“1＋3＋3＋3”的数字化转型支撑体系，构筑起数字化转型的“四梁八柱”，明确了目标、任务和措施，聚焦企业生产、政务治理、公共服务数字化转型及新基建筑基、数据治理，加快推进数字化转型，以“数字蝶变”引发“园区蝶变”。其中，“1”指一份数字化转型的《实施意见》；三个“3”分别指三项“十四五”规划，涉及智慧园区建设、网络安全、信息基础设施等；三个《行动方案》，涵盖一网通办、一网统管，以及新型基础设施建设等；三个标准，即《数据管理导则》《数据质量评价标准》《数字化转型评估指南》。

(五)部分园区数字化转型的经验与做法

1. 漕河泾新兴技术开发区：打造中枢系统数字化网络服务平台

其通过智慧园区建设，不断优化整合中枢服务平台资源，形成个性化服务模式。在园区企业服务平台上，集成了六大服务功能，包括物业服务、产业服务、科创服务、金融服务、人才服务、生活配套服务等。在对内管理平台上，建立“漕河泾智慧园区管理系统”，对接了物业管理三大子系统：互联安防云系统、物业移动管理系统、能耗管控系统。该系统数据信息进行全方位跟踪、计算、分析和预测的动态管理。充分发挥数据高价值应用，以及开放性和可集成性运行，以利于未来互联和扩展其他子系统，用精准数据满足客户不同的需求，并提供不同的服务。

2. 临港松江科技城：打造上海首个工业互联网标杆示范园区

2018年，临港松江科技城依托松江区获得首个国家级工业互联网产业示范基地称号，凭借高科技产业集群的优势，成为松江区工业互联网产业创新的“主战场”。2019年，荣膺上海市十大综合信息服务基地。2020年，成功获批全市首个工业互联网标杆示范园区。2021 年入选上海市特色产业(工业互联网)园区。临港松江坚持以工业互联网为产业主导发展方向，“招高引新，招大引强”，全力构建“平台引领型”“行业垂直型”“终端应用型”三位一体的企业集聚发展态势。

上海临松工业互联网基金依托“基金＋基地”特色发展模式，聚焦工业互联网及相关投资领域，通过“打造特色产业、设立特色基金、构建特色服务”助推一批优质企业上市发展。基金瞄准工业软件、工业仿真、信创安全、数字化升级等细分领域，已经完成近 15 家项目投资。首个投资项目宏力达作为电力物联网输配电领域领军企业，实现传统电气开关与物联网传感设备、边缘计算、工业控制设备的深度融合，公司于 2020 年 10 月成功登陆科创板。2020 年，基金作为典型示范案例被写入《工业和信息化部办公厅关于推动工业互联网加快发展的通知政策解读》，成为上海工业互联网产业发展“产金融合”特色标杆。

3. 浦东软件园：打造“汇智智慧园区整体解决方案”

2010 年，浦软智慧园区启动，2014 年，全面落地，到 2019 年全面升级，浦软的智慧化发展共经历了三个阶段。

浦软智慧园 1.0 阶段(2010—2014 年)，基本实现了基础架构的集约化改造，完成了运营管理信息化，达成了硬件与软件的智能化引入，完成了园区精细化、规范化的内部运营管理。

浦软智慧园 2.0 阶段(2015—2019 年)，以“连接分享”为核心建设理念，实现“物联”到“数联”的转变，落地了“互联网＋服务”的汇智 e 站公共服务平台，“互联网＋管理”的全景协同中心。

浦软智慧园 3.0 阶段(2020 年至今)，围绕“数字化转型”整体要求，以数据资产为核心，通过数据治理，实现多系统数据的归集，建立企业数据中台和数据库，以数据赋能园区运营。

浦东软件园旗下全资子公司——上海浦东软件园汇智软件发展有限公司，承担了浦软智慧园区的顶层规划、开发、实施及运维，同时，基于浦东软件园的园区建设运营经验，自主开发了**“汇智智慧园区整体解决方案”**，基于平台的开放性，链接合作伙伴，在上海、嘉兴、西安、厦门、南京、苏州、青岛、天津等十余个省市的产业园区落地。

浦软智慧园 v3.0 建设重点。主要包括全面实现多园区管控、会员体系、数据治理与数据中台建设，同时进一步夯实标准化与智慧化的结合，加速园区对外拓展。

浦软智慧园 v3.0 建设内容。一是建设场景——多园区管理。通过建设“三全系统”，即客户全生命周期管理系统、资产全生命周期管理系统、信息全系统共享平台，实现了浦软5个分园、10家下属公司、5大服务体系的信息共享和业务协同，实现了多园区在信息及业务层面的无缝协作，促进了集团化管控。二是建立浦软会员体系，形成连接园区管理方、企业、服务商、个人的纽带，分享收益，提升用户对园区服务感知度、黏性和满意度。三是通过数据治理，建立长效数据使用规范，并通过数据中台，实现数据持续归集和有效利用。

附表　2019—2021年上海市产业园区获批新建互联网数据中心项目

序号	项目名称	依托机构	所在园区
1	金融AK云基地一期项目	上海华宇电子工程有限公司	中山工业园区
2	浦江镇智能云服务大数据产业园	万国数据服务有限公司	临港浦江科技城
3	网宿科技嘉定云计算数据产业园	上海云宿科技有限公司	嘉定工业园区
4	优刻得青浦数据中心项目	优刻得(上海)数据科技有限公司	青浦工业园区
5	国富光启外冈物联网数据智能产业园项目	上海国富光启云计算科技服务有限公司	国际汽车城汽车新能港
6	上海联通外高桥云基地广巽数据中心项目	中国联合网络通信有限公司上海市分公司	外高桥保税区
7	光环新网嘉定绿色云计算基地二期项目	光环新网(上海)信息服务有限公司	嘉定工业园区
8	上海数据港与上海电气闵行混合云园区项目	上海数据港股份有限公司	闵行经开区
9	腾讯长三角AI超算中心及数据中心综合体一期项目	上海珑睿信息科技有限公司	松江经济技术开发区
10	上海城地临港智能科技创新产业园项目	上海启斯云计算有限公司	临港新片区
11	长三角公共云算力中心一期项目	临港算力(上海)科技有限公司	临港新片区
12	临港书院数据中心建设项目[国家(上海)新型互联网交换中心试点机房]	上海有则信息技术有限公司	临港新片区
13	上海国际数据港一期项目(信息飞鱼公共服务数据中心)	龙丰(上海)数据科技有限公司	临港新片区

续表

序号	项目名称	依托机构	所在园区
14	云+智能驾驶创新基地	上海璟禧网络科技有限公司	徐行工业区
15	阿里飞天云智能华东算力中心(一期)	阿里云(上海)云计算有限公司	枫泾工业区
16	腾讯长三角AI超算中心及数据中心综合体二期项目	上海珑睿信息科技有限公司	松江经济技术开发区
17	北斗时空(上海)大数据融合应用产业基地	北斗博阳(上海)数据科技有限公司	松江工业区
18	崇明区智慧岛大数据云计算中心	上海熠博信息技术有限公司	陈家镇智慧岛数据产业园

上海市千亿级产业园区发展特征及进一步提升路径分析

马彤晖

一、我国产业园区产业集群形成情况及机制

(一)产业园区产业集群形成情况

我国产业园区始于20世纪80年代，通常园区内形成3—5个主导产业集群，有效推动区域经济的增长。产业园区经历了从简单的无序产业集聚到逐渐形成规划有序的产业集群，再到向着培养更高能级的产业集群发展，打造重点产业增长级。产业集群最初只是一些具有创业精神的企业家创办的企业在一定的区域内形成集聚，主要为生产加工类，且产业较为分散，不具有明显的集聚效应。随着产业进入成长期，自发集聚的驱动力已经无法满足。同时，由于区域内企业之间会产生恶性竞争，不利于产业集群的形成。而后政府开始介入并承担一定的责任，通过规划建设、产业政策、企业培育等行为加强集聚效应。现如今，部分产业园区发挥平台优势，通过“龙头企业＋政府＋基金”的模式形成产业生态集聚，有效推动世界领先的产业集群形成。

(二)产业园区产业集群形成机制

产业园区内的产业集群形成受不同因素的影响：一是**资源驱动**，包括社会资源驱动和自然资源驱动，主要依托区位环境、自然资源以及独特的产业转化条件，比如中西部以能源、农副产品等为主导产业的园区，或者是江浙一带以小商品、纺织等传统产业为主导的园区；二是**龙头企业驱动**，园区依托一家特大型龙头企业发展，众多行业内中小企业以及配套的关联企业逐渐在周围集聚，园区以龙头企业为主导进行规划和引导，强化专业分工充分发挥规模效应，进一步降低生产成本，实现资源优化配置，例如国际汽车城、宝山钢铁基地等产业园区；三是**贸易投资驱动**，即企业以国内外进出口贸易为主带动形成产业集群，入世之后上海凭借优越的位置和优惠的投资政策吸引了大批量的外资企业，形成了由外商直接投资为主的产业集群，如闵开发等园区基本以外资企业为主；四是**科技资源驱动**，科研资源和人才较为密集，推动科技进步和先进产业集聚，如中关村等教育资源密集的区域以及高新区等。

二、上海市千亿级产业园区基本情况及特征

(一)上海市千亿级产业园区基本情况

上海市产业园区类型众多，包括国家级经开区、高新区、保税区，市区两级批准设立的各类园区，是全市产业集聚的重要区域。截至2021年全市营业收入超过千亿级的产业集群近20个，从2016年开始陆续增加了上海宝山工业园区、上海西郊工业园、上海化学工业经济技术开发区和上海嘉定汽车产业园区。

从产业规模来看，大于2万亿元的有1家，为中国(上海)自由贸易试验区，4千亿元到9千亿元的有5家，2千亿元到3千亿元的有5家，2千亿元以下的有8家。**从分布的区域来看**，主要集中于浦东新区，共5家，其次为嘉定区3家，青浦区和松江区分别有2家，金山区、宝山区、闵行区、静安区、徐汇区各有1家，另外还有2家园区在行政区划上分布于两个区内。**从近5年**(2016—2020年)**增幅**来看，漕河泾新兴技术开发区、上海宝山工业园区和临港产业区增幅超过100%，除此之外有9家产业园区增幅超过30%。

表1 上海市千亿级产业园区基本情况表

开发区名称	区块名称	规模	近5年增幅	规划面积	区域
中国(上海)自由贸易试验区	外高桥保税区	>2万亿元	34%	>20平方公里	浦东
	洋山特殊综合保税区				
	上海浦东机场综合保税区				
漕河泾新兴技术开发区	漕河泾新兴技术开发区	>8千亿元	174%	>10平方公里	徐汇
	漕河泾浦江高科技园				
	航天科技产业园(1期)				
上海金桥经济技术开发区	上海金桥经济技术开发区	>8千亿元	30%	>20平方公里	浦东
张江高科技园区	张江高科技园区	>6千亿元	60%	>30平方公里	浦东
安亭汽车产业基地	国际汽车城	>4千亿元	—	>5平方公里	嘉定
上海嘉定工业园区	嘉定工业园区	>4千亿元	30%	>50平方公里	嘉定
	外冈工业园区				
	嘉定工业园区马陆园区				

续表

开发区名称	区块名称	规模	近5年增幅	规划面积	区域
上海浦东康桥工业园区	上海浦东康桥工业园区	＞2 千亿元	19％	＞30 平方公里	浦东
上海松江经济技术开发区	石湖荡工业园区	＞2 千亿元	31％	＞50 平方公里	松江
	上海松江经济技术开发区(松江工业区)				
	上海松江经济技术开发区(车墩分区)				
	上海松江经济技术开发区(松江国际中小企业城)				
	上海松江经济技术开发区(新桥分区)				
	上海松江经济技术开发区(小昆山园区)				
	练塘工业园区				
上海青浦工业园区	上海青浦工业园区	＞2 千亿元	22％	＞40 平方公里	青浦
莘庄工业区	莘庄工业区	＞2 千亿元	44％	＞10 平方公里	闵行
	向阳工业园区				
上海市市北高新技术服务业园区	上海市市北高新技术服务业园区	＞2 千亿元	11％	＞1 平方公里	静安
上海宝山工业园区	宝山工业园区	＞1 千亿元	169％	＞20 平方公里	宝山、嘉定
	宝山城市工业园区				
	罗店工业园区				
	徐行工业园区				
临港产业区	临港产业区	＞1 千亿元	116％	＞50 平方公里	浦东
松江综合保税区	松江综合保税区	＞1 千亿元	22％	＞4 平方公里	松江
上海西郊工业园区	徐泾工业园区	＞1 千亿元	—	＞10 平方公里	青浦
	华新工业园区				
	闵北工业园区				
宝山钢铁基地	宝山钢铁基地	＞1 千亿元	32％	＞20 平方公里	宝山

续表

开发区名称	区块名称	规模	近 5 年增幅	规划面积	区域
上海金山工业园区	金山工业园区(山阳园)	＞1 千亿元	32%	＞30 平方公里	金山
	金山工业园区				
	金山工业园区(漕泾园)				
	金山第二工业园区				
	张堰工业园区				
上海化学工业经济技术开发区	上海化学工业经济技术开发区	＞1 千亿元	31%	＞20 平方公里	金山、奉贤
上海嘉定汽车产业园区	南翔工业园区	＞1 千亿元	1%	＞10 平方公里	嘉定
	黄渡工业园区				
	国际汽车城零部件配套园区				

注：包含的产业区块根据国家公告的范围及管理机构进行梳理

(二)上海市千亿级产业园区基本特征

第一是**产业规模平稳增长**，在比对了 2016—2020 年之间的增幅之后，可以发现近五年上海市千亿级产业园区规模较为稳定，从最早的跨越式发展逐渐进入稳定健康的增长阶段。上海市规模较大的产业园区起步早，已经完成前期开发建设进入规模性生产阶段，部分已经转型为总部经济和研发中心，对于区域的贡献度较高。

第二是**政策扶持与区域发展共存**，国家级经开区、高新区、自贸区作为国家战略部署，享受优惠政策，产业基础较好，中国(上海)自由贸易试验区代表着浦东高水平开放的集聚地，产业规模超 2 万亿元，漕河泾开发区、金桥经开区、张江高科、松江经开区、化工区等园区资源集聚明显，成为最早一批突破千亿规模的园区，为上海重点发展产业提供了重要支撑。另外绝大部分突破千亿规模的产业园区依靠市、区、镇级政府在国内外进行招商引资，不断进行产业升级，打造成为市级的品牌园区，成为区域内最重要的增长级，例如嘉定工业园区、莘庄工业区、浦东康桥、青浦工业园等。

第三是**集约利用水平较高，规划面积普遍较小**，相较省外园区，上海市的产业园区更加小而精，规划面积最大的松江经开区、临港产业区也略微大于 50 平方公里，绝大部分的千亿级产业园区规划面积都在 30 平方公里以下，园区开发利用率高，且已经进入二次开发的阶段。由此可见，规模提升更加注重的是做精做强专精特新产业。

第四是**园区职能不断扩大，积极融入城市建设**，上海市大部分产业园区主导产业链完善，二三产业结构均衡，园区由单一生产功能向城市综合功能转型，合理配置生产生活生态空间，科学布局规划功能布局，既突出生产功能，也统筹生活区、商务区、办公区等城市功能建设。

三、上海市产业园区进一步提升产业规模路径

(一)进一步加强产业在园区内集聚，破解规模限制

紧跟国家布局，抓住“十四五”上海市产业园区转型升级的黄金期，一方面加强千亿级产业园区宣传力度，彰显全球品牌价值；另外一方面聚焦产业发展趋势进行研判，认清痛点难点，找准工作路径，进一步加强区域内产业集聚度。全市现有 6 家产业园区规模超过 600 亿元，具备良好的产业基础，突破千亿规模的潜质极大。对此，园区需要遵循市场规律，科学合理布局规划，建立专业化的运营团队，创新产业管理模式，突破资源瓶颈，在“十四五”内稳步提升产业规模。

表 2　上海市 600 亿元以上产业园区基本情况表

<table>
<tr><th>开发区名称</th><th>区块名称</th><th>规模</th><th>规划面积</th><th>区域</th></tr>
<tr><td rowspan="3">上海奉贤经济开发区</td><td>工业综合开发区</td><td rowspan="3">约 900 亿元</td><td rowspan="3">20 平方公里</td><td rowspan="3">奉贤</td></tr>
<tr><td>江海园区</td></tr>
<tr><td>上海奉贤经济开发区生物科技园区</td></tr>
<tr><td>上海紫竹高新技术产业开发区</td><td>上海紫竹高新技术产业开发区</td><td>约 850 亿元</td><td>8 平方公里</td><td>闵行</td></tr>
<tr><td rowspan="3">上海月杨工业园区</td><td>顾村工业园区</td><td rowspan="3">约 800 亿元</td><td rowspan="3">7 平方公里</td><td rowspan="3">宝山</td></tr>
<tr><td>宝山杨行工业园区</td></tr>
<tr><td>月浦工业园区</td></tr>
<tr><td>上海临港松江科技城</td><td>上海临港松江科技城</td><td>约 800 亿元</td><td>2 平方公里</td><td>松江</td></tr>
<tr><td>闵行经济技术开发区</td><td>闵行经济技术开发区</td><td>约 600 亿元</td><td>3 平方公里</td><td>闵行</td></tr>
<tr><td>金山石化基地</td><td>金山石化基地</td><td>约 600 亿元</td><td>10 平方公里</td><td>金山</td></tr>
</table>

(二)加强创新驱动，发挥集群竞争优势

上海市产业园区规模提升受开发边界和管辖权限限制，原先的做法是通过品牌联动和区区合作等形式拓展发展空间，例如“张江研发＋上海制造”模

式推进跨区产业链分工协作和优势互补，建设世界级生物医药产业集群。而现阶段想要进一步破解产业规模就必须将提升创新作为核心动力。产业园区要针对优势产业加快培育建设一批产业、产品协同研发平台，推动共性技术研发和推广应用，引导创新资源向园区内集群集聚。引导企业间联合组建产业联盟或研发联盟等新型合作模式，强化产业链整合和供应链管理，增强企业的创新意识和创新能力。现在各产业园区内产业集群已经具有一定的竞争优势，需要进一步对园区内资源进行整合，借助专家、专业智库的力量明确产业发展方向，进一步发挥产业规模效应。

(三)支持产业集群转型升级，优化产业集群发展环境

现各区已经出台重点产业支持政策和行动方案，鼓励产业园区选取对标产业集群对比分析所处阶段，“对症下药”进行产业引导并且提供优惠政策。产业园区推动全产业链进行整体转型升级，发挥龙头企业的示范带动作用，联合众多企业需求进行重点突破。园区各产业相关部门成立产业集群工作小组，以提升产业集群集聚度和转型工作为重点落实工作方案，建立和完善促进产业集群发展工作协调机制，对产业集群发展的管理、指导和服务进一步加强。对于龙头企业技术改造和转型升级以及产业链关键中小企业发展优先给予支持，并开展培训、沙龙、主题大会，加强产业集群内的合作交流。

(四)加强产业集群运行监测，建设智慧集群

上海市产业园区参与国家级、市级等相关综合评价，进行相关指标的收集整理工作，在统计制度不断完善和严格要求下，需要进一步增强统计力量，加强相关数据的收集和分析。产业园区对于产业集群的运行建立监测制度，重点监测园区产业集群形态(企业迁移、产业链全景、风险提醒)、外部环境(产业动态、政策热点、对标园区)等，根据全国各省市以及相关行业发布的产业集群指数，进行引导和考核，提出产业集群集聚路径建议。全市以电子信息为主导产业的产业园区优先将互联网、云计算、大数据、5G等新一代信息技术应用于产业集群中，提高产业集群的信息化水平，建设全国标杆性的智慧集群，实现产业集群跨越式提升。

上海市生物医药区域发展环境对比分析及对策建议

马彤晖

一、上海市生物医药产业发展基本情况

(一)上海生物医药发展规模

生物医药是上海市着力发展的三大先导产业之一，2021 年产业规模超过 7000 亿元，其中制造业产值 1712 亿元，可比增长 12%。“十四五”期间，上海以全链协同、加快转化为重点，聚焦生物制品、化学制药、现代中药、医疗器械以及智慧医疗等领域，推动全产业链高质量发展，力争到 2025 年，全市生物医药产业规模达 1.2 万亿元，实现 5 年翻一番。

(二)上海上市生物医药企业分布情况

据统计，截至 2021 年 6 月 27 日收盘，上海市 24 家生物医药上市企业市值超过 4500 亿元，其中复兴医药是上海市唯一一家市值超过千亿元的医药上市企业(全国仅有 8 家超千亿市值生物医药企业)。随着长三角生物医药一体化布局，江苏的恒瑞医药、药明康德市值分别达到 2268.37 亿元、3058.29 亿元，其市值在全国生物医药行业中名列前茅。

表 1　上海市生物医药主板上市企业市值排行榜

名称	市值(亿元)	所在区域
复星医药	1110.00	长宁区
君实生物－U	712.70	浦东新区
上海医药	674.20	浦东新区
上海莱士	403.10	奉贤区
奕瑞科技	339.70	浦东新区
美迪西	280.80	浦东新区
昊海生科	174.40	松江区
心脉医疗	145.40	浦东新区
复旦张江	104.80	浦东新区

续表

名称	市值(亿元)	所在区域
艾力斯—U	102.56	浦东新区
三生国健	96.22	浦东新区
现代制药	94.48	浦东新区
海欣股份	84.25	松江区
康德莱	79.92	嘉定区
上海凯宝	66.94	奉贤区
凯利泰	58.19	浦东新区
润达医疗	57.03	金山区
三友医疗	49.15	嘉定区
科华生物	42.95	徐汇区
透景生命	36.76	浦东新区
神奇制药	32.20	浦东新区
ST 交昂	31.12	松江区
第一医药	25.94	黄浦区
开开实业	23.94	静安区
合计	4826.75	

注：所在区域按照主板上市企业注册地址为准

(三)上海生物医药重点发展区域

2020 年，上海经信委等四部门印发《关于推动生物医药产业园区特色化发展的实施方案》，明确以张江生物医药创新引领核心区为轴心，以临港新片区精准医疗先行示范区、东方美谷生命健康融合发展区、金海岸现代制药绿色承载区、北上海生物医药高端制造集聚区和南虹桥智慧医疗创新试验区为依托，发挥市级特色园区品牌效应，共同构建“1＋5＋X”生物医药产业空间布局。浦东新区、临港新片区、奉贤区、金山区、宝山区、闵行区将在以下载体中为优质生物医药产业项目腾挪万亩土地，通过新增产业、物业空间提升空间承载能力，为优质项目拓展发展空间。

从发展空间上来看，张江生物医药创新引领核心区生物医药产业发达，但是空间有限，“张江研发＋上海制造”的模式将在全市范围内进行产业化落地。临港新片区是国家战略部署，站位高，发展空间广阔，近期可用空间超过 3000 亩；奉贤区和金山区作为生物医药重要的基地，具备良好的产业发展基础，东方美谷、金山工业区已经将生物医药发展成为支柱产业。宝山区和闵行区作为重点区域在有限的发展空间中也分别拓展出1700亩、1000亩供产业项目落地。

表2　上海市重点区域生物医药定位及空间布局

区域	空间名称	载体	发展空间	产业集中度	定位
浦东新区	张江生物医药创新引领核心区	张江创新药产业基地、张江医疗器械产业基地、张江总部园、张江国际医学园区、外高桥保税区等	核心区面积11.3平方公里，到2022年，推出可用空间800亩，物业50万平方米，制造业产值达到800亿；到2025年，共计推出可用空间5000亩	2020年浦东新区生物医药产业规模已突破800亿元，占全市生物医药产业规模的13%。核心区到2022年，制造业产值达到800亿。共12家生物医药上市企业	重点发展创新药物和高端医疗器械的研发转化制造产业链，建设具有全球影响力的生物医药产业创新高地
临港新片区	临港新片区精准医疗先行示范区	临港新片区生命蓝湾	示范区面积5.8平方公里，到2022年，推出可用空间3200亩，物业300万平方米，制造业产值突破100亿元；到2025年，共计推出可用空间5500亩	到2022年，制造业产值达到800亿；到2025年，一类新药和创新医疗器械上市数量实现倍增，创新药对生物医药产业的贡献提高到30%以上	重点发展靶向药物、高端数字化医疗器械、健康服务等领域，打造具有国际竞争力的生物医药研发制造基地和服务中心
奉贤区	东方美谷生命健康融合发展区	东方美谷、奉贤经济开发区、工业综合开发区、杭州湾经济技术开发区、奉城工业园区等	发展区面积14.1平方公里，到2022年，推出可用空间3000亩，物业200万平方米，制造业产值突破200亿元；到2025年，共计推出可用空间5000亩	融合发展区到2022年，制造业产值突破200亿元。2家生物医药上市企业，5家产值超10亿元生物医药企业	重点发展疫苗、现代中药等领域，着力打造"东方美谷"生命健康产业集群

续表

区域	空间名称	载体	发展空间	产业集中度	定位
金山区	金海岸现代制药绿色承载区	金山工业区、金山第二工业区、湾区生物医药港等	承载区面积7.7平方公里，到2022年，推出可用空间2900亩，物业23万平方米，制造业产值突破150亿元；到2025年，共计推出可用空间2900亩	承载区到2022年，制造业产值突破150亿元	重点发展高附加值原料药、新型制剂、细胞治疗等领域，打造全市生物医药生产制造重要承载地
宝山区	北上海生物医药高端制造集聚区	北上海生物医药产业园	集聚区面积6.9平方公里，到2022年，推出可用空间1700亩，物业20万平方米，制造业产值突破70亿元；到2025年，共计推出可用空间4500亩	集聚区到2022年，制造业产值突破70亿元	重点发展高端医药制造、高端医疗器械装备生产、现代医药物流等领域，打造生物医药高端制造与服务融合发展基地
闵行区	虹桥智慧医疗创新试验区	新虹桥国际医学园区、创新医疗示范基地和国际健康生命城等片区	试验区面积7.5平方公里，到2022年，推出可用空间1000亩，物业32万平方米，制造业产值达到285亿元；到2025年，共计推出可用空间3000亩	试验区到2022年，制造业产值达到285亿元	重点发展智慧医疗高端产品及国际医疗高端服务等，打造生物医药产业与健康医疗、人工智能与医疗器械融合发展的示范基地，建设生物医药产业长三角一体化发展样板

二、区域产业发展政策环境对比

浦东新区、临港新片区、奉贤区、金山区、宝山区、闵行区等作为上海市生物医药重点发展区域，均出台了支持生物医药高质量发展的政策，临港新片区、金山区、宝山区、闵行区在产业规模和落地产业项目方面提出了优惠政策；奉贤区、金山区、宝山区、闵行区在创新药物、医疗器械研发以及改良型新药和仿制药均有资金支持。另外，大张江和张江科学城均出台了专项资金扶持，更具有针对性且资金支持力度大。

表3 上海市重点区域生物医药优惠对象及政策依据

区域	优惠对象	政策依据
浦东新区	创新药物、医疗器械研发、上市	《浦东新区促进重点优势产业高质量发展若干政策措施》(浦府规〔2020〕2号)
临港新片区	产业规模、开拓市场、专业化服务、创新药研发、医疗器械研发、申报专业资质认证、产品委托生产、绿色发展	《中国(上海)自由贸易试验区临港新片区集聚生物医药产业发展若干措施》
大张江	国内首仿化学药物或首款生物类似药研发、产业项目、国际竞争与合作	《张江国家自主创新示范区专项发展资金2020年重点项目指南》《上海市张江国家自主创新示范区专项发展资金使用和管理办法》
张江科学城	产业项目；创新药、医疗器械；国际竞争与合作；绿色发展	《2020年张江科学城专项资金政策申报指南》
奉贤区	新药、高端医疗器械、仿制药和特医食品的研发和产业化的重大项目；对企业提供技术服务的生命健康产业公共服务平台	《关于加快推进奉贤区生命健康产业高质量发展的若干政策(试行)》《上海市奉贤区生命健康产业发展规划(2019—2030)》《奉贤区加快生命健康(生物医药)产业高质量发展行动计划(2019—2021年)》
金山区	新药研发、鼓励开展化学仿制药质量和疗效一致性评价、医疗器械、产业规模、租房补贴、国际市场、公共平台、人才引育、金融支持、环境建设	《金山区关于促进生物医药产业高质量发展的若干政策》《金山区关于促进生物医药产业高质量发展三年行动方案(2019—2021年)》(金府办发〔2019〕35号)
宝山区	产业规模；委托生产；新建生产线；医疗器械；创新药研制；改良型新药、仿制药、改良型生物制品及生物类似药等研制；鼓励开展化学仿制药质量和疗效一致性评价；合作创新；股权投资；境内外并购；国际竞争与合作；公共服务；绿色发展	《宝山区支持生物医药与生命健康产业发展若干政策(实行)》(宝科合〔2020〕1号)

续表

区域	优惠对象	政策依据
闵行区	创新药、改良型新药和仿制药、兽用药品批件、医疗器械、国际认证、产业规模、药品质量和疗效一致性评价、服务平台、委托生产	《闵行区关于促进生物医药产业高质量发展的若干意见》(闵府规发〔2021〕2 号)

(一)区域生产规模政策对比

各区域为提升产业规模出台的政策中，大张江、张江科学城支持的最高金额高达千万，临港新片区对于首次进入中国医药工业百强的企业奖励 300 万元，临港新片区、宝山区、闵行区和金山区对于营业收入有所突破的企业均予以阶梯奖励。

表 4　上海市重点区域生物医药产业规模优惠政策

区域	产业规模
大张江	产业化项目固定资产投资生物医药领域的项目不超过 5000 万元，按已发生的新增固定资产投资金额的 10%给予资助，单个项目最高资助 1000 万元，事后一次性支持
张江科学城	按实际支出的 50%给予支持，每个单位年度不超过 2000 万元，总额不超过 5000 万元。支持资金主要用于项目建设、场地租赁、研发创新等方面
临港新片区	(1)对首次进入中国医药工业百强的企业奖励 300 万元 (2)对年度主营业务收入首次突破 1 亿元、5 亿元、10 亿元、30 亿元的企业，分别给予 10 万元、50 万元、100 万元、200 万元的奖励 (3)对参加国家药品集中带量采购中标品种最高奖励 200 万元 (4)对单品种年度销售收入首次突破 1 亿元、3 亿元、5 亿元、10 亿元的药品和医疗器械，分别给予 10 万元、20 万元、30 万元、50 万元的奖励 以上年度主营业务收入、单品种年度销售收入每上一个台阶奖励一次，实施晋档补差
宝山区	(1)对申报上海市战略性新兴产业生物医药领域重大项目(产业发展类)的，按项目实际获批市级财政经费的 10%给予配套支持，最高 200 万元 (2)对年主营业务收入首次突破 2000 万元、1 亿元、5 亿元、10 亿元的药品、器械及化妆品生产企业，分别给予 20 万元、50 万元、100 万元、200 万元的奖励。对年主营业务收入首次突破 2000 万元、5000 万元、1 亿元的精准医疗等服务类企业，分别给予 20 万元、50 万元、100 万元的奖励 (3)对迁入我区或在我区新设立的重点企业，根据产业带动作用和区域经济贡献，采用分阶段拨付或事后一次性补贴的方式，按照企业迁入(设立)后两年研发费用最高 10%的比例给予补贴，最高 300 万元。重大项目，按“一事一议”原则，经区委、区政府研究确定支持金额

续表

区域	产业规模
闵行区	(1)经市级部门评审立项的生物医药领域核心技术攻关、关键专业化服务平台建设及重大产品产业化项目和上海市战略性新兴产业生物医药领域重大产业化项目，区财政以 1：0.5 比例给予匹配，最高不超过 1000 万元。区级配套资金按市级资金立项时拨付 50%，项目通过验收时拨付 50% (2)新纳税落户闵行区的生物医药重点创新型企业。重点创新型生物医药企业一般需满足以下三条标准中两条：①具有关键核心技术；②风险融资规模 2000 万元或估值 2 亿元及以上；③上年度财政贡献 100 万元以上。按街镇园区给企业补贴额度的 1：1 给予最多连续三年的扶持，每年不超过 150 万元。区和(街)镇扶持总额不超过企业实际发生总额 (3)对年主营业务收入首次突破 2000 万元、1 亿元、5 亿元的生物医药生产和研发服务企业，分别给予 20 万元、50 万元、100 万元一次性资助
金山区	(1)对于在金山区产业化的重大项目，项目固定资产投资额超过 1 亿元，5 亿元以下的，给予最高 200 万元的支持；项目固定资产投资额超过 5 亿元，10 亿元以下的，给予最高 500 万元的支持；项目固定资产投资额超过 10 亿元的实行“一事一议”。对获得市级以上财政支持的重大生物医药产业化项目，并明确要求配套的，按 1：1 比例匹配，最高 500 万元 (2)对年主营业务收入首次突破 5000 万元、1 亿元、5 亿元、10 亿元的生物医药企业，分别给予 20 万元、50 万元、100 万元、200 万元的奖励

(二)区域创新药、仿制药、医疗器械政策对比

临港新片区、宝山区对于创新药物均按照批件给予奖励，临港新片区奖励最高每个批件 300 万元；金山区按照产品实际研发费用的 10%予以资助，择优给予最高 200 万元的支持；闵行区更注重在本区进行生产销售；张江科学城更侧重于对保持较高增长率的企业给予支持。

在医疗器械的支持政策中，张江科学城、浦东新区、闵行区均只对取得Ⅲ类医疗器械注册证的企业给予资金资助，金山区和宝山区对取得Ⅱ、Ⅲ类医疗器械注册证的企业均给予资助，临港新片区对取得医疗器械注册证、生产许可证的企业，最高给予一次性 200 万元资助。

大张江对获准上市的国内首仿化学药物、首款生物类似药(不同剂型合并计算)，直接给予 500 万元的一次性资助。宝山区对于改良型新药、仿制药、改良型生物制品及生物类似药等研制取得药品注册批件的，给予最高 300 万元奖励。

表 5　上海市重点区域生物医药创新药、仿制药、医疗器械政策对比

区域	优惠对象	优惠政策
浦东新区	创新药物、医疗器械研发、上市	对开展一类新药临床Ⅱ期、Ⅲ期研究，或实现一类新药、二类新药获批上市，或全国同类仿制药中首个通过一致性评价，或实现三类医疗器械、三类体外诊断试剂获得注册证的企业，给予一次性奖励。鼓励药品生产企业提高生产管理水平，对通过国际药品生产质量管理规范认证的企业，给予一次性奖励
临港新片区	创新药研发	对取得新药临床批件、药品生产批件和药品上市许可的企业，每个批件(许可)最高给予一次性资助 300 万元；对已上市药品再开发并新增加适应证的药品，最高给予资助 200 万元；同一企业年度最高资助 1000 万元
	医疗器械研发	对取得医疗器械注册证、生产许可证的企业，每个注册证(许可)最高给予一次性资助 200 万元；同一企业年度最高资助 500 万元
大张江	国内首仿化学药物或首款生物类似药研发	对获准上市的国内首仿化学药物、首款生物类似药(不同剂型合并计算)，给予 500 万元的一次性资助。单个企业每年最高资助 1000 万元
张江科学城	创新药、医疗器械	生物医药企业创新药(Ⅰ类新药)研发进入三期临床；医疗器械企业获得国内三类医疗器械注册证；支持企业加大研发投入。对年度研发费用 500 万元以上，且保持较高增长率的企业给予支持。研发费用同比增长 50%以上的企业，给予年度研发费用 10%、不超过 1000 万元的支持；同比增长率在 30%－50%企业，给予年度研发费用 5%、不超过 500 万元的支持。每家企业的支持次数不超过 3 次
奉贤区	新药、高端医疗器械、仿制药和特医食品的研发和产业化的重大项目	提供最高 1000 万元支持

续表

区域	优惠对象	优惠政策
金山区	新药研发	(1)支持重大创新产品研发上市，对于在本区实现生产、销售并获得国家、市级科技重大专项的创新药，给予最高1000万元的支持 (2)支持企业获得药品注册批件，对在金山区生产的化学药品、生物制品(包括治疗用生物制品与预防用生物制品)、中药和天然药物进行支持，对新获得注册批件的新药和生物类似药，按该产品实际研发费用的10%予以资助，择优给予最高200万元的支持 (3)对开展临床试验并在我区转化的新药择优给予资助：进入Ⅱ、Ⅲ期临床试验阶段并获得临床批件的新药项目，根据项目创新水平和前期投入分别择优给予50万元、100万元的支持
	医疗器械	支持企业取得医疗器械注册证，对新取得三类医疗器械注册证的，按该产品实际研发费用的10%予以资助，择优给予最高200万元的支持；对新获得国家创新医疗器械特别审查程序批准的创新医疗器械，按该产品实际研发费用的10%予以资助，择优给予最高100万元的支持；对新取得二类医疗器械注册证的，按该产品实际研发费用的10%予以资助，择优给予最高50万元的支持
宝山区	创新药研制	对取得临床批件的，给予最高100万元奖励；对完成Ⅰ、Ⅱ、Ⅲ期临床试验的，分别给予最高50万元、100万元、150万元奖励；对取得药品注册批件的，给予最高100万元奖励
	医疗器械	对获得Ⅱ、Ⅲ类医疗器械生产许可证的，分别给予10万元、30万元奖励。对取得Ⅱ、Ⅲ类医疗器械注册证的，分别给予最高50万元、200万元奖励
	改良型新药、仿制药、改良型生物制品及生物类似药等研制	对取得药品注册批件的，给予最高300万元奖励
闵行区	创新药	在本区生产销售且获得市级立项支持的，给予市级扶持资金10%配套且最高不超过300万元；在本区生产销售市级未立项支持的给予单品种一次性研发费用资助400万元；未在本区生产但销售结算在本区的给予单品种一次性研发费用资助300万元

续表

区域	优惠对象	优惠政策
闵行区	改良型新药和仿制药	在本区生产销售且获得市级立项支持的，给予市级扶持资金10%配套且最高不超过100万元；在市本区生产销售未立项支持的给予单品种一次性研发费用资助200万元；未在本区生产但销售结算在本区的给予单品种一次性研发费用资助100万元
	兽用药品批件	一类新药给予单品种一次性研发费用资助100万元；二类和三类新药给予单品种一次性研发费用资助50万元
	医疗器械	(1)获得创新医疗器械三类医疗器械注册证书，在本区生产销售且获得市级立项的给予市级扶持资金20%配套且最高不超过100万元；在本区生产销售市级未立项的给予单品种一次性研发费用资助150万元；未在本区生产但销售结算在本区的给予单品种一次性研发费用资助100万元 (2)获得医学影像、植入性组织材料等非诊断试剂三类医疗器械注册证书，在本区生产销售且获得市级立项的给予市级扶持资金20%配套且最高不超过60万元；在本区生产销售市级未立项的给予单品种一次性研发费用资助100万元；未在本区生产但销售结算在本区的给予单品种一次性研发费用资助60万元 (3)获得基因测序、肿瘤检测等诊断试剂三类医疗器械注册证书，在本区生产销售且获得市级立项的给予市级扶持资金20%配套且最高不超过30万元；在本区生产销售市级未立项的给予单品种一次性研发费用资助50万元；未在本区生产但销售结算在本区的给予单品种一次性研发费用资助30万元

(三)区域公共服务平台政策对比

临港新片区、奉贤区、金山区、宝山区、闵行区五个区域均对生物医药的公共服务平台给予支持，临港新片区对为区内企业提供研发及生产专业化服务的平台给予资金支持，奉贤区则突出了生命健康产业的公共服务平台，金山区支持建立研发中试、临床研究、检验检测、创新技术等专业技术公共服务平台，宝山区和闵行区对于公共服务平台的搭建更为细化。

表 6　上海市重点区域生物医药公共服务平台政策对比

区域	优惠政策
临港新片区	支持建设研发外包与服务中心，鼓励其为新片区企业提供生物医药研发及生产的专业化服务，按经认定的实际服务额给予 10% 的比例资助，年度最高不超过 500 万元
奉贤区	向对企业提供技术服务的生命健康产业公共服务平台给予最高 500 万元奖励
金山区	加大力度补足产业发展短板，支持生物医药重要公共服务平台项目建设，对区内生物医药企业、研发机构及其他主体搭建研发中试、临床研究、检验检测、创新技术等专业技术公共服务平台，经认定后按照项目固定资产投资额的 20% 给予最高 500 万元的支持
宝山区	(1)支持生物医药产业公共服务平台建设，对经市主管部门认定的生物医药产业技术创新服务平台和专业服务平台，按照项目总投资额最高 30% 的比例，给予最高 200 万元的补贴 (2)对首次通过药物临床前安全性评价机构(GLP)、药物或医疗器械临床试验机构(GCP)资质认证的，给予最高 100 万元奖励 (3)支持本区 GLP、GCP、CRO(医药合同研发)、CRAO(合同注册组织)、医疗器械检验机构、公共技术服务平台等为区内外企业提供服务，按照年度实现服务金额最高 5% 的比例给予奖励，最高 200 万元 (4)优化医疗服务资源配置，鼓励发展临床检验、医学影像、病理诊断等独立的第三方医疗机构 (5)鼓励在我区设立科研院所、研发机构、标准化技术组织、检验检测机构、地区总部、销售总部等，根据对产业带动作用和区域经济贡献，对创始人、董事、高管和引进机构及个人给予一定额度奖励 (6)搭建金融服务平台，吸引各类金融机构、社会资本助力区内生物医药企业发展，优先推荐我区生物医药企业对接上海市生物医药产业基金、上海市双创母基金、上海证券交易所等。发起设立宝山区生物医药与生命健康产业基金，助力创新企业发展
闵行区	面向生物医药研发中试、检验检测、孵化转化经市相关部门认定的专业技术服务平台；新引入或建立药物临床前安全性评价机构(GLP)等公共服务平台。对经市级部门新认定的专业技术服务平台，新引入或新认证符合 GLP 规范的公共服务平台，按照项目建设固定资产(不含土地厂房基建设施)投资额的 20% 给予最高不超过 500 万元的支持 医药合同研究(CRO)、合同研发生产(CDMO)、临床试验机构(GCP)等公共服务平台为本区生物医药企业提供服务，服务合同必须经技术合同认定登记。每年按实际服务金额的 10% 予以资助，单个平台每年资助最高不超过 100 万元

(四)区域生物医药国际竞争与合作政策对比

上海生物医药重点区域都非常重视国际竞争和合作，对于取得国际认证的机构给予支持，临港新片区支持力度最大，最高资助 500 万元，大张江、张江科学城和闵行区最高资助 200 万元，宝山区最高资助 100 万元，金山区最高资助 100 万元。

表 7 上海市重点区域生物医药国际竞争与合作政策对比

区域	优惠政策
临港新片区	对获得生物医药领域的国际、国内相关专业资质认证的机构，每个专项认证最高给予一次性资助 100 万元；同一单位年度最高资助 500 万元
大张江	(1)对于获得 FDA、EMEA、WHO 等国际药品生产规范认证的；对新药研究获得 FDA 突破性疗法(BTD)或再生医学先进疗法(RMAT)资格认定的，获得 EMA 优先药物(PRIME)资格认定的生物医药企业，给予资助，获得国际药品生产规范认证的，支持 200 万元。对获得 BTD、RMAT、PRIME 认定的，奖励 200 万元，同一药品获得多个认定的，不重复资助。事后一次性支持 (2)支持参展费的 50%，参加多个会展的企业年度累计支持不超过 200 万元。事后一次性支持
张江科学城	对于获得 FDA、EMEA、WHO 等国际药品生产规范认证的；对新药研究获得 FDA 突破性疗法(BTD)或再生医学先进疗法(RMAT)资格认定的，获得 EMA 优先药物(PRIME)资格认定的生物医药企业，给予资助。获得国际药品生产规范认证的，支持 200 万元。对获得 BTD、RMAT、PRIME 认定的，奖励 200 万元，同一药品获得多个认定的，不重复资助。事后一次性支持
金山区	对首次通过美国食品药品监督管理局(FDA)、欧洲药品管理局(EMA)等国际权威机构认证并获得境外上市资质的药品和医疗器械，每个品种(同一产品不同规格视为同一品种)给予一次性 50 万元的支持，单个企业每年资助额度最高 100 万元
宝山区	通过药品生产质量管理规范(GMP)认证或获得药品生产许可的，给予最高 100 万元奖励
闵行区	注册纳税在本区，首次获得美国食品药品监督管理局(FDA)、欧洲药品管理局(EMA)、欧洲共同体(CE)、日本药品医疗器械局(PMDA)或世界卫生组织(WHO)等国际权威认证并获得境外上市资质的药品和医疗器械且生产销售结算在本区范围内的企业，单个企业每年资助最高不超过 200 万元

(五)区域生物医药绿色发展政策对比

生物医药产业绿色化发展是走向高质量发展的必经之路，临港新片区、张江科学城和宝山区支持微小型、孵化类生物医药研发项目完善环评手续，并在完成验收备案后给予资金支持；对规范化收集、分类、暂存及处置危险废弃物给予资金支持。金山区则更加关注对严重污染环境、停产多年、长期闲置企业的用地和厂房进行调整改造，盘活现有生物医药产业用地。

表 8　上海市重点区域生物医药绿色发展政策对比

区域	优惠政策
临港新片区	(1)对以租赁方式开展研发工作的微小型、孵化类生物医药研发项目，具备条件的原则上由出租方统一进行环评备案，不要求承租方进行单个项目的环评；不具备条件的，可由承租方在获得项目环评批文并完成验收备案后，一次性给予环评服务费用最高 100%的支持，单个项目环评最高资助 5 万元 (2)对规范化收集、分类、暂存及处置危险废弃物，且危废产生量不大于 5 吨/年的生物医药研发类企业，给予危废处置费用 100%的支持，同一企业年度最高资助 10 万元
张江科学城	(1)支持微小型、孵化类生物医药研发项目完善环评手续，对以租赁方式开展研发工作的微小型、孵化类生物医药研发项目在获得环评批文并完成验收备案后予以支持。给予环评服务费用 50%的支持，单个项目环评支持额不超过 2 万元 (2)促进生物医药研发生产的中小企业规范化收集、分类、暂存及处置危险废弃物，支持危废产生量不大于 5 吨/年的生物医药研发类企业。给予危废处置费用 50%的支持，单个企业每年支持额不超过 5 万元，支持年限为 3 年
金山区	对生物医药产业用地及厂房空间进行深度梳理，对严重污染环境、停产多年、长期闲置企业的用地和厂房进行调整改造，通过转让、租赁等多种方式盘活金山区内生物医药产业用地及厂房空间，支持在盘活的厂房内建设生物医药孵化器、加速器、众创空间及产业技术平台等
宝山区	(1)支持完善环评手续，对微小型、孵化类生物医药研发项目，在获得环评批文并完成验收备案后，按照环评服务费用的 50%给予支持，最高 2 万元 (2)鼓励规范化收集、分类、暂存及处置危险废弃物，对生物医药研发生产中小企业，按照危废处置费用的 50%给予支持，同一企业每年最高 5 万元，支持年限为 3 年 (3)鼓励配强危险废弃物处置设施。对专业园区实施的危险废弃物收集建设项目，获得经营许可后，按照项目投资额最高 50%的比例给予支持，最高 150 万元。对企业实施的危险废弃物自行利用、处置建设项目，经验收通过后，按照项目投资额最高 30%的比例给予支持，最高 100 万元

(六)区域生物医药鼓励开展化学仿制药质量和疗效一致性评价政策对比

金山区、宝山区、闵行区三个区域提出鼓励开展化学仿制药质量和疗效一致性评价，金山区对通过药品一致性评价的择优给予单品种(同一药品不同规格视为同一品种)最高100万元的支持，宝山区、闵行区单品种给予最高200万元的支持。

表9 上海市重点区域生物医药鼓励开展化学仿制药质量和疗效一致性评价政策对比

区域	优惠政策
金山区	鼓励企业开展药品质量和疗效一致性评价，对通过药品一致性评价的择优给予单品种(同一药品不同规格视为同一品种)最高100万元的支持
宝山区	对于通过国家药品监督管理局仿制药一致性评价的，单品种给予最高200万元的奖励，同一企业当年度累计资助额最高200万元
闵行区	完成仿制药质量和疗效一致性评价并取得国家药品监督管理局批件，并在本区销售结算。单品种给予200万元资助，同一药品不同规格视为同一品种，单个企业资助最高不超过400万元

(七)区域生物医药产品委托生产政策对比

临港新片区、宝山区、闵行区三个区域提出对药品和医疗器械上市许可持有人委托本区企业进行生产，并在本区销售结算或按照药品、医疗器械上市许可持有人制度接受委托生产的企业给予资金支持，其中，临港新片区最高奖励500万元。

表10 上海市重点区域生物医药产品委托生产政策对比

区域	优惠政策
临港新片区	对上市许可持有人委托在新片区内认定备案的生物医药企业生产其所持有产品，且销售税收结算在新片区的，按该品种较上年新增销售收入的1%给予最高500万元奖励
宝山区	对区内申报药品上市许可持有人/医疗器械注册人资格的企业(在本区无生产基地)，按照申报品种较上一年度新增销售收入最高1%的比例给予奖励，最高300万元。对区内获得药品上市许可持有人/医疗器械注册人授权委托生产的企业，按照该品种较上一年度产值新增额最高0.5%的比例给予奖励，最高200万元

续表

区域	优惠政策
闵行区	药品和医疗器械上市许可持有人委托本区企业进行生产，并在本区销售结算或按照药品、医疗器械上市许可持有人制度接受委托生产的企业： (1)按委托方首次实际交易合同金额的5%给予资助，最高不超过200万元 (2)按受委托方实际交易合同金额的5%给予资助，最高不超过200万元 (3)单个企业资助最高不超过200万元

(八)区域生物医药其他特色政策对比

临港新片区、金山区、宝山区三个区域均针对该区域生物医药产业发展特色出台优惠政策，临港新片区具有制度优势，鼓励新片区内企业协作和拓展国际业务；金山区侧重于人才的招引和金融支持；宝山区鼓励企业独立或联合高校、医院、科研院所开展技术研发攻关，鼓励机构投资者进行股权投资以及在境内外并购。

表11　上海市重点区域生物医药其他特色政策对比

区域	优惠对象	优惠政策
临港新片区	开拓市场	(1)鼓励新片区内企业协作，对新片区区内企业全年采购无关联关系的区内生物医药企业名优产品(服务)金额累计达到200万元以上的，按采购额的5%补贴，每个企业年度补贴总额最高200万元 (2)支持企业拓展国际业务，对年度出口规模首次达到100万美元以上，给予10万元补贴，每增加10万美元再给予5万元补贴，对同一企业年度补贴最高不超过200万元
金山区	租房补贴	对在区内新落户并租赁入驻金山重点生物医药产业园区的生物医药创新企业，给予最多一年期50%的租金补贴，单个企业补贴金额最高50万元
	人才引育	对生物医药产业中引进或培育的高层次人才给予安家落户、医疗保障及薪酬扶持等优惠待遇
	金融支持	通过政府创新创业引导基金与社会资本合作，引导社会资金在生物医药产业领域投资，支持生物医药企业发展壮大

续表

区域	优惠对象	优惠政策
宝山区	合作创新	(1)鼓励企业独立或联合高校、医院、科研院所开展技术研发攻关，对通过专家评审并经区委、区政府批准的项目，采用事前立项、事后一次性补贴的方式，按照项目研发投入最高30%的比例给予支持，最高200万元 (2)对作为牵头单位承担国家科技重大专项、国家重点研发计划等国家级重大科技项目的，按照项目实际获批中央财政经费的10%给予配套支持，最高300万元。对作为牵头单位承担上海市重大科技项目的，按照项目实际获批市级财政经费的10%给予配套支持，最高200万元 (3)支持生物医药产业与大数据、云计算、人工智能等新一代信息技术相融合，对通过专家评审并经区委、区政府批准的项目，采用事前立项、事后一次性补贴的方式，按照项目研发投入最高30%的比例给予支持，最高200万元
	股权投资	对首次获得机构投资者股权投资的，按照实际投资额最高5%的比例给予资助，最高50万元；对后续获得的投资机构股权投资，按照每次实际投资额最高2%的比例给予资助，最高100万元
	境内外并购	对并购方企业在并购重组中发生的法律、财务、资产评估等中介服务费，按照实际支出最高20%的比例给予资助，最高100万元

三、各区域生物医药产业发展环境对比

上海市生物医药产业的发展与各区域人才密度、交通等密不可分。张江作为最早发展生物医药产业的区域，已经在全国具有品牌效应，区域内高科技人才集聚，交通便利，优势明显。临港新片区作为政策高地，创新管理制度，发展空间大。奉贤区则做优做强生命健康产业，打响“东方美谷”品牌。金山区作为生物医药重要的生产基地，金山工业区、金山第二工业区、湾区生物医药港等成为生物医药产业重要的制造基地，与张江生物医药基地合作，成为生物医药创新成果转化重要的区域。宝山区以南北转型为契机，大力发展生物医药为支柱产业，上海医药、宝济药业、国盛生物医药陆续落户北上海生物医药产业园，国盛产投打造“新标杆”——宝山药谷。闵行区极具产业发展的区位优势，老牌知名制造业企业集聚，以“制造＋服务”的发展方式集聚生物医药产业。

表 12　上海市重点区域生物医药产业发展环境对比

区域	人才	交通	发展优势
浦东新区	浦东新区人口密度 4599 人/平方公里，张江科学城重点产业的骨干人才满 3 年就能申请上海居转户落户上海	龙东高架路主线竣工并通车，金科路改建工程开工建设，13 号线（张江段）已投入使用，机场联络线（张江站）启动建设，交通便利	“张江研发＋上海制造”品牌效应，“张江研发＋浦东转化”“张江研发＋外区转化”“张江外溢＋回流上海”“张江试水＋本市扩张”四种产业化落地
临港新片区	特殊人才可直接落户，实施限价商品房政策	从滴水湖出发至浦东枢纽、龙阳路枢纽、虹桥枢纽和长三角毗邻城市，分别用时 15、30、60、100 分钟。上海绕城高速、新四平公路，江平专线，位置较远交通不便利	政府效率高，政策精准，落实到位，人才政策优，产业氛围好
奉贤区	奉贤区人口密度 1684 人/平方公里，五大新城之一，新就业的应届硕士毕业生可直接落户	5 号线延线、沪金高速、金海公路等交通较便利	成立生命健康（生物医药）天使投资基金和科技创新投资基金；“万物生长”系列品牌活动
金山区	金山区人口密度 1377 人/平方公里	深海高速、沪金高速、新卫高速等，位置较远	“张江研发、金山智造”共享共建机制
宝山区	宝山区人口密度 7544 人/平方公里	1 号线、蕰川公路等，距离市中心较近，交通较便利	“宝山药谷”1＋3＋X 专门服务体系。“1”是指宝山药谷；“3”是指三个平台：生物医药产业创新服务平台、生物医药企业专业服务平台，以及园区综合配套服务平台；“X”是指在园区投入运营后，满足企业可能会提出的其他服务需求
闵行区	闵行区人口密度 6876 人/平方公里	沪常高速、申嘉湖高速等，距离市中心较近，交通较便利	“制造＋服务”双轮驱动发展，聚焦临港浦江国际生命健康城、上海智能医疗大数据产业基地和上海新虹桥国际医学中心

四、区域发展生物医药产业对策建议

（一）建立全市项目库，走错位竞争高质量发展之路

从各区域发展生物医药的定位和产业政策可以看到，不同区域所处发展阶段不同、发展方向不同、产业基础不同，可以统筹建立全市重大生物医药项目库，进行区域错位匹配，避免区域之间内耗。对于龙头企业集聚的区域，根据产业的上下游进行配套；对于产业还需要进一步集聚的区域，需要充分发挥产业政策和成本优势，给予更大的发展空间，重点匹配所需的行业龙头企业，发挥龙头企业的带动作用，吸引相关企业集聚。

（二）切入细分产业，打造细分领域产业高地

生物医药产业具有高投入、高风险、高回报、研发周期长等特点，并且涵盖了原料药、医疗器械、流通、医疗服务等范围，只有选取少数几个特色细分产业才有望在3—5年内实现集群集聚，这是各区域提升产业核心竞争力的有效路径。目前各区域已经明确了产业发展定位，需要进一步细分产业门类，密切跟踪产业发展所需的技术、规模及模式等，在细分领域内深入耕耘，进行研发、制造、流通配套服务。

（三）提升服务水平，发挥社会金融资本杠杆作用

生物医药产业对于科技创新水平要求越来越高，布局一批全球顶尖的大型科研机构和企业研发中心是激发科技活力、提升产业规模的重要途径。各区域需要不断推进生物医药产业研发中试、检验检测、孵化转化等专业技术服务平台建设，形成“全周期、一站式、数字化”的专业服务，推动科技成果加速转化和应用落地。同时，生物医药作为资金密集型产业，加强政府引导基金与社会资本合作，金融与产业相融合，通过天使投资、股权投资和兼并收购等招商方式引入科技创新型项目或大型产业项目，形成良好的产业链和生态圈。

上海市产业园区产业发展支撑能力现状分析及对策建议

马彤晖

一、上海市产业园区产业发展支撑能力现状分析

(一)国家级开发区开发建设成熟，是全市经济最重要的增长级

1986年，虹桥经济技术开发区、闵行经济技术开发区经国务院批准，拉开了上海国家级经开区快速开发建设的序幕。根据《中国开发区审核目录》(2018版)，上海国家级公告开发区共20家，包含10家海关特殊监管区、6家国家级经开区、2家国家级高新区及上海陆家嘴金融贸易区、上海佘山国家旅游度假区。2021年，上海国家级开发区规上工业企业工业总产值占全市产业园区的比例为38%，以1/4的规划面积贡献了超过1/3的经济总量。作为全市高能级产业最集聚的区域，上海国家级开发区高技术制造业工业总产值占全市产业园区的61%，引进外资项目数占全市产业园区的57%，合同外资占全市产业园区的79%，成为最重要的增长级。

(二)市级产业园区有效发挥区域带动作用，已经形成区域内支柱产业

90年代末至21世纪初，为突出全球服务和金融服务，上海制造业开始从中心城区大规模疏散，从“一城九镇”建设起步，产业园区逐渐向郊区转移。上海嘉定、青浦、松江三区内67平方公里的园区用地增加至173平方公里，以产业郊区化推动郊区城镇化进程。嘉、青、松、康桥等市级开发区成立，市级开发区依靠区位优势和政策扶持，吸引了众多企业入驻，很好地带动了区域经济的发展，促进了当地的就业，提升了区域的竞争优势。这一时期，市级开发区围绕汽车、电子信息、成套设备、石油化工及精细化工、精品钢材、生物医药等六大重点产业进行重点招商，打造园区支柱产业。

目前，上海市有39家市级公告开发区。全市市级产业园区主导产业已经形成规模，例如嘉定工业园区互联网和相关服务已经超过千亿规模，汽车制造业超过500亿规模；上海浦东康桥工业园区计算机、通信和其他电子设备制造业超过千亿规模。2021年全市市级产业园区规上工业总产值占全市产业园区的比例为30%，占全市规上工业企业24%；其高技术制造业工业总产值占全市产业园区20%，占全市规上工业企业的17%。与国家级产业园区略有

不同，全市市级产业园区在引进内资企业中更具吸引力，全市产业园区中48%的内资企业落户于市级产业园区中，同时也有31%的外资项目落户。

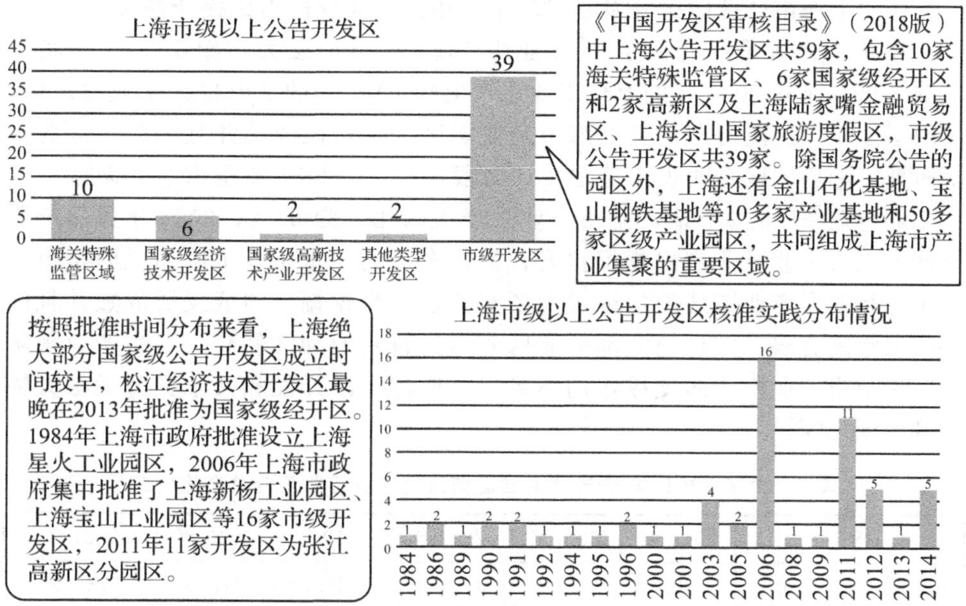

图一　上海市产业园区分布情况

（三）全市产业园区发展空间逐渐稳定，更加专业化和特色化

在“十三五”期间工业园区开始转型升级，为促进产业与生活的空间融合，由工业开发区转型升级为产业园区，现上海产业园区空间布局已经基本稳定，公告开发区共59家，另有金山石化基地、宝山钢铁基地等10多家产业基地和50多家区级产业园区。“十四五”期间，上海产业园区将重点稳定产业发展空间，形成“品牌园区引领、特色园区支撑、精品微园联动”的园区生态体系，培育参与全球产业竞争的特色产业园区，重点建设张江科学城、临港新片区，郊区产业园区以高端制造为主，中心城区则集聚高新技术服务业。全市产业园区产业上聚焦集成电路、生物医药、人工智能三大产业，发展新能源汽车、高端装备制造、航空航天、信息通信、新材料、新兴数字产业六大战略性新兴产业。

二、上海市产业园区产业发展问题研究

(一)上海市产业园区开发建设较早，重点产业规模占比提升趋缓

2020 年六大重点工业行业①工业总产值为 2.4 万亿元，相较 2002 年增长了 5.3 倍，而从 2006 年的万亿工业总产值到 2011 年的 2 万亿元工业总产值，仅用了 5 年，这段时期正是上海市产业园区开发建设成熟并且释放产能的重要时期。随后园区企业进入稳定生产阶段，2016—2021 年全市产业园区前五大工业行业②工业总产值占全市工业总产值的比重为 50%，2021 年虽然产业园区前五大工业行业产出规模提升，但在全市的比重出现下降。说明全市重点工业行业向产业园区的集聚程度还有待进一步挖掘，园区发展成熟并且向外拓展空间有限，并且绝大部分园区开始进行新旧动能转化，新兴产业现阶段对于全市工业行业的支撑作用不足，仅通过二次开发和技术提升无法大幅提升产业规模。

表 1　2016—2021 年全市产业园区前五大工业行业工业总产值情况

行业	2016 年	2017 年	2018 年	2019 年	2020 年	2021 年
汽车制造业/亿元	5390.43	6378.79	6424.09	6026.72	6378.30	7136.33
计算机、通信和其他电子设备制造业/亿元	4766.15	5173.56	5247.65	4855.51	5233.44	4986.59
化学原料和化学制品制造业/亿元	2134.07	2521.63	2718.10	2605.43	2660.02	3350.31
通用设备制造业/亿元	1960.33	1895.68	2155.90	2195.56	2224.92	2660.64
电气机械和器材制造业/亿元	1782.38	1796.76	1843.07	1848.97	1766.42	2007.66
小计/亿元	16033.37	17766.41	18388.81	17532.19	18263.10	20141.53

---

① 现上海市统计年鉴中六大重点工业行业是根据《上海市国民经济和社会发展第十个五年计划纲要》，结合全市产业结构特点、经济总量比重、发展潜力等实际情况，按照国家统计局《国民经济行业分类》的标准而界定的。上海的六大支柱产业分别为电子信息产品制造业、汽车制造业、石油化工及精细化工制造业、精品钢材制造业、成套设备制造业和生物医药制造业。

② 根据上海市统计局按工业行业包括采矿业，制造业，电力、热力、燃气及水生产和供应业 3 个工业大类合计 35 个小类分析上海市产业园区前五大行业发展情况。上海市产业园区前五大工业行业为汽车制造业，计算机、通信和其他电子设备制造业，化学原料和化学制品制造业，通用设备制造业，电气机械和器材制造业。

续表

行业	2016年	2017年	2018年	2019年	2020年	2021年
占全市产业园区比重/%	65.51	64.30	64.72	63.41	64.64	63.01
占全市比重/%	51.49	52.05	52.78	50.22	52.43	50.99

注：数据来源于上海市开发区统计手册，为主营业务收入在2000万元及以上的企业

(二)上海市产业园区拓展空间有限，园区开发运营主体推动二次开发困难多

受《上海市城市总体规划(2017—2035年)》对于建设用地总量控制的限制，至2035年，上海建设用地总量将控制在3200平方公里内，仅有31平方公里的可新增建设用地。上海市产业园区未来向外拓展空间有限，“十四五”期间主要依靠更新盘活产业用地提供200多平方公里，现阶段全市绝大多数的中心城区和郊区的产业园区土地建成率超过80%，但单位土地产出呈现两极分化，仅有不到20%的园区单位土地产出水平高于全市平均水平。其中，中心城区、国家级和市级产业园区产出水平较高，区、镇级的产业园区前期土地开发的方式较为粗放，缺乏高质量的产业引导导致区域内未形成明显的产业集聚，园区开发运营主体推动二次开发过程中难以投入巨额资金，而且开发成本过高导致财务收支不平衡，大规模腾退低效企业也很难招引高能级企业，所以缺乏主动转型升级的动力。

(三)上海市特色产业集群集聚效应有待加强，品牌溢出效应不明显

截至目前，上海围绕“3＋6”重点产业打造了53家特色产业园区[①]。相较其他类型园区，特色产业园区突出特色产业集群的发展，瞄准新兴产业关键核心环节，强化高成长性和高经济密度导向，是未来特色产业发展空间载体的“优等生”，也是推动全市升级形成新支柱产业的重要区域。53家特色产业园区聚焦重点产业的重点环节，有的与原有产业园区载体相重叠，开发建设较为成熟，有的尚处于建设初期，处于特色产业探索阶段，集聚效应尚未显现。虽然在一段时间内特色产业园区的品牌效应对招商工作起到了极大的作用，但由于特色产业的发展更加专业化和特色化，难以进行统一管理，导致特色产业园区区区合作机制不顺畅，尤其是同产业类别特色产业园区缺乏高质量的对接和互补，后期品牌溢出效应不明显。

① 2022年，上海又推出了第三批13个特色产业园区。

三、上海市产业园区推动重点产业建设建议

(一)拓展发展空间，鼓励市、区级开发区对标国家级开发区建设

上海国家级开发区管理主体具有先进的管理经验，但受限于土地资源，优质项目较难落地。市、区政府可以推动区域内具有相同产业规划、产业生态和区位相近的园区联合，一是可以提升区镇级园区运营管理能力和科技创新能力，进一步聚焦园区资源要素；二是可以拓展国家级开发区发展空间。同时，上海嘉定工业园区、上海浦东康桥工业园区、上海青浦工业园区、莘庄工业区等市级公告开发区产业规模均超过千亿，具备国家级开发区同等水平，有潜力升级为国家级经济技术开发区或高新技术开发区，可以充分利用全球投资促进大会、新闻发布会、新媒体等方式发布开发区综合评价结果，增加评价工作对各产业园区的影响力，进一步促进市级园区以综合发展水平评价为契机提升发展水平。

(二)突出产业园区的制造功能，加强园区配套服务功能

仅靠互联网发展经济只能是“空中楼阁”“海市蜃楼”，没有强大的生产制造能力和创新设计能力是无法支撑产业高速发展的。德国“工业 4.0”计划和美国的“再工业化”都在预示着未来产业的发展必定要提高制造业生产和创造力后再进行数字化转型。上海作为中国最早一批设立开发区的地方，需要进一步突出各级产业园区的制造功能，在赋予张江高科和临港新片区两个未来先进制造业的承载区优惠政策外，要充分考虑国家级开发区的发展现状赋予更多自主权和产业优惠政策。在加强产业园区制造功能的同时也要充分考虑在城市建设过程中园区配套设施建设和公共服务保障功能，为培育产业提供更好的基础保障。

(三)引导特色产业园区良性发展，形成可复制特色产业培育机制

在全市特色产业园区建设初期要进一步加强对于特色产业园区口碑和品牌的树立，加快推进特色产业园区建设，引导高质量特色产业项目向园区内集聚，培育具有竞争力的产业集群新高地，最终形成可复制可推广的特色产业培育机制，将特色产业培育成全市支柱产业。进一步规范特色产业园区高质量发展，确定主导的特色产业发展路径和规划，建立健全评估考核和动态管理机制。建立市、区级特色产业园区联动机制，进一步发挥特色产业集聚效应，提升区域竞争力，从而吸引更多优势企业入驻。

(四)以城市发展推动镇级园区转型升级，提升园区产业质量

镇级产业园区较多分布于郊区，以制造业为主，二次开发难度大，未来可以借助新城发展向产业社区转型，在产业发展空间中进行必要的优化和重构。鼓励企业工业用地多用途混合利用，准许企业提升容积率，允许企业向

相关上下游企业出租部分物业。摒弃传统单一功能发展，丰富园区的公益性和盈利性功能，产城深度融合，由园区管理机构打造社区生态环境，将更多产业要素融入城市生活与城市协同发展。

上海市文化创意产业园区建设为上海市特色产业园区建设提供借鉴

龙 涛

经过多年的建设和探索，上海市文化创意产业园区在管理机构设置、网站功能建设、园区管理办法制定、园区扶持政策研究等方面已较为成熟。特色产业园区与文化创意产业园区类似，同样承担着上海市园区专业化、品牌化、特色化发展的重要任务，但特色产业园区自 2020 年第一批公布至今仅有不到 2 年的时间，体制机制、管理办法等方面还不健全。本研究梳理了上海市文化创意产业园区建设的亮点，为特色产业园区建设提供借鉴。

一、上海市文化创意产业园区概况

截止到 2021 年，上海市共建立了 149 家市级文化创意产业园(含 25 家示范园区)、16 家文化创意产业示范楼宇和 28 家文化创意产业示范空间。《上海市文化创意产业园区、示范楼宇和示范空间管理办法》给出了以上三种类型的文化创意产业载体的定义：**上海市文化创意产业园区**是指在本市范围内，依托一定物理空间载体，集聚了一定数量的文化创意企业，具有一定的产业规模，能够提供相应的基础设施和公共服务，对区域文化创意产业发展起示范、带动作用的特定区域；**上海市文化创意产业示范楼宇**是指在本市范围内，依托楼宇作为物理载体，集聚了一定数量的文化创意企业，具有一定的产业规模，能够提供相应的基础设施保障和公共服务的特色楼宇；**上海市文化创意产业示范空间**是指在本市范围内，依托相对集中的物理面积，集聚了一定数量的文化创意小微企业和创业者，提供低成本、便利化、全要素、开放式的综合服务空间。

从管理办法中给出的定义和认定条件上看，这三类载体的体量和功能定位不同，文化创意产业园区是一个宏观的概念，包含文化创意产业园区、文化创意产业示范楼宇、文化创意产业示范空间三种类型，其中“示范园区”又是第一种类型中发展较好，可以起到示范作用的部分园区。这给特色产业园区建设体系中如何确立特色产业园区和精品微园的关系提供了借鉴和参考。

二、上海市文化创意产业园区建设体系

(一)管理机构设置及职能

上海市文化创意产业园区的管理机构为上海市文化创意产业推进领导小组。2010 年 9 月，中共上海市委办公厅发文《关于建立上海市文化创意产业推进领导小组及办公室的通知》，并成立了上海市文化创意产业推进领导小组及办公室。

上海市文化创意产业推进领导小组由市委宣传部、市经济信息化委、市发改委等 17 家成员单位构成。领导小组下设办公室，主要职能是研究编制全市文化创意产业发展规划、政策，协调推进本市文化创意产业发展以及完成领导小组交办的各项工作，具体包括拟制全市文化创意产业发展规划、年度工作计划并组织实施；研究编制全市文化创意产业发展政策并组织落实；协调组织推进重大文化创意产业项目、公共服务平台建设；编制全市文化创意产业年度报告，发布全市文化创意产业年度统计数据；组织开展文化创意产业重大课题的调研等等。

(二)管理机构网站建设

上海市文化创意产业推进领导小组办公室设有功能强大的官方网站。网站中除了常规的机构介绍、公示公告和信息发布等栏目以外，还设有其他重要模块，部分重点模块如下。

文创园区介绍模块。此模块将各个文创园区显示在可缩放的地图上，并附有各个文创园区的介绍链接，包含的内容十分丰富。主要有园区基本信息：园区简介、园区主导产业、园区官方网站链接、官方公众号二维码、园区联系方式等；园区产业空间信息：占地面积、建筑面积、可租面积等；园区入驻企业信息：入驻率、入驻企业总数、入驻文创企业总数等；园区招商信息：平均租金、可租赁房源等。

文创园区招商模块。网站设有办公场地租赁模块并可通过网站开展招商信息发布，模块对各个文创园区的办公场地详细信息进行对外发布，包括场地的基本信息：地址、面积、租金等；场地的详细参数：层高、楼层数等；场地设施及服务：是否有车库、商店、健身房、咖啡吧等；增值服务：是否提供财税服务、债权融资服务、知识产权服务、法律咨询服务等。网站平台设有提交预约申请页面，房源从考察到入驻成功提供管家式服务。

除此以外，网站还嵌入了文创资金申报系统、市级园区申报系统、文创金融惠企服务、文创企业大数据、园区信息报送、文创接力贷等模块，基本涵盖文化创业产业园区发展过程中的各个方面，网站内容丰富，功能全面。

(三)园区管理办法

《上海市文化创意产业园区、示范楼宇和示范空间管理办法》(以下简称“管理办法”)对上海市文化创意产业园区(含“示范园区”)、示范楼宇和示范空间的申报、认定、评估及相关管理工作做了较为全面的规定。同时，各个区也发布了区级的管理办法。

一是明确了园区的定义。管理办法对“上海市文化创意产业园区”“上海市文化创意产业示范楼宇”“上海市文化创意产业示范空间”进行了详细的定义；**二是确立了工作机制**。明确了标准制定、认定和评估工作由市文创办、市委宣传部、市经济信息化委共同负责，由市文创办授牌颁证。建立了由市文创办牵头，市文化创意产业推进领导小组成员单位共同参加的建设发展协调机制；**三是明确了园区认定条件**。对三类园区的认定条件从规划、面积、配套、入驻率、产业定位、管理机构和运营机制等方面分别做了详细的要求；**四是明确了园区的申报和认定程序**。管理办法对于园区申报、认定的程序也做了具体的安排，主要流程为申报发布—申报条件—申报材料—区级评审—市级评审—市级认定；**五是明确了园区的日常管理与评估奖惩机制**。建立了市区两级的日常管理系统，从园区发展规划、公共服务、经济效益、社会效益、文创产业推进工作等方面建立了动态评估机制，并明确了奖惩措施。

(四)财政扶持政策

上海市支持文化创意产业发展的财政扶持政策主要体现在《上海市促进文化创意产业发展财政扶持资金管理办法》中。扶持资金由市政府批准的财政专项资金安排，市文化创意产业推进领导小组办公室每年根据领导小组年度工作要求，提出年度文创资金支持方向和重点，并通过相关信息平台发布项目申报指南。资金采取无偿资助、贷款贴息等方式安排使用，并明确了各区对项目安排不低于市区两级 1∶0.5 的配套资金支持。同时对于项目申报和管理、项目评审和审批、项目管理和绩效评价等方面也做出了详细的规定。

三、对上海特色产业园区的借鉴

文化创意产业园区和特色产业园区同属上海市产业园区中的特殊园区，部分文化创意产业园区也是特色产业园区，上海市文化创意产业园区的建设对上海市特色产业园区具有很强的借鉴意义。

园区体系建设方面。上海市文化创意产业园区体系分为三个维度，依据体量和功能等方面的不同，分为文化创意产业园区、文化创意产业示范楼宇、文化创意产业示范空间，在文化创意产业园区中又将部分发展较好、有示范作用的园区认定为“示范园区”。目前，特色产业园区体系还不健全，未来建议参考文化创意产业园区的体系建设经验，将特色产业园区体系分为三个方面：即特色产业园区、特色产业示范楼宇、特色产业示范空间。

园区管理机构方面。上海市文化创意产业园区的管理机构为上海市文化创意产业推进领导小组，由17家成员单位构成，成员单位均是市级相关主管部门。领导小组下设办公室，承担文化创意产业园区建设的重要职能，涉及了产业规划、政策研究、项目建设、平台服务、数据统计、考察交流、信息发布、活动组织等，管理体系十分健全。上海市特色产业园区管理体系尚在建设中，特色产业园区建设涉及产业、土地、招商、统计、规划等方方面面，需要多个市级部门相互协调。建议借鉴上海市文化创意产业园区的做法，组织市各个相关部门，成立上海市特色产业园区推进领导小组，和现有的工业区发展联席会议相结合，共同推进特色产业园区建设。

网站建设方面。上海市文化创意产业推进领导小组设有专门的官方网站，承担园区推介、招商、信息发布等职能，还嵌入了数据上报、资金申报等系统，功能十分强大。特色产业园区尚未成立官方网站，访问者只能通过搜索特色产业园区获取相关信息，时效性和完整性较差，难以方便快捷地获取详细的园区最新招商信息、租金信息等，不利于园区对外宣传和品牌打造。建议上海市特色产业园区成立专业的官方网站，具体的功能参考上海市文化创意产业推进领导小组官方网站。

园区管理办法方面。上海市文化创意产业园区有专门的管理办法文件，对文化创意产业园区的定义、工作机制、申报认定及程序、日常管理与评估等方面做了较为全面的指导。特色产业园区尚未出台具体的园区管理办法，可结合特色产业园区的特点，参照上海市文化创意产业园的管理办法，制定符合特色产业园区实际情况的管理办法，促进特色产业园区健康发展。

财政扶持政策方面。上海市文化创意产业园区设有专门的财政扶持资金管理办法，对资金扶持方面做了较为具体的规定。目前，特色产业园区尚未出台类似的财政扶持政策，可借鉴上海市文化创意产业园区的财政扶持资金管理办法的内容，制定对特色产业园区的财政扶持政策，对扶持资金的来源、支持方式、支持方向和重点、资金的支持方式、市区两级配套资金支持比例、项目评审和审批、项目管理和绩效评价等方面做出具体的要求。

上海市2021年产业用地出让情况

龙　涛

本文对上海市2021年“标准地”出让情况和普通一级土地出让情况进行梳理[①]。2021年上海市“标准地”出让产业用地51块，土地总出让面积116.49公顷，总成交价格15.57亿元，平均成交价格89.14万元/亩；除“标准地”外，普通一级土地出让产业用地123块，土地总出让面积544.78公顷，总成交价格114.55亿元，平均成交价格159.53万元/亩。

一、上海市“标准地”出让土地情况

“标准地”即产业用地高质量标准化出让模式，这种模式要求产业用地的供应必须事先定标准，包括明确的产业导向以及规划建设、经济效益、产业发展、能耗和环境等清晰的指标标准，通过“先定标准后招商”的方式，筛选出最能发挥地块产业效应的企业。同时基于全生命周期管理，制定成熟的评估机制和监管机制，约束开发主体履行后续对于经营效益和环保能耗等高质量土地利用的承诺[②]。

从成交数量上来看，2021年上海市共出让“标准地”51块，绝大多数为工业用地，共有46块，总面积104.53公顷；科研设计用地5块，总面积11.96公顷。

从成交价格上来看，2021年上海市“标准地”总成交价格15.57亿元，平均成交价格89.14万元/亩。科研设计用地的平均成交价格远高于工业用地的平均成交价格。

表1　上海市2021年“标准地”出让情况(按类别分)

用地类型	地块数(块)	面积(公顷)	总成交价格(万元)	平均成交价格(万元/亩)
工业用地	46	104.53	120218	76.67
科研设计用地	5	11.96	35556	198.17

① 本文数据均根据上海土地市场网公开数据整理得到。

② 王晓璇：《“标准地”在上海市某区的探索与实践》，《科技创新导报》，2020，17(29)：3。

续表

用地类型	地块数(块)	面积（公顷）	总成交价格（万元）	平均成交价格（万元/亩）
总计	51	116.49	155774	89.14

注：数据以2021年度已成交地块为准

从地块所在区域看，2021年上海市“标准地”出让地块数最多的为嘉定区和松江区，其次为奉贤区和青浦区，但奉贤区的“标准地”出让总面积最多。浦东新区仅有1块“标准地”出让，但平均成交价格最高，达到了544万元/亩。

表2 上海市2021年各区域“标准地”出让情况(按区域分)

所属区域	地块数(块)	面积（公顷）	总成交价格（万元）	平均成交价格（万元/亩）
嘉定区	9	16.59	18529	74.44
松江区	9	15.33	13905	60.46
奉贤区	8	37.93	51147	89.89
青浦区	8	11.84	20799	117.07
临港新片区	6	14.60	15422	70.44
宝山区	4	4.38	8018	122.17
金山区	4	7.45	8662	77.51
闵行区	2	7.05	8531	80.67
浦东新区	1	1.32	10761	544.00
总计	51	116.49	155774	89.14

从地块所在产业园区看，2021年上海市“标准地”出让地块数最多的为青浦工业园区8块，其次为临港新片区6块，嘉定工业区5块；园区出让面积排名前三位的分别为自贸区临港新片区、工业综合开发区、嘉定工业区；园区成交价格排名前三位的园区分别为工业综合开发区、月杨工业园区和青浦工业园区。

表 3　上海市 2021 年园区"标准地"出让地块数前 5 位园区

所属区域	地块数（块）	面积（公顷）	总成交价格（万元）	平均成交价格（万元/亩）
青浦工业园区	8	11.84	20799	117.07
临港新片区	6	14.60	15422	70.44
嘉定工业区	5	12.58	13030	69.04
月杨工业园区	4	4.38	8018	122.17
枫泾工业区	3	6.08	7390	81.00

二、上海市产业用地出让情况(不含"标准地")

除"标准地"外，2021 年上海市产业用地出让更多集中在普通一级土地出让，出让地块数是"标准地"的 2.4 倍，出让面积是"标准地"的 4.7 倍。

(一)按产业用地类型分

从成交数量上来看，2021 年上海市共出让工业用地 72 块，总面积 355.58 公顷；科研设计用地 45 块，总面积 144.55 公顷；仓储用地 6 块，总面积 44.65 公顷。

从成交价格上来看，2021 年上海市科研设计用地总成交价格 68.89 亿元，平均成交价格 348.3 万元/亩；工业用地总成交价格 41.92 亿元，平均成交价格 90.3 万元/亩；仓储用地总成交价格 3.74 亿元，平均成交价格 66.66 万元/亩。

表 4　上海市 2021 年各类产业用地出让情况

用地类型	地块数（块）	面积（公顷）	总成交价格（万元）	平均成交价格（万元/亩）
工业用地	72	355.58	419186	90.3
科研设计用地	45	144.55	688915	348.3
仓储用地	6	44.65	37379	66.66
总计	123	544.78	1145480	159.53

注：由于 4 个地块出让价格缺少数据，成交价格按 119 个地块价格和面积计算

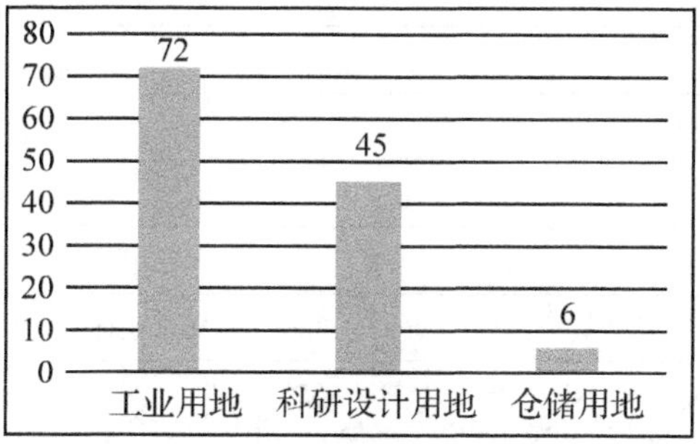

a.地块数（块）

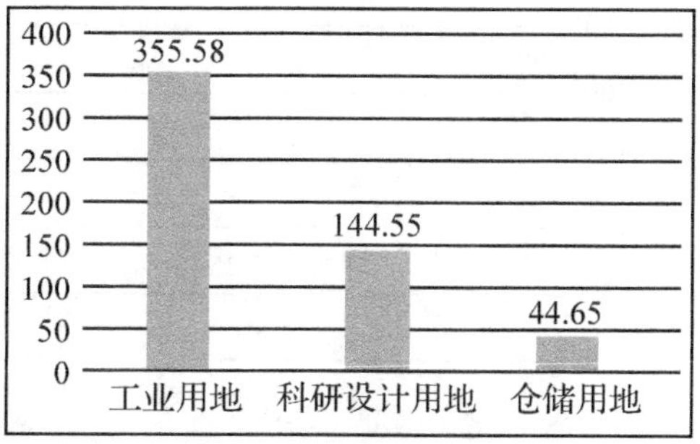

b.总出让面积（公顷）

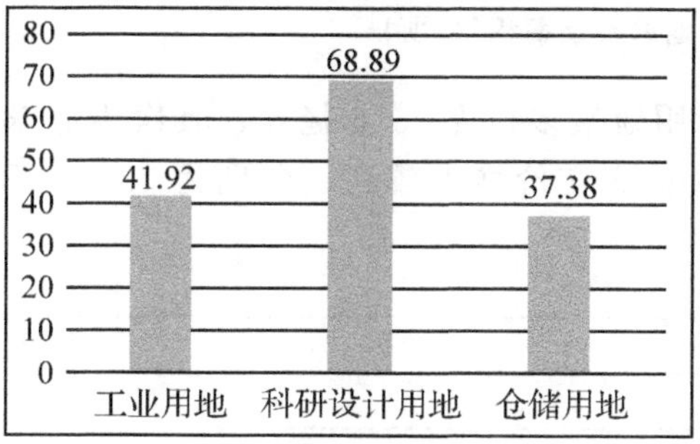

c.总成交价格（亿元）

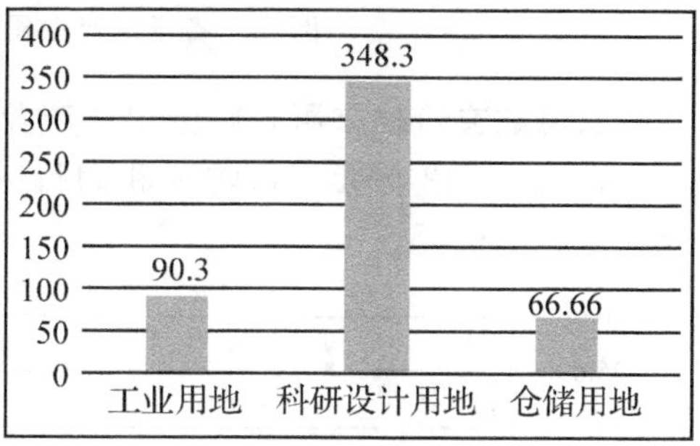

d.平均成交价格（万元/亩）

图一　上海市 2021 年各类产业用地出让情况

(二)按所在区域分

从成交地块数来看，临港出让产业用地数量最多，为 36 块，其次为松江区和嘉定区，出让的产业用地数量分别为 19 块和 14 块。

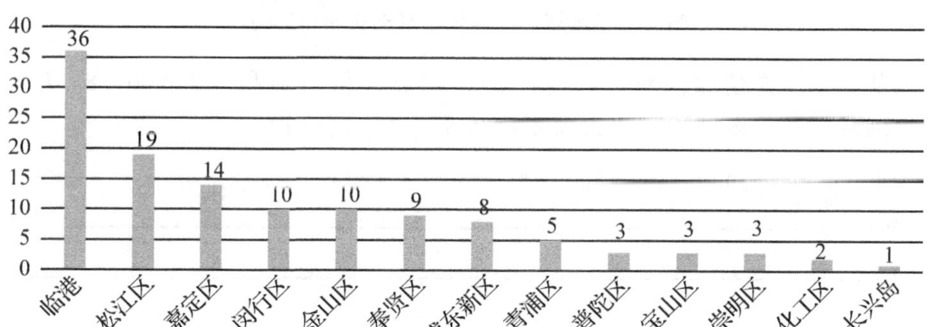

图二　各区域产业用地成交地块数(块)

从出让面积来看，临港出让产业用地面积最大，达到了 209.81 公顷，占到总出让面积的 38.51%。其次为金山区和嘉定区，分别达到了 65.18 公顷和 59.44 公顷。

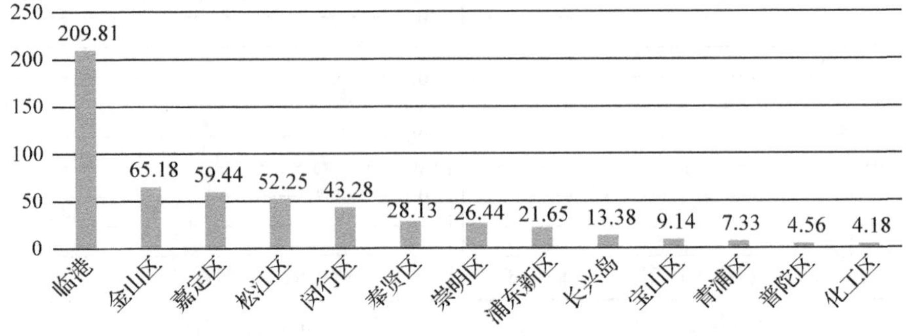

图三　各区域产业用地总出让面积(公顷)

从总成交价格来看，临港出让产业用地最多，为25.6亿元；其次为浦东新区，为21.13亿元；普陀区和闵行区总成交价格也较高，分别为13.71亿元和13.37亿元。

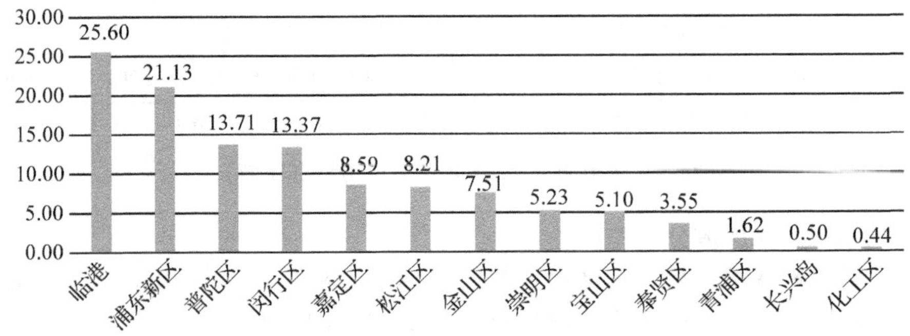

图四　各区域产业用地总成交价格(亿元)

从平均成交价格来看，普陀区的平均成交价格最高，为2005.88万元/亩，远高于其他区域；其次为浦东新区650.43万元/亩。

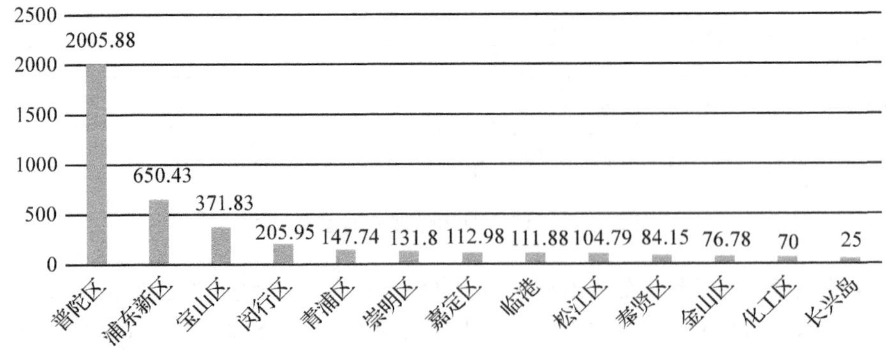

图五　各区域产业用地平均成交价格(万元/亩)

表 5　上海市 2021 年各区域产业用地出让情况

所属区域	地块数（块）	面积（公顷）	总成交价格（万元）	平均成交价格（万元/亩）
临港	36	209.81	255967	111.88
松江区	19	52.25	82134	104.79
嘉定区	14	59.44	85859	112.98
金山区	10	65.18	75074	76.78
闵行区	10	43.28	133709	205.95
奉贤区	9	28.13	35505	84.15
浦东新区	8	21.65	211263	650.43
青浦区	5	7.33	16246	147.74
宝山区	3	9.14	50963	371.83
崇明区	3	26.44	52263	131.80
普陀区	3	4.56	137086	2005.88
化工区	2	4.18	4394	70.00
长兴岛	1	13.38	5017	25.00
总计	123	544.78	1145480	159.53

注：由于 4 个地块出让价格缺少数据，成交价格按 119 个地块价格和面积计算